인공지능 원론

A R T I F I C I A L I N T E L L I G E N C E E X P L A I N A B I L I T Y

설명가능성을 중심으로

고학수 · 김용대 · 윤성로 · 김정훈 · 이선구 · 박도현 · 김시원

박영사

이 책은 2018년도 서울대학교 융·복합 연구과제 지원사업의 지원을 받아 수행된 연구결과임

머 리 말

인공지능에 대한 관심이 크게 늘고 있다. 대학에서의 연구도 매우 활발하게 이루어지고 있고, 이를 상용화하거나 실제 기업 현장에 적용하기 위한 노력 또한 활발하게 이루어지고 있다. 인공지능이라는 이름으로 불릴 수 있는 기술은 실제로는 매우 다양한 기술을 포괄한다. 이 중에는 매우 초보적이고 간단한 유형의 기술도 있고, 다른 한편 전문가들도 이해가 쉽지 않은 복잡한 방식도 지속적으로 개발되고 있다.

인공지능 기술은 적지 않은 경우에 응용과정을 거쳐 우리가 일상적으로 이용하는 상품과 서비스에 반영된다. 인공지능은 대부분의 경우에 우리의 생활을 편리하게 해 주지만, 동시에 불안감을 야기하는 경우도 있다. 불안감이 나타나는 배경 이유 중 하나는 흔히 '블랙박스'라고 부르는 인공지능, 특히 딥러닝 인공지능의 속성에 있다.

그런데 '블랙박스'라는 표현을 통해, 인공지능이 인간의 인지능력을 뛰어넘는 '미지의 영역'에 속하는 것이라는 환상을 갖게 되는 것은 아닐까? 기술에 대한 비현실적 환상과 비합리적 불안감은 묘하게 연결되어 있는 것으로 보인다. 사실 복잡한 인공지능이라고 해도 작동방식이나 판단과정에 대한 이해가 전혀 불가능한 것은 아니다. 인공지능의 작동에 대해 속속들이 파악하는 것이 어렵다고 하더라도, 예를 들어, 어떤 유형의 모형이 활용되었는지를 통해 작동방식에 대해 개략적으로 가늠할 수 있는 면도 있고, 학습을 위해 어떤 데이터가 이용되었는지를 통해 부분적인 파악이 가능한 면도 있고, 또는 입력값과 결괏값을 분석하여 이해가 가능한 면도 있다. 그런 점에서, '블랙박스'라는 표현은 오해의 소지가 많은 표현이다.

이 책은 이러한 문제의식을 바탕으로 하여 인공지능의 원리에 대해 소개하는 것을 주목적으로 한다. 인공지능이 사회 여러 곳에 본격적으로 도입되는 과정에서 이용자들의 신뢰(trust)를 얻을 수 있는지 여부가 결국 기술의 장기적 성패를 가르는 핵심 요소라는 판단을 전제로, 이를 위한 전제 조건으로 흔히 언급되는 투명성(transparency), 설명가능성(explain-ability) 등의 개념을 어떻게 바라볼 것인지에 대한 저자들의 고민을 담은 것이다. 투명성과 설명가능성 등의 개념을 염두에 두고, 인공지능에 대한 일반적인 설명을 제공하는 동시에 설명가능성에 대한 최근의 연구 흐름을 담기 위해 노력하였다. 또한 관련 이슈들에 대한 법적 논의나 의학 영역에서의 현실적 응용도 포함하였다.

인공지능의 투명성과 설명가능성에 관해서는 몇 년 전부터 학계의 관심이 늘어나면서 매우 활발하게 연구가 진행되는 영역이다. 이 영역의 연구가 축적되면서 인공지능에 대한 사회적 신뢰의 확보에도 점차 더 많은 기여를 할 수 있을 것으로 본다.

집필진의 연구작업은 2018년에 시작되었다. 이 작업의 문제의식을 적절히 반영한 연구작업의 추진을 위해서는 다양한 학문배경을 가진 연구진의 구성이 필수적이었다. 그래서 공학, 통계학, 법학, 의학을 포함한 다양한 학문 영역의 소양을 가진 연구진이 꾸려졌고, 연구진 사이에 주기적으로 의견교환을 하는 자리가 마련되었다. 여러 영역의 연구진이 함께 작업을 하면서, 작업의 진전은 더디게 이루어졌다. 하지만 서로의 영역에 대한 이해도를 높이는 매우 소중한 기회로 작동하기도 하였다.

이 작업은 다양한 학문 배경을 가진 연구진의 적극적 참여가 없이는 진전이 매우 어려운 작업이었다. 참여해 주신 연구진 여러분께 다시 한번 감사의 마음을 전한다. 작업의 진행과정에서 많은 역할을 한 박도현 박사에게 특히 고마운 마음을 전한다. 책자 발간을 위해 신경써 주신 박영사 조성호 이사님 그리고 멋진 책자를 만들어 내주신 윤혜경 선생님을 비롯한 편집 담당자 여러분께도 깊은 감사의 뜻을 전한다. 이 작업은 서울대학교 융·복합 연구과제의 일환으로 진행된 것이다. 다학제적 융합연구에 대한 지원 프로그램을 마련하고 지원해 주신 학교 측에도 감사드린다.

2021년 7월

저자를 대표하여

고학수

목 차

세부목차

01

인공지능, 왜 설명가능성인가?

고학수(서울대학교 법학전문대학원 교수)
박도현(서울대학교 법학연구소 객원연구원, 법학박사)

01

인공지능, 왜 설명가능성인가?*

고학수(서울대학교 법학전문대학원 교수)

박도현(서울대학교 법학연구소 객원연구원, 법학박사)

Ⅰ. 들어가며

인공지능의 '설명가능성'이란 무엇인가? 설명가능성은 어떤 의미를 지니는 것이고, 왜 중요한가? 이번 장을 통해 인공지능의 설명가능성이라는 새로이 대두되고 있는 개념을 독자들이 직관적으로 이해하는 데에 필요한 도움을 제공하고자 한다. 향후의 논의를 위해서는 우선 '인공지능'이 무엇인지에 대한 설명에서 출발할 필요가 있다. 그리고 그로부터 '설명가능성'이라는 개념이 인공지능 논의 맥락에서 어떤 의미를 지니는지 살펴볼 필요가 있다. 따라서 이하에서는 인공지능의 개념정의를 둘러싼 국내외의 논의를 살펴보면서 인공지능 기술에 대해 설명가능성이 요구되는 이유를 널리 알려진 사례 위주로 제시하기로 한다.

Ⅱ. 인공지능의 개념정의

'인공지능(artificial intelligence)'은 무엇으로 정의할 수 있을까? 현재

* 이 글의 Ⅱ, Ⅴ은 박도현, "인공지능과 해악－창발적 해악론을 중심으로－", 서울대학교 법학박사학위논문, 2021, 50－57, 235쪽의 내용을 이 책의 취지에 맞추어 요약하고 수정한 것이다.

이러한 물음에 대해 일반적으로 인정되는 하나의 답이 있는 것은 아니고, 논자들마다 제각기 언급하는 여러 가지의 개념정의가 혼재하는 상황이다. 예를 들어, 인공지능이라는 개념을 창안한 존 맥카시(John McCarthy)는 인공지능을 "지능적 기계, 특히 지능적 컴퓨터 프로그램을 만드는 과학과 공학 분야"로 정의하면서, 지능은 세계 속에서 목표를 달성하는 데 필요한 계산적 능력의 일종인 것으로 보았다[1]. 한편, 마빈 민스키(Marvin Minsky)는 인공지능을 "인간에 의하여 행해진다면 지능을 요구할 만한 작업을 하는 기계를 만드는 과학"으로 규정하였다[2]. 이와 같은 방식의 정의는 인공지능이 무엇인지 이해하기 위한 좋은 출발점이 될 수 있고 유연하게 해석될 수 있는 장점이 있는 반면, 상당히 추상적이라는 점에서 구체적 분석이 요구되는 맥락에 그대로 원용하기는 어렵다는 한계도 있다. 게다가 과거와 달리 오늘날에는 인공지능이 연구분야가 아니라 컴퓨터 프로그램이나 시스템을 의미하는 경우가 많다는 문제도 있다. 이를 고려하여 이하에서는 국내외에서 현재 이루어지고 있는 실정법적 해석론과 입법론에 기초하여 인공지능의 개념에 관한 논의를 하도록 한다.

1. 국내의 논의

기존의 국내 실정법상 인공지능과 가장 관련성이 높다고 여겨지는 개념으로는 '지능형 로봇'을 우선 생각해 볼 수 있다. 지능형 로봇이란, "외부환경을 스스로 인식하고 상황을 판단하여 자율적으로 동작하는 기계장치(기계장치의 작동에 필요한 소프트웨어를 포함한다)"를 말하는 것으로 정의된다(지능형 로봇 개발 및 보급 촉진법 제2조 제1호). 이러한 정의는 인공지능이 무엇인지를 이해하는 데에 도움이 되는 유용한 출발점이 될 수 있다. 하지만 그와 동시에 '스스로 인식', '판단', '자율'과 같은 개념을 둘러싸고 그 의미가 무엇인지에 대한 추가적 의문에 처할 수 있어 불분명하다고 평가될 수 있는 면도 있다. 예를 들어 엘리베이터를 떠올려 보면, 층수와 같은 외부환경을 스스로 인식하고 상황을 판단하여 자율적으로 동작하는 기계장치로 평가될 여지가 있고, 따라서 엘리베이터를 지능형 로봇의 일종인 것으로 해석하는 것도 가능하기 때문이다[3]. 이러한 추상적인 개념정의를 인공지능 논의 전반에 적용하게 된다면 전혀 생각하지 못한 대상까지 인공지능 개념에 포섭되거나 배제될 우려가 있다. 다른 한편, 최근 전부개정된 '지능정보화 기본법(구 '국가정보화 기본법')' 제2조 제4호 각목에서는 추상적 속성을 상당히 배제한 '지능정보기술'에 대한 개념정의를 다음과 같이 도입하였다.

[표 1] '지능정보기술' 개념정의(지능정보화 기본법 제2조 제4호 각목)

지능정보화 기본법상 "지능정보기술"
"지능정보기술"이란 다음 각 목의 어느 하나에 해당하는 기술 또는 그 결합 및 활용 기술을 말한다. 가. 전자적 방법으로 학습·추론·판단 등을 구현하는 기술 나. 데이터(부호, 문자, 음성, 음향 및 영상 등으로 표현된 모든 종류의 자료 또는 지식을 말한다)를 전자적 방법으로 수집·분석·가공 등 처리하는 기술 다. 물건 상호간 또는 사람과 물건 사이에 데이터를 처리하거나 물건을 이용·제어 또는 관리할 수 있도록 하는 기술 라. 「클라우드컴퓨팅 발전 및 이용자 보호에 관한 법률」 제2조제2호에 따른 클라우드컴퓨팅기술 마. 무선 또는 유·무선이 결합된 초연결지능정보통신기반 기술 바. 그 밖에 대통령령으로 정하는 기술

한편, '4차산업혁명'에 관한 관심과 논의가 확산되면서 국회에서는 다양한 법률안이 계류되거나 계류되었다가 폐기된 상황인데, 여기서도 인공지능과 관련된 다양한 개념정의가 발견된다. 먼저 폐기된 법률안부터 살펴보자. 지능정보사회 기본법안은 인공지능이라는 표현을 사용하지는 않았지만, 내용상 이와 유사한 '지능정보기술'이라는 개념을 도입하였다.

지능정보사회 기본법안은 지능정보기술을 "전부 또는 부분적으로 자율적인 정보의 인지, 학습, 추론, 분석, 처리, 생성 등을 수행하는 기술"로 정의하면서, 이와 연계된 「소프트웨어산업 진흥법」상의 소프트웨어, 「정보통신 진흥 및 융합 활성화 등에 관한 특별법」상의 정보통신융합, 「산업융합 촉진법」상의 산업융합 등에 활용되는 기술을 포함한 개념이라고 규정하였다(지능정보사회 기본법안 제2조 제1호). 여기서도 '지능형 로봇'에 대한 정의와 마찬가지로 '자율'의 의미가 불분명하다는 문제가 지적될 수 있다.

다른 한편, '인공지능'이라는 개념을 명시적으로 언급하는 법률안도 찾아볼 수 있다. 인공지능을 "학습, 추론, 판단, 이해, 행동 등 인간의 지적 능력의 일부 또는 전체가 컴퓨터 프로그램을 통하여 구현된 것"으로 정의한 인공지능 기술개발 및 산업 진흥에 관한 법률안 제2조 제1호와, "학습, 추론, 판단, 이해, 행동 등 인간의 지적 능력의 일부 또는 전체가 전자적 방법으로 구현된 것"으로 정의한 인공지능산업 진흥에 관한 법률안 제2조 제1항 제1호가 대표적 사례이다. 두 가지 법률안은 구현의 매개체가 '컴퓨터 프로그램'과 '전자적 방법'이라는 차이가 있기는 하지만, 그 이외에는 대동소이한 정의를 따르고 있다. 인공지능을 포괄적으로 정의한 점에서 이전과 유사하지만, '자율'과 같이 의미가 불분명한 용어는 배제된 점이 특징적이다. 반면, 법률안에 담긴 '인간의 지적 능력'이라는 표현을 어떻게 구체화하여 해석할 것인지에 대한 새로운 의문이 제기될 수 있고, 더 나아가 인공지능에 관해 인간지능과 비교하여 정의하는 방식이 타당한 것인가라는 물음이 제기될 여지가 있다. 이와 관련하여, 스튜어트 러셀(Stuart Russell)과 피터 노빅(Peter Norvig)은 인간적 접근과 합리적 접근을 대별하면서, 인간과 무관한 방식의 인공지능 연구가 가능하다고 보고 있기도 하다[4]. 또한, 향후 생명과학적 접근처럼 '컴퓨터 프로그램'이나 '전자적 방법'과는 다른 방법론이 개발되어 활용된다면 이를 인공지능 개념에 포함하여 볼 것인지와 같은 미래지향적 문제제기도 이루어질 수 있다. 이들 두 가지 법률안은 모두 20대 국회에서 통과되지 못하고 폐기되었다.

그러나 21대 국회에서 발의된 복수의 인공지능 관련 법률안은 인공지능을 학습능력, 추론능력, 지각능력, (자연언어의) 이해능력, (판단능력, 행동능력) 등으로 예시된 인간 지적 능력의 일부 또는 전부를 컴퓨터 프로그램(소프트웨어)이나 컴퓨터 시스템과 같은 전자적 방법을 통해 구현한 대상으로 정의하여(인공지능 연구개발 및 산업 진흥, 윤리적 책임 등에 관한 법률안 제2조 제1호, 인공지능산업 육성에 관한 법률안 제2조 제1호, 인공지능 집적단지의 육성에 관한 특별법안 제2조 제1호, 인공지능 기술 기본법안 제2조 제1호, 인공지능 교육진흥법안 제2조 제1호), 여전히 인공지능의 출발점을 인간의 지능으로 보고 있다.

2. 해외의 논의

(1) 유럽연합

해외의 상황은 어떠한가? 오늘날 국제사회에서 인공지능 기술과 관련하여 가장 흔히 언급되는 법제는 아마도 2018년 5월 25일부터 시행되고 있는 유럽연합의 일반데이터보호규정(General Data Protection Regulation, 이하 'GDPR')일 것이다. GDPR은 기본적으로 개인정보보호에 관하여 규율하는 법률이고 이 법에 '인공지능'이라는 용어가 명시되어 있는 것은 아니지만, '자동화된 의사결정(automated decision-making)'이나 '자동화된 처리(automated processing)'와 같은 표현은 인공지능 기술과 깊은 관련성을 가진 개념으로 이해되고 있다(대표적으로 GDPR 제22조). GDPR은 이러한 개념에 대해 직접적으로 정의를 내리는 대신 인간의 개입이 없이 이루어지는 자동화된 처리에 대해 일정한 규율을 적용하는 방식을 취한다[5]. 따라서 문언만 보아서는 GDPR이 인공지능을 어떻게 규정하는지에 대해 파악하기 어렵다. 이러한 문제에 대해 유럽연합 의회가 2017년 2월 제출한 결의안 제1항은 로보틱스와 인공지능과 관련된 제반 개념에 대해 유럽연합 차원에서의 공통된 정의가 필요하다고 집행위원회에 촉구하는 내용을 명문화하여 담기도 하였다[6].

이에 유럽연합 집행위원회 산하 인공지능 고위 전문가 그룹(High-Level Expert Group on AI, 이하 'HLEG')에서는 2019년 4월 인공지능 윤리 가이드라인(Ethics Guidelines for Trustworthy AI)을 발표하였다[7]. 이 가이드라인은 용어정리를 통해 인공지능 개념에 대해 정의하였다. 이에 따르면 인공지능은 데이터 습득을 통해 환경을 인식하고, 데이터를 해석하고, 데이터로부터 추론을 하는 과정을 거쳐 물리적 또는 디지털 국면을 통해 행위에 이르게 되는 시스템으로, 이를 통해 주어진 복잡한 목표를 달성하는 것으로 설명된다. 그리고 인공지능은 소프트웨어로만 구성될 수도 있고 소프트웨어와 하드웨어가 결합한 형태로 나타날 수도 있다고 한다. 이 정의 방식은 인공지능 기술이 개발되고 활용되는 실제 상황을 상당히 구체적으로 반영한 것이라 할 수 있다. HLEG는 이 가이드라인의 발표와 함께 인공지능 기술 관련 제반 개념을 정리한 별도의 짧은 보고서를 발표하여, 가이드라인에 담긴 개념정의와 관련된 배경설명을 제시하였다. 이 보고서는 인공지능을 어느 정도의 자율성을 가지고 구체적 목표에 도달하기 위하여 환경을 분석하고 행위에 이르는 지능적 양태를 보이는 시스템으로 보고 있다. 인간지능과 인공지능에 공통적으로 적용될 수 있는 '지능(intelligence)'이라는 포괄적 개념을 논의의 출발점으로 삼는 대신, 합리성(rationality)이라는 상대적으로 모호성이 덜한 개념을 활용하는 접근법을 취한 결과로 볼 수 있다[8]. 보고서는 인공지능 시스템에 관하여, 센서 등을 이용하여 환경을 인식하는 과정, 판단을 하는 과정, 이로부터 실행을 하는 과정으로 나누어 설명하고, 과학기술적으로는 의사결정, 학습, 로보틱스 등으로 구분할 수 있다고 설명한다. HLEG의 개념정의는 인간의 지능적 특성이 무엇인지에 대한 별도의 논의를 필요로 하지 않고, 외부로 드러난 양태만을 통해 인공지능에 관해 판단을 하는 방식으로 이해할 수도 있다. 행위자 내부의 사고 대신에 외부적 행동의 양태를 바탕으로 하여 지능의 보유 여부와 정도를 판단하는 접근법은 앨런 튜링(Alan M. Turing)에 의해 1950년에 제시된 튜링 테스트(Turing test)에 기원을 두는 것이다[9]. 다만, 이 방식의 정의에 있어 '자율성'이라는 개념을 어떻게 이해할지는 향후에 추가로 논의되어야 할 문제일 듯하다.

[표 2] EU HLEG 인공지능 개념정의(인공지능 윤리 가이드라인(Ethics Guidelines for Trustworthy AI))

유럽연합 HLEG의 인공지능 개념정의
Artificial intelligence (AI) systems are software (and possibly also hardware) systems designed by humans that, given a complex goal, act in the physical or digital dimension by perceiving their environment through data acquisition, interpreting the collected structured or unstructured data, reasoning on the knowledge, or processing the information, derived from this data and deciding the best action(s) to take to achieve the given goal. AI systems can either use symbolic rules or learn a numeric model, and they can also adapt their behaviour by analysing how the environment is affected by their previous actions. As a scientific discipline, AI includes several approaches and techniques, such as machine learning (of which deep learning and reinforcement learning are specific examples), machine reasoning (which includes planning, scheduling, knowledge representation and reasoning, search, and optimization), and robotics (which includes control, perception, sensors and actuators, as well as the integration of all other techniques into cyber−physical systems).

(2) 미국

유럽연합과 비교할 때 미국은 법령이나 정부의 공식문서 등을 통해 인공지능의 개념을 구체화하여 정의하는 것 자체에 대해서는 크게 관심을 두지 않은 것으로 보인다. 오바마 정부가 2016년에 발표한 인공지능 보고서는, 실무자들에 의해 광범위하게 받아들여지는 인공지능의 일반적인 개념정의가 존재하지 않는다고 지적하고 있다[10]. 인공지능이라는 표제하에 다양한 연구 분야와 방식이 공존하고, 새로운 종류의 연구가 계속해서 나타나거나 사라지고 있으며, 이들을 하나의 개념으로 포괄하여 이해하기 어렵다는 문제의식에 기인하는 것일 수 있다. 미국에서는 인공지능이란 무엇인가라는 질문에 대한 광범위한 답변을 내놓는 대신 자율주행 자동차나 안면인식과 같이 실생활을 통해 볼 수 있게 된 인공지능의 구체적 기술과 개별 사례를 중심으로 접근하는 것을 좀 더 흔하게 볼 수 있다[11].

한편, 이와 다른 방식의 접근도 있다. 트럼프 정부는 인공지능과 관련하여 2019년 2월에 행정명령을 발표하고, 2020년 2월에는 이니셔티브를 발표하는 등 몇 가지 중요한 발표를 한 바 있다. 오바마 정부와 비교할 때 트럼프 정부에서 발표된 인공지능 기술과 관련된 내용은 상대적으로 연구개발에 초점이 맞추어진 것으로 평가할 수 있다. 2019년 행정명령은 인공지능을 연구개발에 관한 프로토타입, 데이터, 적용기술 등을 포괄한 일련의 기술로 포괄적으로 정의하였다(행정명령 Section 9(a) 참조)[12].

3. 인공지능의 개념에 관한 중간결론

지금까지의 논의를 통해 알 수 있는 것은 인공지능이라는 개념을 일률적으로 규정하는 일이 간단치 않다는 점이다. 먼저 '지능'이라는 개념의 활용을 둘러싼 서로 다른 시각이 있다. 즉, 지능 개념을 출발점으로 삼고 인공지능을 그 하위범주로 이해할지, 지능에 대한 종래의 논의와 별개로 인공지능의 개념을 정의할지가 중요한 논쟁점이다. 유사한 관점에서 인간지능과 인공지능의 관계를 어떻게 보아야 할지도 아직 정리가 되지 않은 사안이다[13]. 인간지능을 준거점으로 삼아서 인공지능을 규정해야 한다는 시각도 있으나, 필연적으로 그렇게 해야 할 이유는 없다. 어떻게 보면 새로이 등장하는 신기술을 규율하는 단순한 문제가 '인공지능'에 포함된 '지능'이라는 표현 때문에 불필요한 혼란을 유발하는 상황이라는 반론도 가능하다. 한편, 기술이나 방법론을 기준으로 하여 분류하는 것도 가능하다. 예를 들어, 지도학습을 통한 분류(classification), 비지도학습을 통한 군집(clustering), 강화학습을 통한 시뮬레이션(simulation) 등을 염두에 두고, 데이터의 수집과 최적화 함수(optimization function)의 작동 방식에 기초하여 정의하는 방식이다. HLEG의 정의는 이에 가까운 것으로 볼 수 있다.

이와 별도로, 인공지능이 활용되는 영역이나 목적을 비롯한 구체적 맥락에 따라서 인공지능의 개념정의를 다르게 할지, 일률적으로 규정할지에 대한 진지한 논의도 필요하다. 예를 들어, 인공지능에 대한 규제와 인공지능에 대한 국가적 투자의 맥락에서 각각 인공지능의 개념정의가 반드시 동일해야 하는 것은 아니다. 또한 금융이나 의료와 같이 개별 산업이나 서비스 영역에서 인공지능 기술을 적용하는 맥락에서도 일률적 개념정의를 하는 것이 불필요한 부작용을 낳을 수도 있다. 가장 근본적으로, 인공지능 기술과 같이 지속적으로 변화하고 발전하고 있는 기술을 대상으로 하여 개념이나 범위를 정하는 과정에서, 지나치게 넓게 또는 좁게 정의하는 것이 아닌 '적정한' 인공지능의 정의가 무엇인지에 대하여 주의가 필요하다. 인공지능이 꾸준히 발전하고 있는 기술이라는 점을 고려할 때, 인공지능 개념을 지나치게 넓게 정의하면 과잉규율의 문제를 가져올 수 있고, 그 반대로 지나치게 좁게 정의하면 과소규율이라는 문제를 낳을 수 있기 때문이다.

Ⅲ. 인공지능의 설명가능성

1. 인공지능과 설명가능성

인공지능과 관련하여 최근 '설명가능성(explainability)' 개념을 둘러싼 영역에 많은 관심이 집중되고 있다. 이는 설명가능 인공지능(eXplainable AI, XAI)을 개발하려는 공학적인 관심뿐 아니라 이와 관련된 사회적, 규범적 차원의 관심으로도 나타나고 있다. 이처럼 인공지능의 설명가능성이라는 이슈에 대한 관심이 부각되고 있는 이유는 무엇일까?

설명의 사전적 의미는 어떤 일이나 대상의 실질적 내용을 상대방이 잘 알 수 있도록 분명히 밝히는 작업이다.[2] 실제로 인간은 정보를 획득하고, 처리하고, 그로부터 판단을 하는 과정에서 다양한 인지적 제약에 처하고는 하는데, 기능적으로 볼 때 '설명'은 이러한 제약으로 인해 발생할 수 있는 한계를 보완하고 의사소통에 도움을 주는 작업이라고 이해할 수 있다. 오늘날의 인공지능은 작동과정이 매우 복잡하여 인간이 이해하는 데 한계가 있을 수 있고, 이는 인공지능 기술에 대한 사회적 신뢰의 저하로 이어질 수도 있다. 이렇게 보면 설명가능 인공지능은 인공지능 기술을 이용한 의사결정 맥락에 관계된 인간 이해당사자와의 사이에서 의사소통이나 상호작용에 도움을 주고, 이를 통해 유용성과 신뢰를 높여주는 기술적 접근을 뜻하는 것으로 해석할 수 있다.

'인공지능'과 '설명가능성'이라는 두 가지 개념은 이처럼 깊은 연관성을 맺고는 있지만 사실 양자가 필연적으로 연관되어야 하는 것은 아니다. 구체적 맥락에 따라서는 설명이 용이하지 않은 인공지능이 오히려 바람직한 경우도 있을 수 있다. 일례로, 자율주행 자동차의 크고 작은 작동과정마다 일일이 설명을 제공해야 하는 요건이 부과될 경우 이를 구체화하

2) 국립국어원 표준국어대사전 참조.

기도 어렵고 소비자가 누리는 편익 또한 급감할 가능성이 높다. 자율주행 자동차 사례에서는 안전한 이동 그리고 가급적 신속하고 안락한 이동이 인공지능을 활용하는 주된 목적일 것이므로, 작동과정에 대한 구체적인 이해가 어렵더라도 안전, 신속, 안락한 운행이 가능하다면 일반적으로는 문제되는 경우가 많지 않을 것이다. 이는 자율주행 자동차가 아닌 기존의 자동차의 경우에도 사실 마찬가지이다. 소비자가 자동차 엔진의 작동원리에 대해 알지 못하더라도 안전운전에 대한 믿음이 있으면 주저 없이 운행을 하고 이용하게 될 것이다. 자율주행이든 아니든 자동차의 작동원리에 대해 소비자로부터 설명이 요구되는 것은, 자동차의 안전성에 대해 신뢰가 충분하지 않은 경우나 사고나 오작동 등의 문제가 발생하여 원인을 규명해야 하는 경우 등 제한된 경우라 할 수 있다.

2. 인공지능 설명가능성의 의의

위에서 본 것과 같이, 인공지능의 의사결정에 관하여 언제나 인간이 이해할 수 있을 만큼의 설명이 요구되는 것은 아니다. 그렇다고 해서 인공지능의 설명가능성 개념이 중요하지 않은 것은 아니다. 설명가능성 개념의 필요성이나 유용성은 인공지능을 둘러싼 당사자들에 따라 달리 나타날 수 있는데, 이를 소비자, 공급자, 제3의 평가자의 관점으로 나누어서 생각해볼 수 있다.

우선 소비자 입장에서는 인공지능이 완전하다는 믿음이 있으면 설령 설명가능성이 부족하다고 하더라도 굳이 이를 문제삼을 이유가 없을지도 모른다. 그러나 알파고(AlphaGo)가 이세돌과의 제4국에서 보여준 '오류'와 같이 인공지능은 완벽하지 않다. 사실 머신러닝(machine learning)을 중심으로 한 오늘날 인공지능은 데이터 패턴의 추론에 의존하므로 귀납으로부터의 오류나 데이터에 내재된 역사적 편향성에서 자유롭지 않은데, 이러한 한계는 구체적인 양태는 다르더라도 인간에게서도 흔히 볼 수 있는 문제이기도 하다. 그러나 인공지능은 일단 문제가 발생하면 경로 의존성을 통한 피드백 루프(feedback loop)가 형성되면서 인간이 행위자일 때보다 한층 증폭된 악순환을 유발할 수 있다는 위험성을 갖는다[14]. 물론 이러한 오류가 현재의 기술수준을 전제한 잠정적 한계로 인한 것인지, 또는 극복할 수 없는 궁극적 한계로 인한 것인지는 단정적으로 말하기 어렵다. 중요한 것은 소비자가 인식하는 한계 및 그로 인한 인공지능 기술에 대한 신뢰의 문제이다. 소비자의 시각에서 볼 때 인공지능 기술이 한계가 많다고 인식되면 인공지능에 의한 의사결정에 충분한 신뢰를 보이기 어렵고, 그런 만큼 설명가능성에 대한 요구가 커질 수 있다.

특히 소비자에게 불이익이 발생할 수도 있는 상황에서는 설명가능성에 대한 요구가 더욱 커질 수 있다. 예를 들어, 금융소비자가 은행에서 대출신청을 했는데 인공지능 알고리즘에 의한 의사결정 과정을 통해 대출거절이 되든가 기존 대출에 대해 이자율이 급상승하는 의사결정이 이루어졌다고 할 때, 해당 금융소비자 입장에서는 투명성과 설명가능성에 대한 요구가 크게 발생할 수 있는 것이다. 다른 한편, 인공지능 알고리즘의 활용을 통해 손쉽게 대출이 이루어지든가 대출조건이 더 유리해진다면, 그러한 상황에 처한 금융소비자는 굳이 투명성이나 설명가능성에 대한 요구를 표출하지 않을 가능성이 높다. 그런 점에서 투명성이나 설명가능성에 대한 요구는 비대칭적으로 나타날 수 있다.

그런데 소비자 입장에서는 이러한 인공지능의 오류나 불이익의 상황에서 문제에 대처할 수 있어야 하겠지만, 그러한 대처가 쉽지 않을 수 있다. 먼저 인공지능의 의사결정과 그 기초를 이루는 데이터의 오류를 정정할 수 있는 절차가 불완전한 측면이 있다. 특히 해당 의사결정이 공적 주체를 통해 이루어지는 것이라면 행정절차법제의 적용을 받아서 문제에 대한 제한적인 대처가 가능할 수도 있지만, 민간 주체에 의한 인공지능 의사결정은 규율체계 자체가 일관적이지 않은 면이 있다. 일례로 미국에서는 우리나라와 달리 개인정보를 수집하여 판매하는 데이터 브로커(data broker) 비즈니스가 활성화되어 있는데, 한 데이터 브로커 회사에 의하여 잘못된 정보가 기록된 당사자에게 취업이 어려워지고 신용카드의 정지까지 발생한 사건이 있었다. 해당 주체는 데이터 브로커 회사에 데이터의 정정을 요구하여 회사가 직접 보관하는 데이터에 대한 수정은 이루어졌지만, 이로부터 직·간접적으로 데이터를 입수한 제3자가 보유한 잘못된 정보는 수정되지 않은 상태로 남아 이후에도 많은 피해를 주었다고 한다. 개별 데이터의 이동경로나 각각의 단계에서의 당사자에 대한 완벽한 파악이 불가능하기 때문에 문제해결에 한계가 있을 수밖에 없는 것이다[15]. 기술개발에 따라 데이터의 흐름에 대한 추적이 점차 원활해질 수는 있지만 적어도 현재의 기술로는 한계가 많다.

인공지능이 처리한 데이터나 의사결정의 내용을 이해당사자에게 알리고 오류를 바로잡는 등 후속절차를 마련하는 작업은 물론 중요한 것이지만 엄밀히 말해 이 과정이 설명이라는 개념의 핵심적인 의미와 직접적으로 연결되는 것은 아닐 수 있다. 의사결정의 실질적 내용을 분명히 밝히는 과정이 없이 단지 형식적 절차를 마련하기만 해도 오류를 바로잡는 것이 가능할 수 있기 때문이다. 설명가능성의 개념이 좀 더 본격적으로 문제되는 경우는 의사결정에 이르는 전반적인 과정이 블랙박스(black-box)처럼 불투명한 상황이나 그러한 과정이 알려지더라도 소비자 입장에서 이해나 수긍이 쉽지 않은 상황이다. 예를 들어, 인공지능 알고리즘을 이용하여 개인신용평가가 이루어진다고 할 때, 해당 알고리즘의 구조에 대한 정보가 주어지더라도 자신의 개인신용평가 결과나 구체적인 신용평점에 대해 충분히 이해할 수 있는 소비자는 많지 않을 것이다. 마찬가지로, 의료 영역에서 진단에 도움을 주는 인공지능과 관련해서도, 환자의 시각에서는 인공지능의 개략적인 작동방식은 설명을 통해 이해할 수 있을지 몰라도, 개개 환자별 구체적인 처방에 이른 경위에 대해서는 이해하지 못하는 것이 일반적일 것이다.

이와 같은 상황에서, 개인에게 중요한 영향을 미칠 의사결정을 전적으로 인공지능에 내맡기는 것은 자율성(autonomy)에 중대한 침해를 유발하는 것이라고 받아들여질 수 있다. 하지만 다른 한편, 인공지능 의사결정이 충분히 신뢰할 수 있는 것이라면 인공지능에 의한 의사결정에 대해 설명가능성을 요구하지 않고 오히려 인공지능의 적극적 활용을 선호하는 경우도 충분히 있을 수 있다. 예를 들어, 의료 인공지능의 도움을 받는 것이 가능한 경우에 해당 인공지능에 대한 신뢰도가 매우 높다면, 인공지능에 의한 의사결정을 주치의의 판단보다도 더욱 존중하는 태도를 보일 가능성도 있는 것이다.

인공지능 개발자나 제작자의 시각에서 설명가능성 개념의 의의는 어떤 것인지 보자. 우선 설명가능성은 해당 인공지능 알고리즘의 성능을 개선하기 위해 필수적인 역할을 한다. 인공지능의 성능을 개선하기 위해서는 입력값과 결괏값만 있어서는 곤란하고, 인공지능 모형의 구조나 작동방식에 대한 이해가 필수적이다. 그래야 해당 과정에 집중하여 구체적인 개선사항을 찾아낼 수 있을 것이기 때문이다. 개발자의 시각에서도 블랙박스로서의 인공지능은 큰 한계를 가질 수밖에 없다.

이러한 맥락에서, 스위니(Latanya Sweeney)가 구글의 광고 방식 중 하나인 애드센스(Google AdSense)를 통해 사람의 이름과 관련된 연구를 진행한 결과를 보자[16]. 이 연구에 따르면, 흑인 이름을 검색하면 검색결과와 함께 전과확인(criminal record history) 서비스를 위한 배너광고가 뜨는 경향성이 나타났고, 백인 이름에 대해서는 그러한 배너광고가 뜨지 않았다고 한다. 물론 이와 같은 결과가 나타나게 된 것에 특정한 차별적 의도가 배경에 있을 가능성은 높지 않다. 그런데 이러한 연구결과에 대한 해결책을 마련하기 위해서는 알고리즘의 구체적인 작동 메커니즘에 대한 단계별 이해가 필수적일 것이다. 이처럼 인공지능 인공신경망 내에서 사용된 변수와 가중치가 어떤 사회적 의미와 결부되는지에 대하여 이해도와 설명가능성을 높일 수 있다면 의도가 없이 발생하는 해악을 방지하거나 개선책을 만들어 내는 데 큰 도움이 될 것이다.

한편, 소비자나 제작자뿐만이 아니라 평가자 역시 인간이기 때문에 설명가능성이 제공하는 효용을 공유하게 마련이다. 인공지능의 맥락에서는 두 가지 종류의 평가자를 생각할 수 있다. 하나는 자율규제(self-regulation)의 당사자인 인공지능 제작자이고, 다른 하나는 강제규제(enforced regulation)의 당사자인 국가기관이다. 이들은 주기적 감사(periodic audit)나 검사(review), 검증(verification), 영향평가(impact assessment)와 같은 유형의 일련의 사전적 예방과 사후적 조치를 통해 해악과 위험을 적절히 규율해야 하는 위치에 놓일 수 있다. 그러한 역할을 충실하게 이행하기 위해서는 인공지능의 설명가능성이 확보되어야 한다. 이해할 수 없는 대상에 대한 규율은 가능하지 않기 때문이다.

3. 인공지능 설명가능성의 부작용

지금까지 설명가능성의 중요성에 대해 강조하였지만, 다른 한편으로 설명가능성에 대한 과도한 요구가 부작용을 낳을 수도 있다. 먼저 인공지능의 설명가능성이 불필요한 맥락은 현실에 상존한다. 앞서 본 것처럼, 자율주행 자동차와 관련하여 자동차가 내린 모든 의사결정에 대해 각각 구체적인 설명을 요구하는 것은 비현실이기도 하고 불필요하기도 하다. 일반적으로는 이용자가 자율주행 자동차의 이용에 대해 신뢰할 수 있을 수준의 정보제공이면 충분하고, 그 이외에는 혹시 사고가 날 경우에 사고 상황의 검증을 위해 설명이 필요할 수 있다. 그 이상의 상세한 설명은 불필요한 것일 수 있다. 과다한 수준의 정보제공(information overload)을 하는 것은 당초에 설명가능성 논의가 추구하는 기본가치를 훼손하게 될 가능성도 있다.

이와 별도로, 상세한 설명이 오히려 관련 시스템의 지속적인 유지와 발전에 해가 되는 상황이 나타날 수도 있다. 가령 인공지능의 활용을 통해 금융거래에 있어 불이익이 생긴 금융소비자가 자신에 관한 신용평가에 인공지능이 어떻게 모델링 되었는지 이해하여 자신의 신용도(creditworthiness)를 높이기 위해 노력하는 대신, 목표를 우회하는 대리변수(proxy)를 파악한 뒤 이를 이용하여 조작적 행위(gaming)를 하는 데 설명가능성이 악용될 수 있다. 결국 인공지능의 설명가능성은 모든 문제를 일거에 해소하는 방안이 아니고, 당연히 부작용의 가능성이 따르는 것이다.

Ⅳ. DARPA의 설명가능 인공지능 프로젝트

지금까지 논의한 사항을 토대로, 세계 각지에서 인공지능의 설명가능성을 확보하기 위한 각종 연구가 진행되었다. 국제적으로 가장 널리 알려진 설명가능 인공지능 연구는 미국 방위고등연구계획국(Defense Advanced Research Projects Agency, 이하 'DARPA')이 진행하고 있는 설명가능 인공지능 프로그램(eXplainable Artificial Intelligence Program, XAI Program)이다. DARPA는 일견 상충하는(trade-off) 인공지능의 성능과 설명가능성 모두를 높이기 위한 목적의 설명가능 인공지능 연구 프로그램을 2017년 5월부터 진행해 오고 있다. DARPA는 두 개의 팀을 구성하여, 첫째 팀은 모형의 설명력 향상과 설명가능 인터페이스라는 두 가지 기술적 연구를, 둘째 팀은 인간의 설명과 관련된 인지과학 연구를 담당하도록 하였다. 둘째 팀이 제시한 모형, 개념, 지표 등의 도구를 바탕으로 첫째 팀이 개발한 모형과 인터페이스를 평가하고 개선해 나가는 것이다. 모형의 설명력을 높이기 위한 방안은 크게 세 가지로 구분된다. 첫째, 딥러닝모형의 설명력을 향상하는 여러 기술적 테크닉인 '심층 설명(deep explanation)', 둘째, 학습 과정에서 전통적 머신러닝모형 중 특히 설명력이 높다고 평가되는 모형(예: 선형 회귀, 의사결정나무)을 채택하는 '설명가능모형(interpretable models)', 셋째, 학습을 마친 모형을 사후적으로 설명력이 높은 모형과 대응시키는 '모형 유도(model induction)'가 그것이다. DARPA의 설명가능 인공지능 프로젝트 일정은 총 4년에 걸쳐서 진행되고(2017－2021년) 크게 두 기간(phase)으로 구분된다. 첫째 기간(18개월)에는 주로 초기 설명가능 인공지능 시스템 기술을 구현(1팀)하고, 평가지표를 개발하는 작업(2팀)이 진행된다. 둘째 기간(30개월)에는 첫째 기간에 개발된 지표를 통해 같은 기간에 개발된 초기 기술의 성능을 평가하고 여기서 발견된 문제를 개선하는 데 집중한다[17－19]. DARPA의 설명가능 프로젝트는 세계 각지에서 이루어지고 있는 설명가능 인공지능 연구를 선도하고 있다.

V. 설명가능성과 해석가능성

인공지능 영역에서는 설명가능성이라는 표현 이외에 해석가능성(interpretability)이라는 표현도 많이 쓰이고 있어서, 두 표현에 관해 간략히 비교하면서 글을 마무리하고자 한다. 설명가능성과 마찬가지로 해석가능성도 다양한 하부개념을 포괄한 불명확한 개념이다. 해석가능성의 구성요소에 대한 일반적 합의가 이루어지지도 않은 상황이다[20]. 다만 두 가지 표현을 문면 그대로 받아들이면, '해석가능성'은 이해와 활용의 과정은 해석자의 몫으로 남긴 상대적으로 열린 개념이고, '설명가능성'은 설명의 제공자 입장에서 상대방을 이해시키는 과정을 포함한 개념으로 구분하여 파악할 수 있다. 따라서 인공지능 알고리즘에 이용된 다양한 변수와 가중치의 값 등 관련된 정보를 제공하는 행위를 통해 해석가능성은 충족될지 모르겠지만, 설명가능성까지 충족되지는 않을 수 있다. 그러나 현실에서는 영역이나 논자별로 이러한 이해방식과 전혀 다른 개념정의를 사용하기도 한다. 이러한 문제점은 신생 분야에서 새로이 출현하는 개념이 일반적으로 처하는 현상이기 때문에, 반드시 부정적이라고 보기는 어렵다. 이하에서는 이러한 난점을 반영하여, '설명(가능성)'과 '해석(가능성)' 개념을 굳이 단일한 의미로 확정하여 사용하지 않고, 개별 챕터의 저자가 가지고 있는 고유한 통찰을 제시하고 이후의 몫은 독자의 판단에 맡기기로 한다.

참고문헌

[1] John McCarthy, "What is Artificial Intelligence?", 2007. [Online]. Available: http://jmc.stanford.edu/articles/whatisai/what-isai.pdf [Accessed Jun. 5, 2021].

[2] Marvin Minsky, *Semantic Information Processing*, MIT press, 1968.

[3] 고학수·정해빈·박도현, "인공지능과 차별", 저스티스 통권 제171호, 2019, 199-277쪽.

[4] 스튜어트 러셀·피터 노빅(류광 역), 『인공지능: 현대적 접근방식(제3판)』, 2016.

[5] Regulation (EU) 2016/679 of the European Parliament and of the Council of 27 April 2016 on the protection of natural persons with regard to the processing of personal data and on the free movement of such data, and repealing Directive 95/46/EC (General Data Protection Regulation).

[6] European Parliament, "European Parliament resolution of 16 February 2017 with recommendations to the Commission on Civil Law Rules on Robotics (2015/2103(INL))", 2017.

[7] European Commission High-Level Expert Group on Artificial Intelligence, "Ethics Guidelines for Trustworthy AI", 2019.

[8] European Commission High-Level Expert Group on Artificial Intelligence, "A Definition of AI: Main Capabilities and Disciplines", 2019.

[9] A. M. Turing, "Computing Machinery and Intelligence", Mind, New Series, Vol. 59, No. 236, 1950, pp. 433-460.

[10] U.S. Executive Office of the President, "Preparing for the Future of Artificial Intelligence", 2016.

[11] 신용우, "인공지능 관련 입법 현황 및 전망", NARS 현안분석 제87호, 2019.

[12] Donald J. Trump, "Executive Order on Maintaining American Leadership in Artificial Intelligence", Federal Register: White House, 2019, pp. 3967–3972.

[13] 김형주, "'인공지능'과 '인간지능' 개념에 대한 철학적 분석 시도 –맥카시와 칸트의 지능개념을 중심으로–", 철학탐구 제43집, 2016, 161–190쪽.

[14] Cathy O'neil, *Weapons of math destruction: How big data increases inequality and threatens democracy*, Broadway Books, 2016.

[15] Frank Pasquale, *The black box society*, Harvard University Press, 2015.

[16] Latanya Sweeney, "Discrimination in online ad delivery", Queue Vol. 11, No. 3, 2013, pp. 10–29.

[17] David Gunning, "Explainable Artificial Intelligence (XAI)", Defense Advanced Research Projects Agency (DARPA), 2017.

[18] David Gunning · David W. Aha, "DARPA's Explainable Artificial Intelligence Program", AI Magazine Vol. 40, No. 2, 2019, pp. 44–58.

[19] 안재현, 『XAI 설명가능한 인공지능, 인공지능을 해부하다』, 위키북스, 2020.

[20] Zachary C. Lipton, "The Mythos of Model Interpretability", arXiv: 1606.03490v3, 2017.

02

인공지능의 작동원리와 설명가능성에 대하여

김용대(서울대학교 통계학과 교수)
윤성로(서울대학교 전기정보공학부 교수)

02

인공지능의 작동원리와 설명가능성에 대하여

김용대(서울대학교 통계학과 교수)
윤성로(서울대학교 전기정보공학부 교수)

Ⅰ. 서론

인공지능 기술은 인류의 미래를 걱정할 정도로 빠르게 우리의 생활에 스며들고 있다. 자동청소기부터 시작하여 무인자동차, 인공지능 의사, 인공지능 판사 등의 등장은 인공지능이 단순한 호기심 차원의 연구를 지나서 인류의 생활 전반에 지대한 영향을 미칠 수 있는 기술이라는 것을 반증한다. 나아가 인공지능 유관 산업 분야의 발전을 넘어서서 인공지능의 도래로 인한 노동시장의 재편 및 사회구조의 변화와 같이 인공지능에 의해서 발생하는 다양한 사회적 문제들에 대한 논의도 심도 있게 진행되고 있다.

인공지능 기술이 발전하고 실제 생활에 활용되면서 새롭게 떠오른 화두가 설명가능 인공지능(eXplainable AI, 이하 'XAI')이다. XAI이란 복잡한 모형이 내린 의사결정 과정과 답을 사람이 이해할 수 있는 형태로 설명하고 제시하는 인공지능을 말한다. 인공지능 기술은 사람의 업무 및 의사결정을 대신하기 위해 활용되기 때문에 사람이 신뢰할 만한 근거를 가지고 있어야 한다.

Samek et al[1]은 인공지능 기술에서 모형의 해석 및 설명가능 방법론이 필요한 네 가지 이유를 제시하였다. 첫 번째로 인공지능 알고리즘을 검증하기 위해, 두 번째로 알고리즘을 발전시키기 위해, 세 번째는 알고리즘으로부터 새로운 통찰을 얻기 위해, 마지막으로는 알고리즘을 사용할 때 사회적 규범을 준수하기 위해서이다. 각각의 이유에 대해 연구 예시를 통해 좀 더 구체적으로 살펴본다.

Caruana et al[2]은 인공지능 시스템을 검증하기 위해 설명가능 방법론이 필요한 예를 제시하였다. 예를 들어 의학적으로 심장 문제가 있는 천식 환자의 폐렴에 의한 사망 위험은 그렇지 않은 천식 환자에 비해 현저히 높다. 그러나 폐렴 위험을 측정하는 인공지능 알고리즘은 데이터 학습을 통해 심장 문제가 있는 천식 환자가 덜 위험하다고 인식하였다. 심장 문제가 있는 환자에 대해서는 집중적 감시와 주의가 이루어져서, 심장 문제가 없는 천식 환자의 경우보다 사망률이 낮았기 때문이었다. 인간 의사가 XAI을 통해 인공지능 시스템을 검증하고 나서야 이러한 문제를 밝혀낼 수 있었다. 폐렴 위험을 예측하는 모형의 잘못된 결론은 사망자 수를 줄이는 것이 아니라 오히려 증가시킬 수 있었다. 이렇듯, 인공지능 모형이 우리가 바라는 방향으로 학습되었는지를 확인할 수 있으려면 설명가능 방법론이 중요하다.

인공지능 알고리즘의 약점을 파악하는 것 역시 중요하다. 그림 1은 Goodfellow et al[3]이 adversarial example으로 알고리즘의 약점을 찾아낸 예다. Adversarial example이란 데이터(이미지)와 데이터를 분류하는 알고리즘이 있을 때, 알고리즘이 틀리게 분류하도록 생성된 데이터를 말한다.

[그림 1] 인공지능 알고리즘 작성의 예: adversarial example[3]

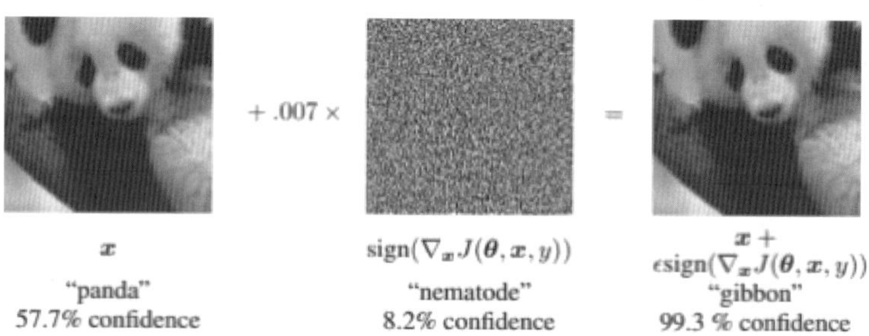

Goodfellow et al은 Imagenet에서 주최한 Large−Scale Visual Recognition Challenge 2014(ILSVRC14)에서 우승한 GoogleNet 알고리즘을 사용하였다. 그림 1의 왼쪽 이미지는 판다로 라벨이 되어 있고 실제 GoogleNet도 해당 이미지를 57.7%의 확률로 판다로 예측했다. Goodfellow et al은 위 이미지와 알고리즘을 이용해 인간이 기존 이미지와 구별하기 어려운 새로운 이미지(가장 오른쪽)를 생성했다. 새롭게 생성된 이미지를 GoogleNet에 다시 입력할 때, 해당 알고리즘은 99.3%의 확률로 이미지를 긴팔 원숭이로 분류하였다. 위와 같은 문제가 자율주행차 알고리즘에도 적용된다면 이는 큰 문제가 될 것이다. XAI는 인공지능 알고리즘의 약점을 확인하고 개선하는 데 이용될 수 있을 것이다.

딥러닝의 활발한 연구로 현재 인공지능은 특정 업무에 대해서는 사람보다 더 우수한 결과를 보여주기도 한다. 이렇게 잘 학습된 모형에 대해서는 인간이 인식하지 못한 새로운 인사이트를 얻을 수 있다. Samek et al[1]은 바둑에서 많은 프로기사들이 새로운 전략을 구성하고 그 전략이 효과적인지를 확인하는 데 인공지능 모형을 이용한다고 말한다.

마지막으로 XAI은 인공지능의 공정성, 윤리성을 비롯한 사회적 규범을 준수하기 위해 이용되기도 한다. Bolukbasi et al[4]은 기계번역을 위한 학습기에서 성별에 대한 편향성이 발견되었다고 하였다. 본 문헌에서는 "man is to computer programmer as woman is to X"라는 문제에 학습기가 "X = homemaker"를 매칭한 것을 통해 인공지능이 성별에 대한 편향성을 가짐을 보였다. 이러한 인공지능 알고리즘을 현실에 직접 사용하기는 힘들다. 따라서 위 모형이 왜 이렇게 학습되었는지를 확인해 봐야 하고 바로 이 점에서 설명가능모형이 필요한 것이다.

아래에서는 이러한 이해를 바탕으로, 인공지능의 기본적 개념과 설명가능성을 높이기 위한 다양한 방법론을 살펴본다. Ⅱ.에서는 인공지능 기술의 역사와 오늘날 가장 유망한 인공지능 분야인 기계학습에 대해 소개한다. 특히 인공지능의 설명이 무엇을 의미하는지를 이해하는 데 필수적인 작동원리에 대해서도 살펴본다. Ⅲ.에서는 다양한 기계학습 알고리즘을 소개하는데, 특히 XAI와 가장 밀접한 관련이 있는 지도학습을 중심으로 소개한다. Ⅳ.은 다양한 인공지능 알고리즘의 해석 및 설명 방법론들을 소개한다.

Ⅱ. 인공지능 작동원리

1. 인공지능의 역사

여기에서는 인공지능의 역사를 간략하게 살펴본다.

(1) 개척기(1952~1956)

인공지능이란 인간의 인식, 판단, 추론, 문제해결 능력의 결과인 자연어 처리나 행동지령, 학습기능과 같은 인간의 두뇌 작용을 이해하는 것을 연구대상으로 하는 학문으로, 1950년대부터 수학, 공학, 철학, 정치학 등 여러 분야의 학자들에 의해 연구가 이루어지고 있다. 개척기는 인공지능에 대한 본격적인 연구가 처음으로 이루어진 시기이며, 여러 가지 AI에 대한 이론들이 발표되었다. 그중에서도 앨런 튜링이 1950년도에 제안한 튜링 테스트(Turing's test)가 가장 대표적인 연구이다. 튜링 테스트는 기계가 인간의 사고를 얼마나 이해하고 생각, 행동할 수 있는지 판단하는 테스트이다. 1956년도에 개최된 다트머스 학회에서 존 매카시가 이 연구 분야의 이름을 "인공지능(Artificial Intelligence, AI)"이라고 최초로 명명하였다.

(2) 황금기(1956~1974)

인공지능 역사의 황금기인 1956~1974년도에는 다트머스 학회 이후 인공지능의 여러 분야에서 기초가 다져졌다. 이 시기에는 대수학을 풀거나 기하학의 이론들을 증명하거나 영어로 질문응답을 하는 프로그램들이 학습되었다. 또한 처음으로 사람과 대화를 주고받는 챗봇 ELIZA가 개발되었다. 그러나 실제로 프로그램이 생각하여 대화를 주고받기보다는 입력된 내용을 그대로 말하거나 상대방의 한 말을 다시 말해 달라고 요청하거나, 상대방의 말에 몇 가지 문법을 적용하여 바꾸어 응답하는 수준이었다.

(3) 암흑기(1974~1980)

이 시기에는 인공지능 프로그램 수행능력에 대한 여러 가지의 문제점과 한계점에 직면하였다. ① **컴퓨터 성능의 한계:** 의미 있는 결과를 얻기 위해서는 상당한 데이터를 수용하고 처리하여야 하였는데 당시 컴퓨터의 메모리는 이러한 데이터를 다루는 데 턱없이 부족하였다.

② **상식과 추론:** 논리와 규칙의 추론으로 자연어 처리나 시각 분야 인공지능 프로그램을 개발하기 위해서는 상식 수준의 지식을 학습하는 데만도 어마어마한 논리와 규칙에 대한 데이터베이스가 필요했는데, 이를 구축할 수 없었다.

③ **모라벡의 패러독스:** 수학 정리들을 증명하고 난해한 기하학 문제를 푸는 것은 컴퓨터 프로그램에 있어서 비교적 쉬운 문제에 속하지만, 얼굴을 인식하는 문제나 로봇을 장애물에 부딪치지 않으면서 원하는 목적지에 도착시키는 일은 극도로 어려운 문제에 속한다. 이러한 어려움으로 당시 시각 분야의 연구가 매우 더디게 진행되었다.

이러한 한계점들에도 불구하고, 이 당시에는 인공지능 연구의 세분화가 이루어지면서 여러 방면에 응용될 수 있는 연구 분야가 나타나게 되었다.

(4) 개화기(1980년대)

1980년대에 들어서면서 인공지능 프로그램은 특정 지식 영역에 대한 문제를 해결해 주는 전문가 시스템의 형태로 활용되었다. 전문가 수준의 지식을 포함한 전문가 시스템은 1980년대 AI 연구의 주요 쟁점인 지식 기반 시스템과 지식공학 분야의 기반이 되었다. 또한 신경망 네트워크를 학습하는 새로운 방법인 역전파(Backpropagation)가 대중화되면서, 현시대 인공지능 기술에 큰 영향을 끼치고 있는 신경망 네트워크가 정보를 학습하고 처리할 수 있다는 것이 이 시기에 증명되었다.

(5) 1990년대부터 현재까지의 인공지능

컴퓨터 메모리, 성능 등 계산 능력의 급속한 발달은 인공지능의 눈부신 발전을 이끌었다. 1997년 IBM의 딥블루 게임 AI는 체스 세계 챔피언인 게리 카스파로프를 상대로 승리를 거두었다. 2011년도에는 IBM에서 자연언어 이해 및 처리를 위해 생성한 왓슨 프로그램은 제퍼디 퀴즈쇼에서 이전 두 명의 챔피언들을 상대로 승리를 거두었다. 데이터를 저장해 둘 수 있는 저장 공간이 발달하고 앞에 언급한 연구들로 이전보다 프로그램 학습 능력이 향상하면서 데이터 마이닝, 산업 로봇, 음성 인식, 금융 서비스 소프트웨어, 의학 진단 분야 등에 인공지능이 유용하게 활용되었다. 특히 인공 신경망 네트워크는 이미지 분류, 인식 문제에 압도적인 성능을 나타내고 있으며 이를 이용하여 이미지 검색이나 주어진 사진의 인물이나 물체를 판단하는 프로그램 개발에 사용되어 왔다. 페이스북에서 개발한 얼굴 인식 인공지능 딥페이스는 이 중 성공한 대표적인 예이다. 자연언어 처리 분야에서도 인공지능은 강점을 보이고 있다. 예를 들어 사용자가 아랍어를 입력하면 영어로 자동으로 번역해 주는 기계 번역 시스템은 최근 눈부신 발전을 이루었다. 또한 구글 딥마인드에서 개발한 인공지능 바둑 프로그램 알파고는 2016년도에 프로기사 이세돌 9단과의 대국에서 4승 1패를 기록하며 전 세계적으로 인공지능의 발전을 알렸다. 최근 신종 코로나 바이러스 감염증과 관련해서, 중국에서는 알리바바가 개발한 컴퓨터 단층 촬영(CT) 이미지를 이용한 폐렴 임상 진단 모형을 사용하여 전문가가 모두 보기 어려운 수많은 CT 이미지를 분류하고 의심되는 사례를 식별하고 있다.

2. 기계학습 분야

현재 인공지능 분야에서 널리 사용되는 방법론은 기계학습이다. 기계학습이란 데이터를 기반으로 컴퓨터가 유용한 규칙이나 모형을 찾아내고 이를 기반으로 예측을 하는 방법들을 총칭한다. 특히, 딥러닝의 등장으로 기계학습 방법론은 인공지능의 핵심 분야인 이미지, 언어, 음성 인식 등의 분야에서 놀라운 성과를 거두고 있다. 여기에서는 기계학습의 3가지 대표적인 분야를 살펴본다.

(1) 지도학습(Supervised learning)

지도학습은 주어진 입력변수 X에 대해 출력변수 Y가 존재하여, 입력변수 X을 이용하여 Y을 가장 잘 예측하는 모형을 찾는 것을 목표로 한다. 여기서 모형이란 X에서 Y로 가는 함수 $Y=f(X)$로 이해할 수 있다. 간단한 예로 주어진 인물 사진의 픽셀별 정보를 갖고 있는 벡터 X에 대해 남성($Y=0$)인지 여성($Y=1$)인지 분류할 수 있는 모형을 찾는 것을 들 수 있다.

앞의 예처럼 Y가 범주형인 경우에는 분류(Classification) 문제라고 하고 Y가 연속적인 수치형인 경우에는 회귀(Regression) 문제라고 한다. 위의 예제에서 주어진 인물사진 정보 X를 이용하여 성별을 예측하는 문제는 분류이고, 인물의 나이를 예측하는 문제는 회귀이다.

지도학습은 일반적으로 입력변수 X와 출력변수 Y의 쌍으로 주어진 데이터에서 예측을 잘 하는 모형을 찾는 방식으로 진행된다. 이때 주어진 데이터를 '학습데이터(training data)'라 하며, 예측을 잘하는 모형을 찾는 프로세스를 '학습(learning)'이라고 한다. 학습자료는 n개의 X와 Y의 쌍으로 이루어진다. 여기에서 i번째 학습자료의 쌍을 (X_i, Y_i)로 표기할 수 있는데, X_i은 p차원의 실수 벡터, $X = (X_1, X_2, \cdots, X_n)^T$은 $n \times p$ 차원인 행렬을 의미한다. 예측을 잘하는 모형이란 모든 $i = 1, \ldots, n$에 대해서 Y_i와 최대한 가까운 함수 $f(X_i)$를 의미한다. 여기서 어려운 점은 "가까운"이라는 개념을 수식으로 표현하는 것이다.

(2) 비지도학습(Unsupervised learning)

비지도학습은 지도학습과 달리 학습데이터에 출력변수 Y가 없고 입력자료 $X = (X_1, X_2, \cdots, X_n)^T$만을 이용하여 입력자료를 가장 잘 설명하는 모형을 컴퓨터가 찾는 방법론을 지칭한다. 비지도학습의 예로는, 주어진 학습데이터에서 이질적인 그룹을 찾아내는 문제(예: 인터넷 공격 탐지), 존재하지 않지만 그럴싸한 사진이나 동영상을 생성하는 문제(예: deep fake) 등 그 분야가 상당이 넓다. 이론적으로는 데이터가 어떻게 구성되어 있는지를, 즉 데이터의 분포가 무엇인지를 알아내는 것을 목적으로 하며, 군집분석, 차원축소 방법 등이 있다. 최근에는 딥러닝을 이용한 차원축소 및 분포추정 방법인 Autoencoder와 Variational Autoencoder [5], Generative adversarial training[6] 등이 가상 이미지/동영상 생성 분야에서 주목을 받고 있다.

(3) 강화학습(Reinforcement learning)

강화학습(Reinforcement learning)은 주어진 상태에서 각 행동에 대해

서로 다른 보상이 주어지는 문제에서 어떠한 행동을 취해야 최대한의 보상을 얻을 수 있는지를 학습하는 분야이다. 알파고와 같은 인공지능 게임의 개발에 주로 적용되는 방법이다. 강화학습의 3요소는 상태(state), 행동(action), 보상(reward)이다. 알파고에서는 현재의 기보가 상태이고, 이후에 두는 수가 행동이며, 최종 승패가 보상이 된다. 이때, 주어진 상태에서 보상을 최대로 하는 행동을 찾아서 바둑을 진행한다. 그리고 강화학습의 목적은 주어진 상태에서 보상을 최대로 하는 행동을 찾는 규칙을 찾는 것이다. 이 규칙을 정책이라고도 부른다.

강화학습에서의 행동은 지도학습의 예측과 의미가 일맥상통한다. 하지만, 강화학습은 각각의 요소들 간의 상호관계에 대해 학습한다는 점에서 한 요소를 통해 다른 요소를 파악하는 지도학습과는 차이가 있다. 즉, 강화학습에서는 행동에 따라서 상태가 바뀌는 반면에(즉, 바둑에서 내가 두는 수에 따라서 상대편의 수도 바뀌어서 다음 상태가 바뀐다) 지도학습에서는 예측의 결과에 따라서 모집단이 변하지 않는다. 상품을 추천하는 문제에서, 소비자의 선호도를 잘 파악하는 것이 목적인 경우는 지도학습이 적절하지만, 추천의 결과에 따라서 소비자의 선호도가 바뀌는 경우에는 강화학습이 적절하다고 볼 수 있다.

강화학습이 흔히 사용되는 예로 자율주행 자동차가 있다. 자율주행 자동차의 움직임에 강화학습 모형을 적용할 경우, 가능한 상태에는 현재 차의 위치, 속도, 주위 차의 움직임 등이 있을 것이다. 이 상태에서 가능한 행동으로는 손잡이를 좌우로 돌린다거나 엑셀/브레이크를 밟는 것이 있을 것이다. 그리고 행동에 의해 자동차의 상태가 바뀌게 된다. 이러한 행동의 보상으로는 목적지까지의 소요 시간이 빠를수록 큰 값이 주어지고, 사고가 일어난다면 매우 작은 값(음의 값)이 보상으로 주어질 수 있다. 자율주행 자동차 학습의 목적은 목적지까지 가장 빨리 도착할 수 있는, 좀 더 정확하게는 보상을 가장 크게 받는 정책을 찾는 것이다.

3. 기계학습 구성요소

여기에서는 예측모형을 학습하는 기계학습의 전체 프로세스를 요소별로 정리한다.

(1) 문제 정의

기계학습은 규칙으로 정의하기 힘든 특정 업무를 잘할 수 있도록 데이터를 기반으로 컴퓨터를 학습시켜 자동화하는 것을 목적으로 한다. 따라서 기계학습은 앞에서 말한 문제(업무)를 잘 정의하는 것으로 시작한다. 문제를 잘 정의하는 것은 굉장히 중요하다. 문제 정의가 제대로 되지 않는다면 이후의 과정이 잘 진행되었다 하더라도 원하는 것과 다른 방향의 결과를 얻을 수 있기 때문이다.

예를 들어 주차장에서 자동화 시스템을 구축하기 위해 번호판을 인식하는 기계학습 모형이 필요하다고 하자. 번호판은 숫자와 글자로 이루어져 있기 때문에, 숫자와 글자 이미지를 수집하고 잘 인식하는 모형을 학습해서 시스템을 구축했다고 가정해 보자.

만일 위 모형이 번호판 이외의 이미지에 대해서도 숫자와 글자를 잘 인식한다면 자동차에 존재하는 차량 번호 외의 다른 번호에 대해서도 인식하고 시스템에 입력할 것이다. 그렇게 되면 전산상으로 불필요한 정보가 들어오기 때문에 사람이 다시 확인해야 하는 일이 생긴다. 아주 사소해 보이는 문제이지만 시스템이 원활하게 돌아가기 위해서는 새롭게 모형을 학습해야 하는 결과를 초래할 수 있다. 따라서 문제의 정의가 '숫자와 문자의 인식'이 아니라 '자동차 번호판의 숫자와 문자의 인식'이 되어야 하며, 이 경우 숫자와 문자의 인식과 더불어 자동차 번호판을 인식하도록 하는 예측모형도 필요하다. 이러한 간단한 예에서 보듯 문제를 정확히 정의하는 것이 매우 중요하다.

(2) 데이터 수집

문제가 잘 정의되었다면, 컴퓨터가 학습할 수 있게 데이터를 수집해야 한다. 데이터는 문제의 정의로부터 계획적으로 수집되어야 한다. 자동차 번호판 분류를 위해서는 자동차 번호판 이미지를 모아야 하고, 사진으로부터 남자/여자를 인식하는 모형을 학습하기 위해서는 라벨(남성, 여성)이 잘 분류되어 있는 이미지를 수집해야 한다. 데이터 수집에서 중요한 사항은, 모아진 데이터가 모집단 전체를 잘 대표할 수 있도록 모아야 한다는 것이다. 남자/여자 인식 문제에서 특정한 연령층(예: 청소년)의 이미지만 모아서 예측모형을 학습하면, 중장년층에서는 인식률이 현저하게 떨어질 것이다.

(3) 알고리즘 선택

다음으로 수집한 데이터를 이용하여 예측을 잘 하는 모형을 컴퓨터를 이용하여 학습하게 된다. 이때 어떤 알고리즘을 사용하여 모형을 학습할지를 선택하여야 한다. 예측모형을 학습시키는 알고리즘은 목적과 방식에 따라 매우 다양하다. 앞에서 소개한 지도학습, 비지도학습, 강화학습에 각각 매우 다양한 학습 알고리즘이 있다. 기계학습 알고리즘에 대한 자세한 내용은 뒤에서 다루도록 한다.

알고리즘을 선택하는 정해진 규칙이 있는 것은 아니다. 일반적으로 문제를 정의하면서 지도학습, 비지도학습, 강화학습 중에서 무엇을 해야 하는지가 정해진다. 학습 방법별로 알고리즘의 종류가 다양하여 선택을 해야 하는데, 일반적으로는 단순한 방법에서 복잡한 방법으로 알고리즘을 하나씩 적용해 보는 방식을 생각해 볼 수 있다.

(4) 모형 학습

알고리즘의 종류가 선택되었다면, 수집된 데이터와 선택한 알고리즘으로 예측모형을 학습하게 된다. 알고리즘의 학습은 기계학습 툴(tool)로 한다. 기계학습에 주로 사용되는 툴로는 SAS, R, Python 등이 있다. 툴을 정하고 수집된 데이터와 알고리즘을 이용하여 모형을 학습한다.

(5) 예측성능 측정

지도학습의 어려운 점은, 주어진 학습데이터에서 예측을 잘하는 모형을 찾는 것이 아니라, 아직 관측하지 못한 미래의 데이터(이러한 데이터를 '예측데이터(test data)'라고 한다)에서 예측을 잘하는 모형을 찾는 것이 최종적 목표라는 부분이다. 일반적으로는 학습데이터에서 예측을 잘하는 모형이 예측데이터에서도 예측을 잘한다. 하지만, 너무 복잡한 모형을 사용하였거나, 학습데이터가 잘못 구성된 경우에는 학습데이터에서 예측을 잘하는 모형이 예측데이터에서는 나쁜 예측력을 보일 수 있고 이 문제의 해결이 기계학습 방법론의 핵심주제이다. 학습된 예측모형이 제대로 학습되었는지 확인하기 위해서는 예측데이터가 필요하나, 일반적으로 예측데이터는 학습 당시에는 존재하지 않는다. 이러한 문제의 대안으로, 주어진 데이터를 두 부분으로 임의로 나누어 학습데이터와 예측데이터로 구분하는 방법이 자주 이용된다. 학습데이터를 이용하여 예측모형을 학습한 후, 예측모형의 성능을 예측데이터를 이용하여 확인하게 된다.

이러한 과정을 통해 모형의 예측 성능이 원하는 만큼 나오게 된다면 학습된 예측모형을 사용하면 된다. 그러나 성능이 기준에 못미친다면 그 이유를 확인해야 한다. 알고리즘의 선택이 잘못되었을 수 있고 데이터에 문제가 있을 수 있다. 나아가 문제 자체가 원래 예측이 잘 안 되는 문제일 수 있다(예: 주식가격 예측). 따라서 원점으로 되돌아가 문제의 정의, 수집된 데이터나 알고리즘의 선택을 다시 고려해 보아야 한다. 이 부분이 설명가능 방법론이 큰 역할을 할 수 있는 분야 중 하나이다. 왜 현재의 예측 모형의 성능이 좋지 않은지에 대한 설명을 제공할 수 있기 때문이다.

(6) 적용 및 모니터링

예측성능 측정 단계에서 원하는 결과가 나온다면 모형을 실제 업무에 적용시킨다. 이때 원하는 예측성능이 꾸준히 나오는지에 대한 모니터링이 필수적으로 요구된다. 데이터는 시간에 따라 분포가 바뀔 수 있기 때문에 모형이 학습될 때 고려할 수 없던 새로운 정보가 생길 수 있다. 따라서 모형을 꾸준히 모니터링하고 필요하다면 새롭게 데이터를 추가하여 모형의 재학습을 고려해 보아야 한다.

4. 예측모형 및 모형학습의 이해

기계학습/인공지능 분야에서의 설명가능성을 이해하기 위해서는 예측모형에 대한 이해가 선결되어야 한다. 그 이유는 결국 예측모형을 인간이 이해할 수 있는 규칙이나 논리구조로 설명하는 것이 설명가능성의 핵심이기 때문이다. 여기서는 주로 지도학습 방법론의 설명가능성을 설명할 것이며, 본 절에서는 지도학습에서의 예측모형 및 모형학습에 대한 기본 개념에 대해서 설명한다.

예측모형이란 주어진 입력변수 벡터 x에 대해서 예측하고자 하는 출력변수 y 또는 출력변수의 확률 $P(Y=1|x)$를 대응시키는 함수 $y=f(x)$ 또는 $P(Y=1|x)=f(x)$로 주어진다. 다음은 회귀모형과 분류모형에서 예측모형의 예제이다.

(1) 회귀모형 예

개인의 지출을 예측하는 모형을 개발한다고 하자. 모형의 개발을 위해 개인의 수입(x)과 지출(y) 데이터를 수집하였다면 수입은 입력변수, 지출은 출력변수가 될 것이다. 데이터로부터 학습한 결과 '지출 = 0.6 × 수입'의 관계를 얻는다면 다음과 같은 예측모형을 학습한 것이다.

$$f(x) = 0.6x$$

(2) 분류모형 예

개인의 신용등급 평가에 활용될 수입(x_1)과 지출(x_2) 내역이 있다고 하자. 이를 학습한 결과가 수입이 지출보다 크다면 신용등급이 좋을 확률이 0.7이고, 수입이 지출보다 작다면 신용등급이 좋을 확률이 0.3이라면, 다음과 같은 예측모형을 학습한 것이다.

$$P(Y=1|x_1, x_2) = 0.7\,I(x_1 - x_2 > 0) + 0.3I(x_1 - x_2 < 0),$$

$$\text{이때}, Y = \begin{cases} 1, & \text{신용도 좋음} \\ 0, & \text{신용도 나쁨} \end{cases}, \quad I(x_1 - x_2 > 0) = \begin{cases} 1, & \text{if } x_1 - x_2 > 0 \\ 0, & \text{if } x_1 - x_2 \le 0 \end{cases}$$

지도학습의 목표는 데이터를 기반으로 예측을 잘하는 함수 $f(x)$를 찾는 것이다. 이러한 목표를 달성하기 위해서는 예측의 성능을 측정할 수 있어야 한다. 예측성능의 측정을 위해서는 손실함수를 정의해야 한다. 손실함수란 예측자료 y를 $f(x)$로 추정하였을 때 생기는 손실(오차)을 측정하는 함수로 $l(y, f(x))$로 주어진다. 같은 문제에도 다양한 손실함수가 존재하기 때문에, 기계학습 알고리즘의 선택에서 손실함수의 선택도 중요한 부분을 차지한다. 손실함수의 예제는 다음과 같다. 손실함수에 대한 더 자세한 내용은 이 책의 범위를 넘어서므로 생략한다.

① 제곱손실함수: $l(y, f(x)) = (y - f(x))^2$, $y \in R$, 회귀문제
② 절대손실함수: $l(y, f(x)) = |y - f(x)|$, $y \in R$, 회귀문제
③ 0–1 손실함수: $l(y, f(x)) = I(y \neq f(x))$, $y \in \{1, ..., J\}$, 분류문제
④ Logistic 손실함수: $l(y, f(x)) = \log(1 + \exp(-yf(x))$, $y \in \{-1, 1\}$, 분류문제
⑤ Exponential 손실함수: $l(y, f(x)) = \exp(-yf(x))$, $y \in \{-1, 1\}$, 분류문제

주어진 손실함수에서 주어진 예측모형의 예측성능은 모집단에서의 손실함수의 기댓값으로 정의되며, 이를 모위험(population risk)이라고 한다. 즉, 주어진 예측모형 f의 모위험은 $E_{(X, Y)}(l(Y, f(X))$로 정의되며, 여기서 기댓값 $E_{(X, Y)}$는 데이터 쌍 (X, Y)에 대한 모집단에서의 평균을 의미한다. 즉, 모집단이 $(X_1, Y_1), ..., (X_N, Y_N)$일 때 주어진 예측모형의 모위험은 $\sum_{i=1}^{N} l(Y_i, f(X_i))/N$이 된다. 정리하자면, 지도학습의 목표는 모위험을 최소로 하는 예측모형 f를 주어진 학습데이터를 이용하여 찾는 것이다.

모위험을 최소로 하는 함수를 정확히 찾는 것은 어렵다. 그 이유는 현실적으로 모집단의 모든 데이터를 관측하기 힘들기 때문이다. 보통 주어지는 학습데이터는 모집단의 극히 작은 일부인 표본데이터이며 $L = \{(x_1, y_1), ..., (x_n, y_n)\}$으로 표시한다. 이런 문제를 해결하기 위해 모위험을 최소화하는 예측모형을 표본데이터로부터 추정(estimation)하는 방법이 이용되고, 이를 "예측모형을 학습"한다고 한다. 표본으로부터 예측모형을 학습하는 프로세스에는 두 가지 요소가 존재하는데, 하나는 모형선택(model selection)이고 다른 하나는 최적화(optimization)이다.

모형선택이란, 최적의 예측모형이 포함되었을 것으로 예상되는 함수들의 집합 $\mathfrak{I}$을 선택하는 것이다. 어떤 모형을 선택하는지에 따라 설명가능성이 달라지기 때문에, 설명가능성의 문제와 직결되는 부분이다. 지도학습에 사용되는 모형은 매우 다양하지만, 여기서는 ① 선형모형, ② 의사결정나무, ③ 딥러닝의 3가지 모형에 대해서 다룬다. 자세한 내용은 Ⅰ.3.을 참조바란다.

다음 작업은 주어진 함수들의 집합 $\mathfrak{I}$에서 최적의 예측모형을 추정하는 것이다. 예측모형을 추정하는 방법은 매우 다양한데, 가장 널리 사용되는 방법은 경험위험(empirical risk)을 최소로 하는 함수를 찾는 것이다. 여기서 주어진 함수 f에 대한 경험위험은 표본데이터에서의 손실함수의 평균값이며 $R_n(f) = \sum_{i=1}^{n} l(y_i, f(x_i))/n$으로 주어진다. 즉, 예측모형의 추정량 $\hat{f}$는 $\hat{f} = \mathrm{argmin}_{f \in \mathfrak{I}} R_n(f)$로 주어진다. 경험위험을 최소로 하는 추정량을 구하기 위해서는 최적화 알고리즘이 필수적이며, 이러한 이유로 최적화 알고리즘이 인공지능 방법론에서 핵심적 위치를 차지하고 있다.

정리하자면, 예측모형의 학습을 위해서는 모형선택과 최적화 알고리즘이 필요한데, 설명가능성과 직접적으로 관련이 있는 부분은 바로 모형선택이다. 어떤 모형을 선택하였는지에 따라서 설명가능성이 달라지기 때문이다. 예를 들면, 선형모형이나 의사결정나무는 쉽게 해석이 가능한 모형이며, 딥러닝모형 자체는 해석이 거의 불가능한 것으로 평가받는다. 따라서 딥러닝모형을 해석하기 위해서는 방법론이 필요하다. 현재 딥러닝모형의 해석 방법론과 관련된 연구들이 활발히 진행되고 있다. 모형의 해석과 설명에 관한 자세한 내용은 Ⅳ. 그리고 제3장을 참조바란다.

5. 예측모형의 학습을 위한 고려사항

본 절에서는 기계학습의 핵심인 예측모형 학습의 프로세스에서 고려해야 할 점들을 정리하였다.

(1) 데이터 수집

기계학습의 첫 번째 단계인 문제 정의 이후에 가장 먼저 해야 할 일은 문제에 맞는 데이터를 수집하는 것이다. 데이터를 수집하는 가장 기본적인 방법은 모집단에서 임의로 적절한 수의 표본을 뽑는 것이며 이를 임의표본이라고 한다. 쉽게 접하는 임의표본의 예로 선거 당선자 예측이 있다. 당선자를 맞추기 위해서는 모집단인 전체 투표자의 표를 확인해야 하는데 이는 불가능에 가깝기 때문에 적절한 수의 투표자를 표본으로 뽑아 여론조사를 하게 된다.

실제 많은 기계학습 문제에서는 임의표본을 얻는 것이 어려운데, 모집단이 잘 정의되지 않거나 극단적으로 불균형한 경우가 대표적 이유이다. 모집단이 잘 정의되지 않는 예제로 개와 고양이 이미지를 판독하는 문제가 있는데, 개와 고양이의 이미지라는 모집단을 파악하기란 불가능한 일인데다가(전 세계의 개와 고양이 이미지가 어떻게 분포하는지 알 수 없다) 시간이 지나면서 계속 변하기 때문이다.

극단적으로 불균형한 모집단의 예로는 암 진단을 들 수 있다. 모집단의 대부분의 사람들은 암이 없는 건강한 사람들이고 암 환자는 극히 드물기 때문이다. 위와 같은 모집단에서 임의표본을 통해 암을 가진 환자의 정보를 얻기 위해서는 굉장히 큰 수의 표본이 필요하다. 이런 경우 암 환자 중에서 임의로 표본을 뽑고 나머지 암이 없는 사람에서 임의표본을 진행하여 비슷한 비율로 데이터를 수집할 수 있다. 이렇게 수집된 자료는 모집단과 큰 차이를 보인다. 단적으로 표본에서 암에 걸릴 확률은 모집단에서 암에 걸릴 확률보다 매우 커지게 된다. 따라서, 이렇게 수집된 데이터로 모형을 학습한 이후에 모집단의 비율에 맞게 조정해 주는 과정이 반드시 필요하다. 이 과정은 이 책의 범위를 벗어나므로 생략한다. 흥미 있는 독자는 [7]의 34p을 보기 바란다.

데이터 수집에서 고려해야 할 또 다른 문제로는 지역적 편차(site variation)가 있다. 암 진단에서 환자들의 국가간 유전적 차이가 지역적 편차의 예이다. 지역적 편차가 심한 데이터는 모든 지역에서 데이터를 골고루 뽑는 것이 중요하며, 나아가 예측모형의 학습에서 지역적 편차를 보정해 줄 필요가 있다. 지역적 편차를 고려하지 않고 데이터를 수집하거나 지역적 편차를 보정해 주지 않으면, 특정 지역에 치우친 표본을 얻게 되고 결국 예측모형도 특정 지역에서만 잘 작동하는 오류를 범할 수 있다. 음성인식 모형의 구축에서도 사투리 등의 지역적 편차를 보정하는 것이 주요 과제 중 하나이다.

(2) 손실함수 선택

손실함수는 문제의 목적, 특성 등을 고려해서 선택해야 한다. 먼저 주어진 문제에 회귀모형이 활용되느냐 분류모형이 활용되느냐에 따라서 손실함수는 많이 달라진다. 회귀모형에서 사용되는 손실함수는 기본적으로 제곱손실함수를 고려한다. 제곱손실함수는 연속이고 미분 가능한 함수라는 이점을 가진다. 문제 상황에 따라 절댓값 손실함수를 사용하기도 한다.

분류모형은 기본적으로는 $0-1$ 손실함수를 고려한다. 이 경우 모위험은 모집단의 오분류율이 된다. 하지만, $0-1$ 손실함수는 최적화를 매우 어렵게 만든다. $0-1$ 손실함수는 y와 $f(x)$가 같을 때는 0, 다를 때는 1의 값을 갖기 때문에, 두 값이 달라지는 부분에서 불연속인 함수이다. 따라서 해당 지점에서 미분이 불가능하기 때문에 모형의 최적화에 어려움이 생긴다. 최적화가 쉬우며 0－1 손실함수 대신 사용할 수 있는 다양한 손실함수들이 제안되었으며 예로는 앞에서 소개한 Logistic 손실함수와 Exponential 손실함수가 있다.

(3) 모형 선택

앞에서 언급하였듯이 선형모형, 의사결정나무, 딥러닝이라는 3가지 모형이 지도학습에서 널리 사용된다. 이 중 어떤 모형을 사용하는가는 문제의 성격과 난이도에 따라서 달라진다. 선형모형이나 의사결정나무는 해석이 쉬워서 많이 선호되나, 복잡한 문제(예: 이미지 분류)에서는 예측성능이 많이 떨어진다는 치명적인 약점이 있다. 예측모형의 구축에 제일 중요한 부분은 예측력이다. 반면에 설명력은 중요성이 문제마다 크게 다르다. 예를 들어, 신용평가 예측모형을 구축하려면 설명력이 매우 중요하게 고려된다. 신용을 평가할 때, 고객에게 본인의 신용등급이 나온 이유(신용등급이 낮다면 왜 낮은지)를 알려줄 수 있어야 하기 때문이다. 반면에 이미지 분류나 번역 등에서는 설명력이 크게 요구되지는 않는다.

(4) 최적화 알고리즘 선택

최적화 문제는 주어진 문제를 푸는 최적의 값을 찾는 문제이다. 예를 들면 2차함수의 최솟(최댓)값을 찾는 것은 최적화 문제 중 하나이다. 최적화 알고리즘은 최적화 문제에서 최적의 값을 찾는 알고리즘을 말한다. 최적화 알고리즘의 선택은 추정방법론의 선택과 밀접한 관련이 있다. 특히 선택되는 모형과 손실함수에 따라서 최적화 알고리즘이 결정된다. 최적화 알고리즘은 설명가능성과는 가장 관계가 적은 구성요소이다.

(5) 과적합을 피할 수 있는 정규화(regularization) 방법

복잡한 문제에서 예측력을 높이기 위해서는 매우 복잡한 함수들을 사용한다. 그런데, 표본의 수가 적은 경우에 너무 복잡한 모형을 사용하면 예측데이터에서 예측력이 저하되는 현상이 발생하며 이러한 현상을 과적합이라고 한다. 과적합을 피하는 방법을 통칭하여 regularization이라고 하는데, 크게 ① 적절한 복잡도의 모형 선택, ② 필요 없는 입력변수의 제거, 그리고 ③ 적절한 최적화 알고리즘의 사용으로 세분화된다. 지도학습의 다양한 방법론은 각각 특별한 과적합을 피하는 regularization 방법을 사용하고 있다. 지도학습의 다양한 방법론 설명 부분에서 다양한 regularization 방법들을 찾아볼 수 있다.

6. 과적합

과적합(overfitting)이란 모형을 학습할 때 주어진 학습데이터에 과도하게 학습하여 예측데이터에서는 오차가 증가하는 현상을 말한다. 과적합은 주어진 데이터(불필요한 입력변수, 입력변수의 분포를 충분하게 설명하지 못하는 자료의 수)에 의해 일어날 수 있고, 너무 복잡한 모형을 선택하거나 과도한 최적화에 의해서도 일어날 수 있다.

[그림 2] 과적합의 예: 모형복잡도(왼쪽)[12], 과도한 최적화(오른쪽)

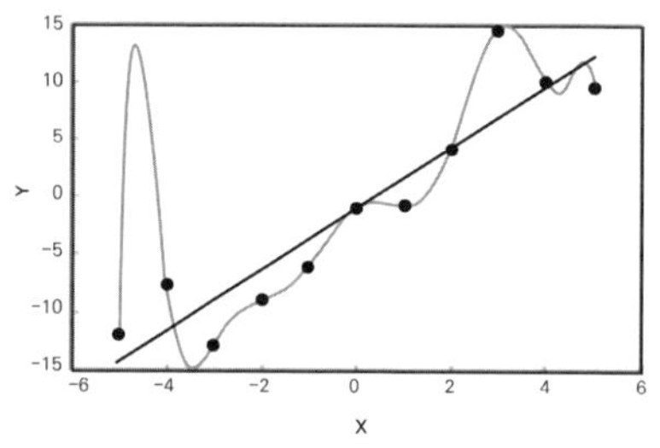

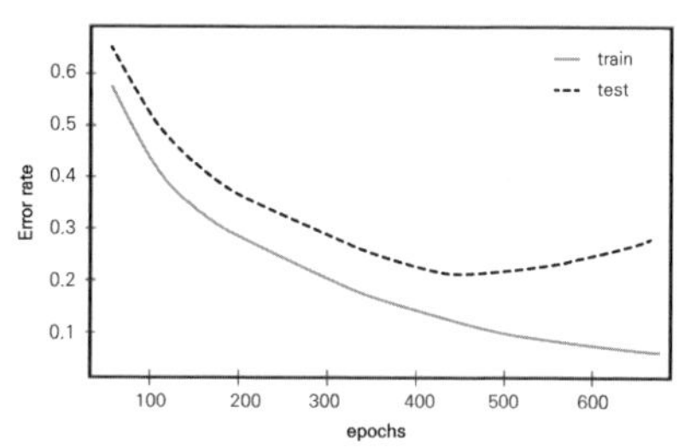

그림 2는 모형의 복잡도에 따라 일어나는 과적합의 두 가지 예시다. 왼쪽 그림은 모형의 복잡도에 의해 과적합이 일어나는 예시다. 입력변수와 반응변수가 하나씩이고 실제 X, Y의 관계는 선형(진한 색 사선)이라 할

때, 복잡한 비선형 모형을 고려한 경우 학습 오차를 0으로 만드는 연한 색 곡선의 모형의 학습할 수 있다. 선형을 가정하였기 때문에 위의 진한 색 사선 근처에 새로운 자료가 위치할 것이고 복잡한 모형(연한 색 곡선)은 새로운 자료에 대해 좋은 예측력을 기대하기는 어려울 것이다. 오른쪽 그림은 분류문제에서 딥러닝모형의 과도한 최적화에 의해 일어나는 과적합을 보여준다. x축은 최적화 알고리즘의 반복횟수를 의미하고 y축은 오분류율을 의미한다. 위의 실선과 점선은 각각 학습데이터와 예측데이터의 오분류율의 변화를 의미한다. 딥러닝에서 최적화 알고리즘의 반복횟수가 많다는 것은 학습자료의 오분류율을 0에 가깝게 학습한다는 것이다. 이는 모형이 학습자료만을 과도하게 학습하는 것으로 특정 반복수를 넘어설 때 새로운 자료를 잘 예측하지 못하는 과적합 현상을 보여준다.

Ⅲ. 기계학습 알고리즘 소개

2절에서 살펴본 바와 같이 기계학습 알고리즘의 학습은 모형선택과 최적화 알고리즘이라는 두 개의 요소로 구성되어 있는데, 이 장의 목적인 설명가능성과 가장 밀접한 것은 모형의 선택이다. 이와 관련하여 본 장에서는 기계학습, 특히 지도학습 알고리즘을 소개한다. 본 장에서 지도학습을 중심으로 알고리즘을 소개하는 이유는, 대부분의 XAI 모형이 지도학습 중심이기 때문이다.

1. 선형모형(Linear model)

(1) 다중선형회귀모형(Multivariate linear regression)

입력변수가 p개일 때, 다중선형모형은 $Y = \beta_0 + \beta_1 X_1 + \cdots + \beta_p X_p + \epsilon$을 가정한다. 여기서 ϵ은 오차이다. 따라서 추정하고자 하는 예측함

수는 $f(X) = \beta_0 + \beta_1 X_1 + \cdots + \beta_p X_p$ 이 된다. 다중회귀모형에서 예측모형의 추정을 위해서는 회귀계수 $\beta_0, \beta_1, \cdots, \beta_p$을 추정하면 된다. 회귀계수를 추정하는 가장 일반적인 방법으로는 제곱손실함수를 최소화하는 추정량인 최소제곱 추정량을 사용한다.

변수가 여러 개일 때는 행렬과 벡터로 표현하면 간편하다. $y = (y_1, \cdots, y_n)^T \in R^n$은 반응변수고, $X = [1, X_1, X_2, \cdots, X_p] \in R^{n \times (p+1)}$은 입력변수라면, $X_j = (X_{j1}, X_{j2}, \cdots, X_{jn})^T \in R^n$은 j번째 입력변수의 n개의 관측치의 벡터이다. 이때, 모수는 $\beta = (\beta_0, \beta_1, \cdots, \beta_p)^T$이라 하자. 학습데이터에서 제곱손실함수의 기댓값인 오차제곱합은 $Q = \sum_{i=1}^{n} \epsilon_i^2$이라고 표현하는데, 오차를 벡터로 표현하면 $\epsilon = y - X\beta$이므로 $Q = \sum_{i=1}^{n} \epsilon_i^2 = (y - X\beta)^T(y - X\beta)$으로 표현된다. 최종적으로 구하는 값은 오차제곱합을 최소로 만드는 β의 추정량이므로, 다음과 같이 Q을 β에 대해 미분하여 해당 값을 찾을 수 있다.

$$\frac{\partial Q}{\partial \beta} = -2X^T y + 2X^T X \beta = 0.$$

따라서 만약 $X^T X$가 역행렬이 존재한다면, β의 최소제곱추정량은 $\hat{\beta} = (X^T X)^{-1} X^T y$으로 얻을 수 있다.

(2) 선형 로지스틱 회귀모형(Linear Logistic regression)

앞의 다중선형모형은 반응변수 Y가 연속형일 때를 대상으로 한다. 만약 반응변수 Y가 두 개의 범주 $\{0,1\}$을 갖는 분류문제라고 해 보자. 선형회귀모형의 가정 $Y = X\beta + \epsilon$을 그대로 사용한다면 문제가 발생하는데, 그중 가장 중요한 것은 Y가 가질 수 있는 값은 0 또는 1인데 예측값이 [0,1]의 범위를 벗어날 수 있다는 점이다.

위 문제점을 해결할 수 있는 방안은 Y을 직접 예측하는 것이 아니라 입력변수 X가 주어졌을 때, $Y=1$일 확률 $P(Y=1|X)$을 모형화하는 것이다. 즉, 예측모형 $f(X)$는 $P(Y=1|X)$이 된다.

다중선형회귀모형에서는 f을 입력변수들의 선형관계로 가정하였다. 그러나 $P(Y=1|X)$은 확률이기 때문에 0에서 1 사이의 값이 되어야 하며, 따라서 입력변수들 간의 선형관계로 표현할 수가 없다. 즉, 선형관계를 그대로 이용하여 모형을 $P(Y=1|X) = X\beta$으로 가정할 때 만약 $X=3$, $\beta = 4$이면 $P(Y=1|X) = X\beta = 12$가 되어 확률값이 1보다 크게 되는 문제가 생긴다. 이러한 문제를 해결하기 위해서 선형관계의 결과 $(X\beta)$를 연결함수(link function)에 넣어 예측값이 0과 1 사이가 되도록 한다. 이를 수식으로 나타내면 아래와 같다.

$$P(Y=1|X) = \phi(X\beta)$$

이때, ϕ은 연결함수이고 0에서 1 사이의 값을 갖는 함수이다.

연결함수 ϕ을 어떻게 주느냐에 따라 여러 모형이 존재한다. $\phi(x) = \frac{\exp(x)}{1+\exp(x)}$이면 선형 로지스틱 회귀모형, 표준정규분포의 분포함수를 사용할 경우 프로빗(probit)모형이라 한다. 여러 분포함수를 사용하여 ϕ을 가정할 수 있는데, 계산상의 편리성을 이유로 로지스틱의 분포함수 $\phi(x) = \frac{\exp(x)}{1+\exp(x)}$가 기계학습에서는 가장 널리 사용된다.

위의 식 $P(Y=1|X) = \phi(X\beta)$인 선형 로지스틱 회귀모형 또한 모수 $\beta = (\beta_0, \beta_1, \cdots, \beta_p)^T$을 잘 추정하는 것이 모형 전체를 추정하는 것과 같다. 선형 로지스틱 회귀모형의 모수는 일반적으로 가능도 함수(likelihood function)을 최대화하는 최대가능도 추정량으로 추정한다. 이

때 가능도 함수란 특정 분포 가정 하에 주어진 표본으로부터 실제 모수가 있을 가능성을 표현한 함수로 값이 클수록 실제 모수가 위치할 가능성이 큰 함수이다.

(3) 다항회귀모형

앞에서는 입력변수와 출력변수의 관계가 선형인 경우를 가정하는 모형을 다루었다. 그러나 실제 입력변수와 출력변수 사이에 선형을 가정하기 어려운 경우가 있다. 그림 3은 입력변수와 출력변수 사이의 관계가 선형으로 보기 힘든 예시이다.

[그림 3] 입력변수와 출력변수가 선형이 아닌 예[13]

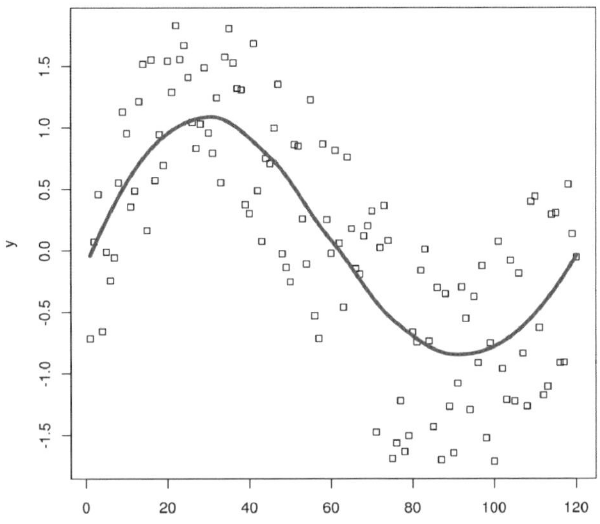

위와 같은 관계를 갖는 데이터에서 고려해 볼 수 있는 모형으로 다항회귀모형이 있다. 일례로 입력변수가 1개이고 출력변수와의 관계가 k차수인 다항회귀모형은 다음과 같이 주어진다.

$$Y=\beta_0+\beta_1 X+\beta_2 X^2+\cdots+\beta_k X^k+\epsilon$$

이때, ϵ에 대한 가정은 다중선형회귀모형과 같고 회귀계수는 최소제곱추정량으로 추정한다. 다중선형회귀모형과의 차이점은 다항회귀의 경우 적절한 차수 k을 선택해야 한다는 것이다. 일반적인 접근법은 k을 1에서부터 순차적으로 증가시키며 모형의 결과를 비교해 보는 것이다. k를 선택하는 방법론들은 이 책의 범위를 벗어나므로 생략한다.

입력변수가 p개일 경우의 k차 다항회귀모형의 가정은 아래와 같다.

$$\begin{aligned}Y=&\sum_{j=1}^{p}\beta_{1(j)}X_j+\sum_{j_1=1}^{p}\sum_{j_2=1}^{p}\beta_{2(j_1,j_2)}X_{j_1}X_{j_2}+\cdots\\&+\sum_{j_1=1}^{p}\sum_{j_2=1}^{p}\cdots\sum_{j_p=1}^{p}\beta_{k,(j_1,j_2,\ldots,j_k)}X_{j_1}X_{j_2}\cdots X_{j_p}+\epsilon\end{aligned}$$

입력변수의 차원 p와 다항회귀모형의 차수 k가 크면 회귀계수의 수가 급격하게 증가한다. 모든 항을 다 고려한 다항회귀의 회귀계수의 수는 대략 p^k에 비례하게 된다. 이렇게 많은 모수를 가진 모형을 사용하여 예측모형을 만들려면 계산량이 폭증할 수 있고, 또한 과적합으로 인하여 예측력이 저하될 수 있다. 실제 상황에서는 2차항까지를 고려한 다음의 다항회귀모형이 가장 많이 사용된다:

$$Y=\beta_0+\sum_{j=1}^{p}\beta_{1j}X_j+\sum_{m\neq n}\beta_{2,(m,n)}X_mX_n+\epsilon$$

위 식에서 오른쪽의 세 번째 항은 두 입력변수의 곱의 합이다. 이는 두 변수의 교호작용을 고려하는 항이다. 교호작용이란 하나의 요인의 효과가 다른 요인에 영향을 받는 것으로, X_m의 변수가 커짐에 따라 β_{1m}만큼 커지는 것이 아니라 X_n변수의 크기에도 영향을 받는 것이다. 따라서 m

번째 변수 X_m이 변할 때 종속변수 Y는 m번째 변수 X_m뿐만 아니라 n번째 변수 X_n에도 영향을 받는 것을 가정한 것이다.

(4) 일반화 가법모형

선형모형의 가장 치명적인 약점은 최적예측모형이 선형이 아닌 경우 예측력이 크게 저하된다는 것이다. 그러나 입력변수의 차원 p가 큰 경우에는 p차원 비선형함수로 만들어진 예측모형 $f(X)$를 학습데이터로부터 학습하는 것은 거의 불가능하다. 차원 p가 증가하면서 필요한 학습데이터의 수가 기하급수적으로 증가하기 때문이다. 이러한 현상을 '차원의 저주'라고 부른다.

차원의 저주를 피하면서도 비선형성을 가지고 상당부분 해석이 가능한 예측모형으로 일반화 가법모형(Generalized Additive Model)[8]이 있다. 일반화 가법모형의 예측모형은 다음과 같다.

$$f(X) = \beta_0 + \sum_{j=1}^{p} f_j(X_j)$$

즉, 예측모형이 p개의 1차원 비선형모형의 합으로 주어진다. 모든 비선형모형이 1차원이라서 차원의 저주를 피할 수 있으며, 동시에 각 입력변수들이 출력변수에 미치는 비선형적 영향을 알아낼 수 있다. 또한 그림 등을 이용하여 f_j에 대한 해석을 쉽게 할 수 있기 때문에, 해석이 필요하면서 좋은 예측력이 요구되는 문제에서 널리 사용되고 있다.

다차원 선형모형을 2차 교호작용을 포함한 다항회귀모형으로 확장한 아이디어를 일반화 가법모형에도 적용할 수 있다. 즉, 다음의 예측모형을 고려한다:

$$Y = \beta_0 + \sum_{j=1}^{p} f_j(X_j) + \sum_{m \neq n} f_{(m,n)}(X_m, X_n) + \epsilon$$

이러한 모형을 함수ANOVA모형[9]이라 한다.

일반화 가법모형이나 함수ANOVA모형에서 함수 f_j와 $f_{(m,n)}$의 학습은 이 장의 범위를 넘어가므로 다루지 않는다. 관심 있는 독자는 참고문헌을 참고바란다.

참고로 일반화 가법모형이나 함수ANOVA모형은 비선형모형이다. 하지만, 각 변수 또는 변수 조합별 비선형 변환의 선형결합이라는 측면에서 선형모형의 확장으로 볼 수 있다. 즉, 개별 변수 또는 개별 변수 조합의 비선형변환 $f_j(X_j)$나 $f_{(m,n)}(X_m, X_n)$을 변환된 새로운 입력변수로 취급하면, 그 해석을 선형모형처럼 할 수 있다. 이러한 이유로 위의 모형을 선형모형에 포함하여 소개하였다.

2. 의사결정나무모형(Decision tree model)

선형모형의 단점은 예측모형이 선형이라서 입력변수들 사이의 교호작용을 반영할 수 없다는 것이다. 다항회귀모형이나 함수ANOVA모형을 사용하면 2차 교호작용 정도는 반영할 수 있으나, 계산량의 폭증 등 다양한 이유로 고차원 교호작용을 찾는 것은 무리가 있다. 의사결정나무는 높은 해석력을 가지면서 고차원 교호작용을 반영할 수 있는 예측모형을 구축하는 것을 목적으로 개발되었다.

의사결정나무모형은 입력변수의 영역을 반복적으로 분할해서 규칙을 생성한다. 즉, if－then 형태의 rule을 계속적으로 생성하여 회귀 또는 분류문제를 해결하는 모형이다. 의사결정나무는 회귀문제와 분류문제에 둘 다 적용할 수 있는 모형이지만, 여기서는 분류문제에서의 의사결정나무 구축 및 이용에 대해서만 다루기로 한다.

[그림 4] 의사결정나무모형의 2차원 입력변수 분할[14]

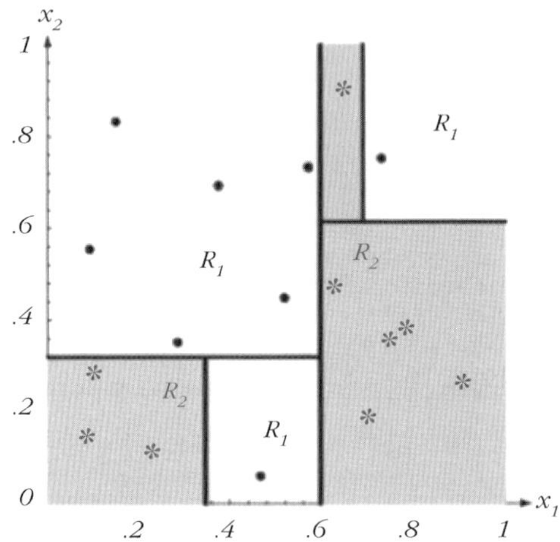

그림 4는 입력변수 X가 2차원이고 Y가 가질 수 있는 값이 2개인 분류문제에서 학습된 나무 모형의 간단한 예시이다. 까만색 점은 $Y=0$일 때 X의 값이고 별 모양의 점은 $Y=1$일 때 X의 값이라 하자.

왼쪽 위의 R_1의 영역을 해석해 보면, X_1이 0.6보다 작고, X_2가 0.35보다 큰 경우에 위 모형은 $Y=0$으로 예측한다. 이처럼 의사결정나무모형은 if−then rule을 이용하기 때문에 모형의 해석이 쉽다.

[그림 5] 신용평가 데이터로 의사결정나무모형을 학습한 결과[7]

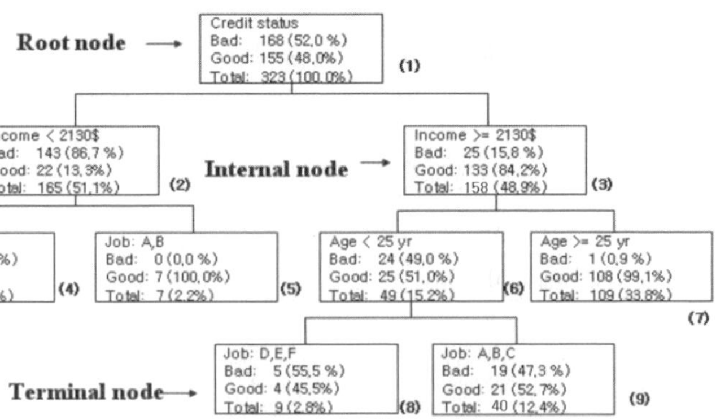

그림 5는 신용평가 데이터로 의사결정나무모형을 학습시킨 결과의 예시이다. 그림 5의 상하를 뒤집어 생각해 보면 가장 위가 뿌리가 되고 그 아래로 가지를 생성하여 자란 나무처럼 보인다. 따라서 if−then rule을 이용한 해당 모형의 이름을 의사결정나무모형이라 짓게 되었다.

(4) 노드의 경우에는 먼저 Income 변수가 2,130$ 미만이고 Job 변수가 C, D, E, F 중 하나를 갖는 경우이다. 이러한 사람들의 신용도를 보면 Bad가 143명 Good이 15명으로 신용도가 Bad일 확률은 143/(143+15)라고 할 수 있다. 위와 같은 방법으로 나무모형의 각 노드들을 해석할 수 있다.

의사결정나무모형의 학습방법을 이해하기 위해서는 의사결정나무모형의 구성요소를 정리할 필요가 있다. 정리 내용은 아래와 같다.

① **뿌리 노드(root node)**: 의사결정나무모형이 시작되는 마디. 전체 데이터를 포함함
그림 5에서 (1) 노드

② **자식 노드(child node)**: 하나의 노드에서 분리된 노드
그림 5에서 (1)을 제외한 모든 노드

③ **부모 노드(parent node)**: 주어진 노드의 상위 노드
그림 5에서 (4), (5), (7), (8), (9)을 제외한 모든 노드

④ **끝 노드(terminal node)**: 자식 노드가 없는 노드
그림 5에서 (4), (5), (7), (8), (9) 노드

⑤ **중간 노드(internal node)**: 부모와 자식 노드를 다 가지고 있는 노드
그림 5에서 (2), (3), (6) 노드

⑥ **가지(branch)**: 뿌리 노드부터 끝 노드까지 연결되는 마디
(4) 노드의 경우 (1) → (2) → (4)로 연결되는 마디

⑦ **깊이(depth)**: 뿌리 노드에서 끝 노드까지 거쳐가는 중간 노드의 수

(4) 노드의 경우 깊이는 1, (8) 노드의 경우 깊이는 2

그림 5를 보면 두 가지 궁금증이 생긴다. 첫 번째는 자식 노드를 생성할 때, 어떤 규칙으로 변수와 그 값을 정하는가이고, 두 번째는 왜 (4) 노드의 경우에는 Income와 Job 변수로 두 번 분할된 반면, (8) 노드는 Income와 Age, Job이 사용되어 세 번의 분할이 되었느냐이다. 두 질문에 대한 답이 의사결정나무모형을 학습하는 핵심이다. 이제부터 의사결정나무모형이 어떻게 학습되는지를 알아본다. 의사결정나무모형의 학습은 크게 ① 모형의 성장과 ② 가지치기로 나눌 수 있다. 모형의 성장은 첫 번째, 가지치기는 두 번째 궁금증과 관련 있다.

의사결정나무모형의 성장은 각 노드에서 불순도(impurity measure)를 활용한 최적의 분리규칙을 생성하여 계속해서 데이터를 분기해 가면서 수행된다. 여기서 불순도란 주어진 노드에서 반응변수의 이질성을 측정하는 값으로, 분류문제의 경우 노드 안에서 얼마나 다른 class의 Y 값을 갖는지를 나타내는 지표다. 실제 계산에서는 모든 변수와 모든 가능한 절단값(입력변수를 분기할 때 기준이 되는 값) 쌍에 대해서 노드를 분기시킨 뒤 불순도를 측정하고, 이 불순도가 가장 작은 변수와 절단값 쌍을 찾아서 분기를 수행한다.

참고: 의사결정나무모형의 성장에는 다양한 불순도를 사용할 수 있으며, 분석자는 이 중 하나를 선택한다. 불순도는 Entropy index, Gini index, χ^2통계량 등을 사용한다. 다음은 대표적으로 사용하는 entropy index에 대한 간단한 설명이다.

Y가 0 또는 1의 값을 갖는 분류문제를 생각해 보자. 주어진 k번째 노드 $node(k)$의 Entropy index는 다음과 같다.

$$ent(node(k)) = -\sum_{i=1}^{n(k)}\sum_{k=0}^{1} P(Y_i = k)\log_2 P(Y_i = k)$$

여기서 $n(k)$은 노드 $node(k)$에 속한 관측치의 수다. Y가 가질 수 있는 값이 0 또는 1인 이진 분류문제이기 때문에 $ent(node(k))$는 $P(Y_i = k) = 0.5$일 때 가장 큰 값을 갖는다. 즉, entropy index는 노드 안에 Y가 0과 1의 비율이 같을 때 가장 크고 하나의 라벨의 비율이 높거나 낮을수록 작아진다. 의사결정나무모형은 모든 입력변수와 각 입력변수의 절단값을 찾는다고 앞에서 언급했다. 노드 $node(k)$가 j번째 입력변수 X_j의 절단값 t를 기준으로 $node(k(1))$와 $node(k(2))$으로 나누어진다고 생각해 보자. 그렇다면 기존 노드 k에 있던 자료 $X_i : i \in node(k)$은 $X_i : i \in node(k(1))$와 $X_i : i \in node(k(2))$으로 나누어진다($n(k(1)) + n(k(2)) = n(k)$).

분할된 후의 entropy index는 $ent(node(k(1)))\dfrac{n(k(1))}{n(k)} + ent(node(k(2)))\dfrac{n(k(2))}{n(k)}$으로 정의된다. 위에서 설명한 것처럼 entropy index는 값이 작을수록 같은 class의 Y가 많다는 것이고 이는 학습자료의 분류를 잘 한다는 것이다. 따라서 entropy index를 작게 하는 입력변수 X_j와 그 절단값 t을 찾아서 모형을 성장시킨다.

위의 방법으로 나무를 계속해서 성장시키면 매우 큰 의사결정나무모형(끝 노드의 수가 많은)이 만들어지고 과적합이 될 수 있다. 극단적인 예로 자료의 수(n)만큼 끝 노드를 만들면 하나의 노드에 하나의 데이터를 갖기 때문에 끝 노드에는 Y가 하나의 클래스만을 갖게 되고 이는 주어진 학습자료에서 가장 작은 entropy를 갖는 의사결정나무모형이 된다. 그리고 이 경우 학습자료에서 오류는 0이다. 그러나 이렇게 데이터를 너무 작은 단위로 분할하면 예측자료를 잘 맞추기를 기대하기는 어렵다.

과적합 현상을 방지하기 위해서 성장시킨 의사결정나무모형은 이후 가지치기 과정을 거친다. 성장시킨 의사결정나무모형을 T_0라 하고 가지치기를 했을 때 얻을 수 있는 의사결정나무모형을 $T \subset T_0$(일부 노드를 제외한 것이기 때문에 전체 노드의 부분집합으로 생각할 수 있다)으로 나타내자. $|T|$은 모형의 끝 노드의 수, R_m은 m번째 끝 노드가 분할된 영역, N_m은 m번째 끝 노드에 속한 학습자료의 수이고 Q_m은 m번째 노드의 불순도이다. 이때 아래 값을 최소화하는 의사결정나무모형 T를 찾는 것이 의사결정나무모형을 가지치기하는 방법이다.

$$C_\alpha(T) = \sum_{m=1}^{|T|} N_m Q_m(T) + \alpha|T|$$

여기서 α은 조율모수(parameter)로 의사결정나무모형의 크기에 얼마나 큰 패널티를 줄지 판단하는 모수이다. α가 큰 값을 가지면 $|T|$가 커짐에 따라 $C_\alpha(T)$가 빠른 속도로 증가한다. 따라서 $|T|$가 작은 모형을 선택할 것이고 α가 0이면 모형의 크기에 전혀 패널티를 받지 않기 때문에 불순도가 가장 작은 T_0을 선택할 것이다. 일반적으로 α의 선택은 분석자가 주거나, 교차확인을 통해서 최적의 α를 결정한다[7].

의사결정나무모형은 모형의 가정이 없을 뿐만 아니라 if−then 형식으로 이해하기 쉽고 좋은 설명력을 가진다. 또한 입력변수의 중요도도 판단할 수 있는데, 최초로 분리되는 변수가 출력변수 Y를 설명하는 데 가장 중요한 변수로 이해할 수 있다.

의사결정나무모형의 단점은 나무를 성장시킬 때와 가지치기를 할 때 필요한 계산량이 많을 수 있고, 만약 실제 최적의 분류 경계가 사각형이 아닐 경우에 안 좋은 성능을 보이기도 한다는 것이다. 또한 학습에 사용하는 자료가 조금만 바뀌더라도 전혀 다른 결과(선택된 변수가 달라지거나 분류경계가 크게 바뀜)를 보이기도 한다.

그림 6은 German credit 자료에서 학습데이터를 다르게 뽑아 학습시킨 두 개의 의사결정나무모형이다. 첫 번째로 분기된 변수가 다를 뿐만 아니라 전반적으로 선택된 변수가 다름을 볼 수 있다. German credit 자료에 대한 설명은 제3장 부록을 참조하길 바란다.

[그림 6] 의사결정나무모형의 단점: 불안정성

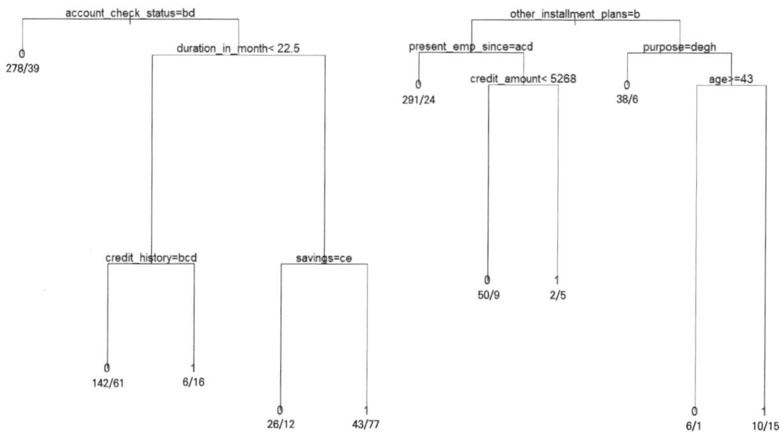

위의 의사결정나무모형의 단점(모형의 분산이 크고 예측력이 떨어질 수 있음)을 보완하는 것으로 앙상블모형이 있다. 앙상블모형은 의사결정나무모형을 하나만 학습해서 사용하는 것이 아니라 수많은 의사결정나무모형을 학습시켜 각 모형의 예측값을 활용하여 분산도 줄이고 예측력도 높이고자 하는 것이다. 앙상블모형은 일반적으로 의사결정나무모형에서 사용되지만 최근 딥러닝에서도 앙상블의 아이디어를 사용하는 연구가 진행되고 있다.

3. 딥러닝(Deep learning)

딥러닝모형은 현재 이미지 분석뿐만 아니라 번역 등 다양한 분야에 활용되고 있다. 현재 모든 분야에서 아주 높은 예측력을 보이고 있으나, 복잡한 모형구조로 인하여 예측모형의 해석이 불가능에 가깝다. 단, 모형에 대한 설명 방법은 꾸준히 개발되고 있다.

Neural network 기반의 설명가능한 방법들을 소개하기에 앞서 Deep learning에서 많이 사용되는 구조인 DNN, CNN, RNN에 대해 간략하게 소개하도록 한다.

(1) Deep Neural Network(DNN)

[그림 7] DNN의 구조[15]

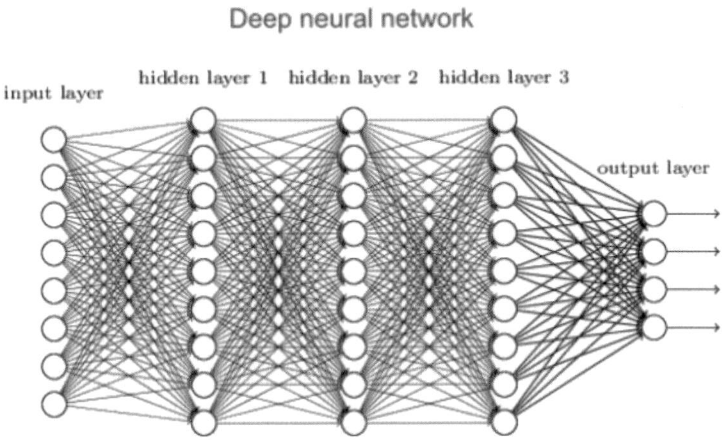

그림 7은 DNN의 구조를 그림으로 표현한 예다.

DNN의 구조와 학습방법을 이해하기 위해서는 DNN의 구성요소를 정리할 필요가 있다. 정리 내용은 아래와 같다.

① node: 하나의 입력변수의 값을 받는 layer의 구성요소. 그림 7에서 동그란 모양

② edge: node와 node을 연결하는 선

③ input layer: 입력변수를 받는 노드로 구성. 노드의 수는 입력변수의 차원과 같음

④ hidden layer: 입력층(input layer)으로부터 전달되는 값을 전달받아 output layer으로 전달하기까지의 모든 layer

⑤ output layer: 최상단 hidden layer(그림 7의 hidden layer 3)으로부터 값을 전달받아 모형의 output을 내보내는 층

Input layer의 각 노드(그림 7에서 원)는 입력변수 중 하나의 변수 X_j의 값이 입력되는 곳이고 노드를 연결하는 edge(선)은 모형의 모수(선형모형의 β와 같은)를 나타낸다. 각 층들마다 반복되는 작업을 진행하기 때문에 l번째 layer에서 $l+1$번째로 가는 방법만을 설명한다.

$x_j^{(l)}$은 l번째 layer의 j번째 노드의 값($l=0$일 경우 input은 x_j), $w_{jk}^{(l)}$은 l번째 layer의 j번째 노드에서 $l+1$번째 layer의 k번째 노드로 연결되는 모수라고 하자. 그러면, $l+1$번째 layer의 k번째 노드로 들어가는 값은 $z_k^{(l+1)} = b_k^{(l)} + \sum_{j=1}^{n(l)} w_{jk}^{(l)} x_j^{(l)}$이다. 이는 선형모형에서 입력변수와 모수의 곱인 $\beta_0 + \sum_{j=1}^{p} \beta_j x_j$와 같다.

위와 같은 선형변환에서 딥러닝모형은 활성함수 σ을 이용하여 $x_k^{(l+1)} = \sigma(z_k^{(l+1)})$을 사용한다. 활성함수를 사용하는 이유는 다양한데, 대표적으로는 첫 번째로 입력변수와 Y의 관계가 선형관계가 아닐 때 비선형 활성함수를 사용하여 모형이 비선형적 관계를 표현할 수 있게 하는 것이고, 두 번째로는 많은 hidden layer을 쌓을 때 생길 수 있는 과적합을 방지하기 위함이다. 첫 번째의 경우에는 sigmoid 혹은 hyperbolic tan-gent 함수를 쓰고, 두 번째의 경우 ReLU 함수를 사용한다. ReLU는 $\max(x, 0)$으로 0보다 작은 값을 받으면 0의 값을 갖는다. 즉, ReLU는

hidden layer의 수가 많을 때 각 hidden layer의 노드 중 0의 값을 갖는 node을 만들어 불필요한 node을 사용하지 않도록 모형에 성김성(sparsity)을 준다.

$x_k^{(l+1)} = \sigma(z_k^{(l+1)})$은 다시 $l+1$번째 layer의 새로운 입력값이 된다. 위의 방법을 반복적으로 사용하여 hidden layer의 최상단까지 올라가 최종 output layer의 값을 얻는데, 회귀문제의 경우에는 마지막 output layer의 노드의 수를 1개로 하여 $f(x)$의 값을 얻는다. 분류문제의 경우에는 K개의 노드를 갖고, 각 노드는 각 범주별 확률값($P(Y=k|X)$, $k=1, \cdots, K$)을 표현(softmax function)하게 만들어 준다.

다른 지도학습 모형과 마찬가지로 y와 DNN의 출력값 $f(x)$가 가까워지도록 가중치를 학습한다.

(2) Convolutional Neural Network(CNN)

CNN은 이미지 학습을 위한 특별한 DNN 구조이다. 특히, layer와 layer 사이에서 정보를 전달하는 방법이 다르다.

[그림 8] CNN의 구조[16]

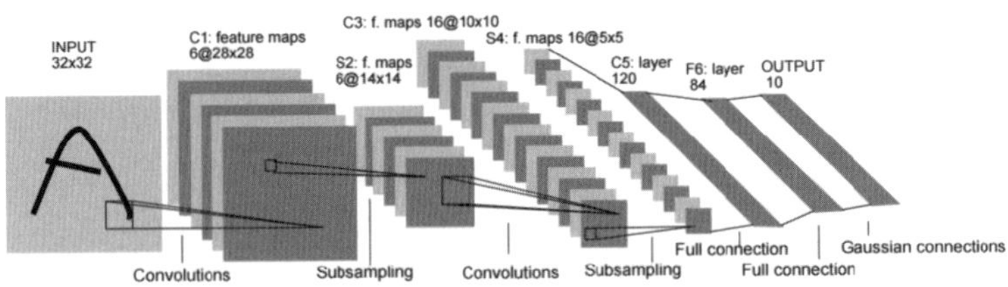

DNN의 경우 layer와 layer 사이에 모든 노드들이 연결되어 선형모형처럼 선형변환 후 활성함수로의 변환을 거치는데, 이를 fully-connected라고 한다. 반면, CNN의 경우 convolution layer와 pooling layer(subsampling)을 이용하여 각 layer를 연결한다.

[그림 9] Convolutional filter 적용의 예[17]

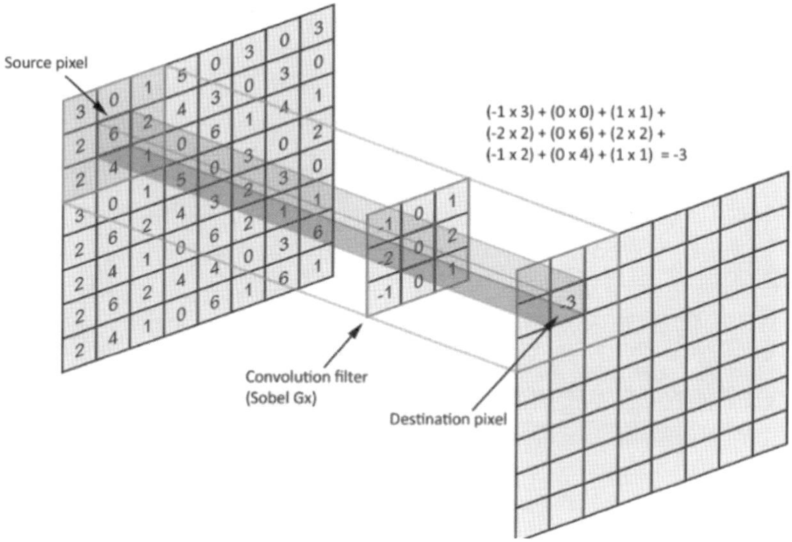

그림 9는 Convolution layer 과정의 이해를 돕기 위한 그림이다. CNN은 이미지의 구조를 유지하며 모형을 학습한다. 그림 9의 중간에 있는 3x3 사이즈의 박스는 convolutional filter으로, 이를 입력자료인 왼쪽 박스에 한 칸씩 차례대로 옮겨 가면서 선형결합을 하여 다음 구조의 값을 얻는다. filter의 개수만큼의 이미지가 다음 layer에 입력값으로 사용된다. Fully−connected layer은 전체 노드에 하나의 모수가 있기 때문에 모수가 입력변수의 수만큼 있지만 convolutional layer의 경우에는 filter의 크기(그림 9에서는 3×3개)만큼 모수가 있다. 따라서 CNN이 DNN에 비해 모수의 수가 굉장히 줄어드는 효과를 얻을 수 있다.

CNN의 특징은 크기가 작은 filter를 사용하여 이미지 각 부분의 국소적인 정보를 얻을 수 있다는 것이다. 이러한 국소적인 정보를 filter를 사용하여 각 위치마다 추출한 후, 이를 결합하여 상의 이미지를 구성한다. 이러한 과정을 층이 올라가면서 반복하여, 초기 층에서는 이미지의 간단한 구조정보가 추출되며, 층이 올라갈수록, 구조정보의 결합을 통해 점점 복잡한 구조에 대한 정보를 얻을 수 있다.

[그림 10] Deconvolution의 결과[18]

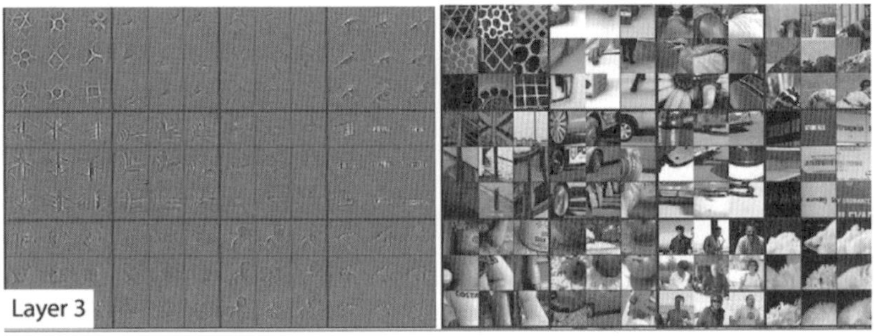

그림 10의 오른쪽은 CNN 모형에 들어간 입력자료 이미지이고 왼쪽은 3번째 hidden layer에 사용된 filter을 이미지로 표현한 것이다. 즉, CNN은 filter을 이용하여 이미지의 국소적 구조를 파악하고 이를 수치로 정보화하기 위해서 개발된 것이다.

Convolution layer 이후에는 pooling layer을 거치게 된다. pooling layer은 네트워크의 모수의 수를 줄이는 역할을 한다. 아래는 가장 많이 쓰이는 pooling의 종류인 max pooling의 예다. pooling filter 안에서 가장 큰 값만을 뽑아내는 것이 max－pooling이다. Max－pooling 이외에 averaging pooling도 자주 사용된다. 그림 11은 pooling layer에서 max－pooling을 사용하는 예다.

[그림 11] max-pooling의 예[19]

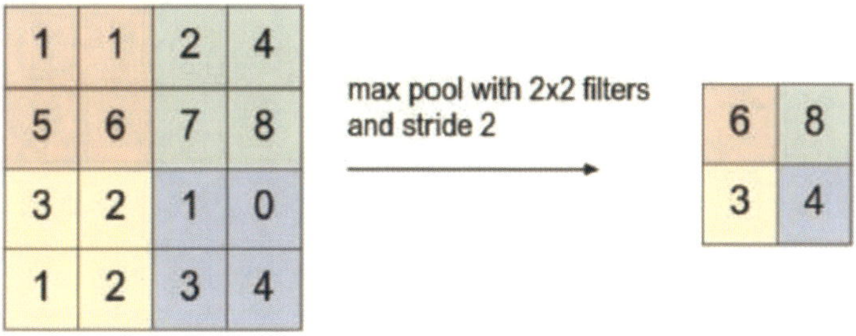

CNN의 구조를 정리하면 convolution layer, pooling layer을 반복적으로 사용하여 이미지의 feature을 뽑는다. Feature을 output layer에 연결하여 라벨을 분류해야 하는데 이때 feature와 output layer 사이에는 구조적 특징이 있다고 볼 수 없다. 따라서 feature와 output layer은 full-connection으로 연결하여 예측값을 얻는다. DNN과 CNN은 구조만 다를 뿐 손실함수를 최소화하는 모수를 찾는다는 점에서 학습방법은 같다.

(3) Recurrent Neural Network(RNN)

RNN은 앞의 DNN, CNN와 달리 순차적인 정보(예: 음성, 글 데이터)를 처리하는 데 최적화된 Neural network이다. 예를 들어, 문장에서 다음에 나올 단어를 예측한다고 하자. 그러기 위해서는 이전에 어떤 단어들이 나왔는지에 대한 정보가 필수적이다. 이처럼 RNN은 순서대로 들어오는 정보에 대해서 과거 정보를 잘 기억하면서 예측력을 높이기 위해 개발된 신경망 모형이다.

[그림 12] TextQuestion & Answering 20 tasks datasets으로 학습한 RNN 모형의 결과[20]

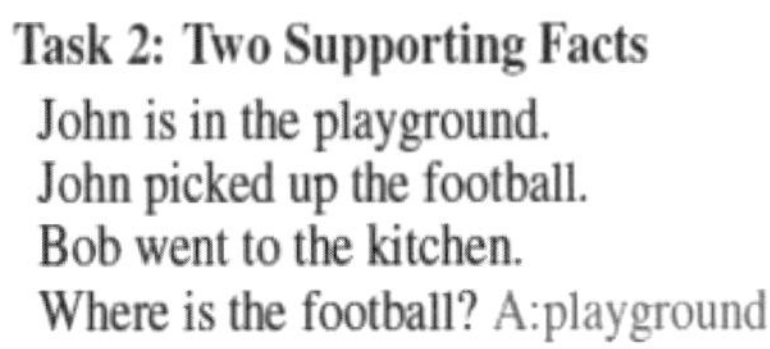
Task 2: Two Supporting Facts
John is in the playground.
John picked up the football.
Bob went to the kitchen.
Where is the football? A:playground

그림 12는 TextQuestion & Answering 20 tasks datasets으로 학습한 RNN 모형의 결과이다. 위에서 말한 순차적인 정보란 John, is, in 와 같이 단어의 순차적인 정보를 의미한다. 즉, RNN은 단어의 순차적인 정보를 통해 글을 이해하고 주어진 task에 대해 예측할 수 있게 만들어진 딥러닝 모형이다.

RNN의 간략한 설명을 위해 표기법을 아래에 정리해 두었다.

t: 순차의 step을 나타냄. $t = 1, \cdots, T$

x_t: t번째 단계에서의 입력값

h_t: t번째 단계에서의 중간층

$\widehat{y_t}$: t번째 단계에서의 출력값

[그림 13] RNN의 구조[21]

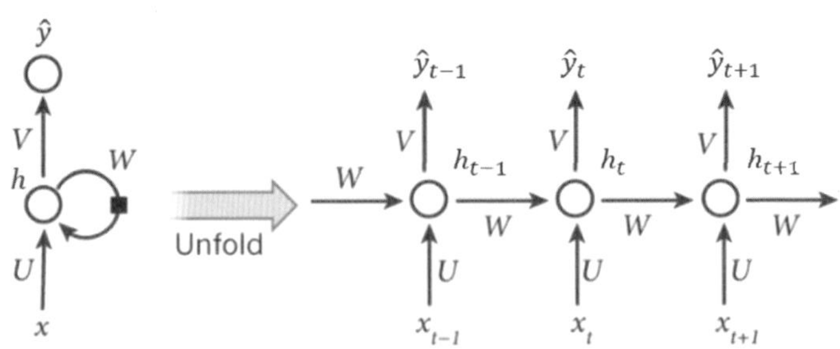

그림 13은 RNN의 구조를 보여준다. U, W, V은 RNN 모형의 모수이다. 모형의 학습과 정보의 전파가 어떻게 되는지 확인하기 위해 t번째 단계에서 t+1번째 단계로 넘어가는 과정을 정리해 보겠다.

t번째 단계의 입력값 x_t가 모형에 들어오면 모형의 모수 U와의 곱으로 중간층으로 들어간다. 중간층은 과거 t−1번째 정보를 가지고 오는데 이를 h_{t-1}이라 하자. 그럼 중간층에서는 t+1번째 단계에 넘겨줄 정보 h_t와 t번째 예측 $\hat{y_t}$을 어떻게 정하는지만 알면 순차적으로 마지막 단계까지 예측과 정보전달의 이해가 가능하다.

먼저 h_t은 과거정보 h_{t-1}와 t번째 현재 입력값 x_t으로 계산된다. 계산 방식은 아래와 같다.

$$h_t = f(Ux_t + Wh_{t-1} + b_t),\ t = 1, \cdots, T, \quad h_0 = 0$$

이때 f는 activation 함수이고 tanh 혹은 ReLU을 주로 사용한다. b_t은 t번째 시점에서의 bias 모수다. 과거 정보와 현재 입력된 정보의 합으로 h_t을 정한 뒤 t번째 단계에서의 예측값 $\hat{y_t}$은 아래와 같이 계산된다.

$$\hat{y_t} = softmax(Vh_t + b_y),\ t = 1, \cdots, T$$

RNN은 일반적인 Neural network와 달리 각 시간 단계마다 모수를 공유한다(U, W, V, b). 그 이유는 첫 번째로 RNN의 모수를 시간 단계마다 새롭게 정의할 경우 추정해야 할 모수가 폭발적으로 증가하여 학습이 어렵기 때문이다. 두 번째로는 모수를 공유하지 않을 경우 과적합의 가능성이 높아지기 때문이다. RNN도 DNN, CNN와 마찬가지로 예측값과 실제 y값의 오차를 측정하여 예측값이 실젯값에 가까워지게 하는 모수 U, W, V, b을 찾는 방법을 취한다.

Ⅳ. 인공지능 모형의 해석/설명가능성

여기에서는 인공지능 방법의 해석 및 설명을 정의하고 Ⅲ.에서 다루었던 기계학습 알고리즘에 대한 모형의 해석 및 설명 방법을 다루고자 한다.

1. 모형의 해석과 설명

XAI의 광의의 정의는 예측모형 구축을 위한 데이터 수집, 소스코드 등 제반 모든 사항에 대해서 인간이 이해할 수 있도록 하는 작업을 지칭하는 반면, 협의의 정의는 예측모형을 인간이 쉽게 이해할 수 있는 언어로 표현하는 것을 가리킨다. 본 장에서는 XAI의 협의의 정의에 대응되는 방법론들을 설명한다.

XAI의 방법론을 이해하기 위하여는 다음의 두 가지 질문에 대해서 답을 하여야 한다.

(1) 예측모형의 해석/설명이란 무엇을 의미하는가?

(2) 해석과 설명의 차이는 무엇인가?

(1) 해석과 설명의 차이

먼저 (2)번 문제를 살펴보자. 주어진 모형에 대해 XAI 분야에는 해석(Interpretation)과 설명(Explanation)이라는 두 가지 개념이 관련된다. 두 개념의 차이에 대해서는 다양한 논의가 진행되고 있지만, 아직까지 명확한 결론은 나오지 않고 있다. 여기에서는 [8]에서 언급한 해석과 설명의 정의를 사용하려고 한다.

1) 해석(Interpretation)

주어진 예측모형이 있을 때, 예측모형의 출력값을 입력변수와 관계짓는 방법, 즉 예측모형을 나타내는 함수 $f(X)$를 인간의 언어로 표현하는 방법을 말한다.

2) **설명**(Explanation)

주어진 예측모형과 특정 입력값 $x \in R^p$가 있을 때, 출력값의 결과에 영향을 크게 미치는 입력값의 원소들($x_A : A \subset \{1, \cdots, p\}$, p은 input의 차원의 수, 이미지의 경우 픽셀에 해당)을 찾는 방법을 말한다.

위의 정의를 따르면 해석가능한 모형은 설명가능하다. 왜냐하면 일반적인 입력변수와 출력값에 대한 관계를 정할 수 있으면, 특정 입력값에 대해서도 관계를 설명할 수 있기 때문이다. 그러나 반대 관계는 성립하지 않는다. 즉, 해석이 설명에 비해서 좀 더 강한 개념이라고 할 수 있다. 일반적으로 예측모형의 해석은 인공지능 이용에 대한 사회적 합의를 논의할 때 필요하며, 예측모형의 설명은 인공지능이 무엇을 학습하는가를 알아보거나 예측력을 높이기 위한 방법, 또는 유용한 인사이트를 찾을 때 유용하게 사용될 수 있다. 물론 해석도 이러한 목적에 유용하게 사용될 수 있다.

간단한 모형(예: 선형모형이나 의사결정나무모형)의 경우에는 해석이 비교적 쉽다. 그러나 딥러닝모형과 같이 아주 복잡한 구조를 갖는 모형의 경우에는 해석이 어렵다. 왜냐하면 입력값이 수많은 선형변환과 비선형변환을 거치기 때문에 중간과정의 변화를 출력값과 관계짓기 힘들기 때문이다.

인공지능 방법의 해석/설명을 위해서 예측모형의 특징을 표현하는 다양한 방법들 중에 해석 또는 설명으로 명확하게 구분할 수 없는 경우가 종종 있다. 예를 들면 변수 중요도, 예측 경향, 모형의 시각화, 이상치 시각화 등이 이러한 방법들이다. 하지만, 여기서는 이러한 방법들을 모두 모형의 설명 방법으로 간주한다. 모형의 작동원리를 내재적 모순 없이 표현하는 방법을 해석이라고 정의하고, 그 이외의 방법을 설명이라고 정의하고자 한다. 즉, "설명"은 "해석"에 비해서 약한 내재적 일치성을 요구한다. 여기서 내재적 일치성이란, 개별 관측치의 예측 결과에 대한 설명이 서로 상충되지 않는 것을 의미한다. 예를 들면 신용평가 모형에서 주어진 고객의 "높은 신용점수가 높은 학력 때문"이라는 규칙은 "학력이 높은 사람은 모두 신용점수가 높으면" 해석이 되고, 그렇지 않은 경우(예: 학력은 높지만 연체경험이 있으면 신용이 낮은 경우, 또는 학력은 낮아도 부모의 재력이 높은 경우에 신용이 높은 경우)에는 설명이 된다. 즉, 여기서는 해석에 대한 협의의 정의를 사용하고, 해석이 아닌 모든 방법들을 인공지능의 설명 방법이라고 지칭한다.

하지만 대부분의 인공지능 모형은 복잡하여 해석/설명을 명확하게 구별하는 것은 어렵다. 여기서는 해석/설명 개념을 최대한 정의에 맞게 구별해서 사용하고자 한다.

(2) 해석과 설명의 정의

이제 첫 번째 질문인 "해석/설명의 정의"에 대해서 살펴보자. 해석/설명에 대한 정의는 매우 다양하다. 목적론적 정의, 인과론적 정의 등 다양한 철학적 정의가 있다. 여기서는 이러한 철학적 정의가 아닌 기술적인 정의에 대해서 논하고자 한다. 예를 들어서 딥러닝의 해석/설명에 대해서 생각해 보자. 딥러닝도 결국은 주어진 입력변수 X의 함수 $f(X)$로 출력변수를 예측하는 것이다. 여기서 함수 $f(X)$를 해석/설명한다는 것은 어떤 의미인가를 고민해야 한다. $f(X)$의 수식을 아는 것이 이 예측모형을 해석/설명하는 것은 아닐 것이다. 딥러닝도 $f(X)$에 대한 수식을 명시적으로 줄 수 있다. 하지만, 이 수식은 매우 복잡해서 어떤 정보도 얻기가 힘들다. 즉, 예측모형의 해석/설명이란 이로부터 얻고자 하는 목적에 따라 그 의미가 결정되게 된다. 따라서, 예측모형의 해석/설명이란 완전히 객관적일 수 없으며, 목적과 상황에 따라서 유연하게 결정되어야 할 것이다.

서론에서 XAI가 필요한 이유 4가지를 살펴보았다. 이 4가지 이유와 인간의 인지능력을 바탕으로 판단해 보면, 먼저 예측모형의 해석을 위한 방법론들을 다음의 세 가지 범주로 나눌 수 있을 것이다.

(1) 입력변수들의 가중치의 합으로 예측모형을 설명(선형모형)
(2) 입력변수들 사이의 if−then의 방법으로 예측모형을 설명(의사결정나무, 그래프모형)
(3) 입력변수를 지수(index)화하고 지수들의 가중치로 설명

(3)번의 예로는, 비만 정도를 나타내는 BMI라는 변수를 생각해 볼 수 있다. BMI는 직접 측정이 되지 않고 직접 측정이 되는 변수들의 적절한 조합으로 만들어지는데, 이를 지수(index) 또는 메타변수라고 한다. 의사결정나무의 각 노드를 구성하는 규칙으로 지수/메타변수를 구성할 수도 있으며, 다항회귀모형에서 교호작용을 지수/메타변수라고 생각할 수 있다. 이러한 방법은 지수/메타변수가 인간이 받아들일 수 있는 의미를 지녀야 한다. 의미를 알 수 없는 지수/메타변수에 대해서는 추후 연구를 통해서 밝혀낼 수 있다.

이에 비해서 인공지능의 설명에 대한 방법론들은 매우 다양하다. 출력값의 기초통계량을 이용한 설명이나 시각화를 통한 설명 등 매우 여러 가지 방법들이 있으며 이를 몇 개의 범주로 나누기는 어렵다.

2. 선형모형의 해석

선형모형은 대표적으로 해석가능한 모형이다.

(1) 다중 선형회귀모형의 해석

다중 선형회귀모형의 기본 가정을 다시 정리하면 아래와 같다.

$$Y = \beta + \beta_1 X_1 + \cdots + \beta_p X_p + \epsilon, \ \ \epsilon \sim^{iid} N(0, \sigma^2)$$

위 가정을 보면 다중 선형회귀모형에서 Y은 변수 X_j가 1만큼 증가할 때 β_j만큼 증가한다. 따라서 모형에서 출력값과 입력변수의 관계는 j번째 입력변수 X_j가 1만큼 증가하면 출력값은 β_j만큼 증가한다고 해석할 수 있다.

위의 해석에서 주의해야 할 것은 실제 상황에서는 X_j가 1만큼 증가할 때 Y가 β_j만큼 항상 증가하지 않을 수 있다는 것이다. 특히, X들 사이에 복잡한 관계가 있는 경우에는 이러한 현상이 자주 발생한다. 예를 들어서, Y가 가구당 저축액이고, X_1은 가구당 소득, X_2는 가구원 수라고 하자. 그리고 예측모형은 $Y = 0.5\,X_1 - 1.7\,X_2$라고 하자. 그러면, 가구원수 X_2가 1명이 줄면 저축액은 -1.7단위가 줄어든다고 해석할 수 있다. 그러나, 실제 가구원수가 줄면, 가구당 소득 X_1도 줄 수 있고(경제인구가 줄기 때문에) 따라서 가구당 저축액은 -1.7보다 더 줄어들 수 있다. 이렇게 입력변수 X_1과 X_2사이에 특별한 관계가 있는 경우에는 예측모형의 해석에 유의를 기울여야 하며, 이러한 현상을 '다중공선성'이라고 한다.

다중공선성을 고려한 정확한 해석은 'X_j가 한 단위 변하고 X_j를 제외한 다른 변수들은 변하지 않는 경우에 Y는 β_j만큼 변한다'가 된다.

(2) 선형 로지스틱 회귀모형의 해석

선형 로지스틱 회귀모형의 해석을 위해서는 오즈(odds)에 대한 정의가 필요하다. 오즈는 입력변수 X가 주어졌을 때 $Y = 1$일 확률이 $Y = 0$

일 확률에 비하여 얼마나 크거나 작은지를 나타내는 지표이다. 입력변수 X에 대한 오즈는 $P(Y=1|X)\ /\ P(Y=0|X)$로 표현된다. 입력변수 $X+1$에 대한 오즈와 X에 대한 오즈의 비는 아래와 같다.

$$\frac{P(Y=1|X+1)\ /\ P(Y=0|X+1)}{P(Y=1|X)\ /\ P(Y=0|X)}$$

선형 로지스틱 회귀모형의 기본 가정은 $P(Y=1|X)=\dfrac{\exp(X\beta)}{1+\exp(X\beta)}$ 이므로 이를 위의 오즈비에 대입하면 $\dfrac{P(Y=1|X+1)\ /\ P(Y=0|X+1)}{P(Y=1|X)\ /\ P(Y=0|X)}$ $=\exp(\beta)$이므로 양변에 로그를 취하면, $\log\left(\dfrac{P(Y=1|X+1)\ /\ P(Y=0|X+1)}{P(Y=1|X)\ /\ P(Y=0|X)}\right)=\beta$ 다. 오즈비에 로그를 취한 값을 로그오즈비라 부른다. 이를 기반으로 선형 로지스틱 회귀모형의 output와 input의 관계를 해석을 해 보면, 변수 X_j가 1만큼 증가하면 모형의 오즈비가 $\exp(\beta_j)$ 배만큼 증가, 혹은 로그오즈비가 β_j만큼 증가한다는 것이다.

선형 로지스틱 회귀모형도 선형모형과 마찬가지로 다중공선성에 유의하며 모형을 해석하여야 한다.

(3) 다항회귀모형의 해석

2차 교호작용을 갖는 다항회귀모형의 기본 가정을 다시 정리하면 아래와 같다.

$$Y=\beta_0+\sum_{j=1}^{p}\beta_{1j}X_j+\sum_{m\neq n}\beta_{2,(m,n)}X_mX_n+\epsilon,\ \epsilon\sim^{iid}N(0,\sigma^2)$$

위 식에서 주효과의 합에 대한 해석은 다중회귀모형의 해석과 같다. 차이점은 교호작용의 합과 관련된 해석이다. X_m의 변수가 한 단위 증가한다고 생각해 보자. 한 단위 증가 후의 값에서 증가 전 값과의 차이를 계산해보면, $\beta_{2,(m,n)}(X_m+1)X_n - \beta_{2,(m,n)}X_mX_n = \beta_{2,(m,n)}X_n$이다. 즉, X_m의 값이 바뀜에 따라서 그 변화량이 일정한 것이 아니라 X_n의 값에 영향을 받는다. 즉, X_m이 Y에 미치는 영향이 $X_n, n \neq m$에 의존하게 되고 이러한 효과를 교호작용이라고 한다.

아래에는 교호작용을 이해하기 위한 간단한 예다.

[그림 14] 교호작용의 예: 요리 온도와 요리 시간에 따른 수율 데이터(왼쪽), 교호작용(오른쪽)[22]

	temperature	time	yield
1	1	1	30
2	1	1	35
3	1	2	60
4	1	2	58
5	2	1	60
6	2	1	64
7	2	2	30
8	2	2	35

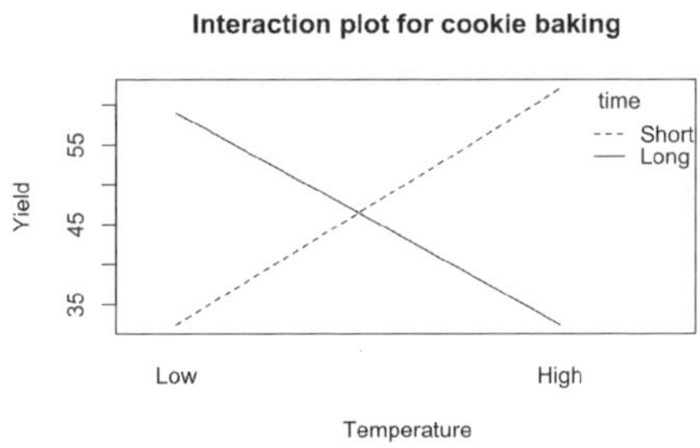

그림 14는 요리의 수율(yield)에 미치는 요인으로 요리 온도(temperature)와 요리 시간(time)으로 정하고 실험한 결과이다. 왼쪽의 데이터와 오른쪽 그림을 보면 요리 온도가 낮고 요리 시간이 길 때, 혹은 요리 온도가 높고 요리 시간이 짧을 때 요리 수율이 높은 것을 확인할 수 있다. 즉, 하나의 요인이 바뀔 때 그 변화가 일정한 것이 아니라 다른 요인에 영향을 받는 교호작용이 있다고 볼 수 있다.

교호작용을 지수/메타변수로도 해석할 수 있다. 즉, 위의 예에서 온도*시간이라는 새로운 변수를 입력변수로 사용한 선형모형을 해석할 수 있다. 단, 온도*시간이라는 변수의 의미에 대해서는 생각해 봐야 할 것이다.

(4) 일반화 가법모형의 해석

입력변수와 출력변수의 관계가 선형 혹은 다항식이 아닌 경우에 해석 가능한 예측모형으로 일반화 가법모형 [7]이 있다. 일반화 가법모형은 다음과 같이 주어진다.

$$Y = \beta_0 + \sum_{j=1}^{p} f_j(X_j) + \epsilon.$$

즉, 입력변수 X_j가 출력변수 Y에 미치는 영향이 선형이 아니고 함수 f_j를 따르게 된다. 간단한 예로 X가 나이이고 Y가 혈압이면 나이가 증가하면 혈압은 증가하지만 선형적으로 증가하지는 않을 것이다. 이러한 비선형 관계를 찾아내는 데 일반화 가법모형이 널리 사용된다.

일반화 가법모형을 확장하여 교호작용까지 찾을 수 있는 다음과 같은 함수ANOVA모형[9]도 고려할 수 있다:

$$Y = \beta_0 + \sum_{j=1}^{p} f_j(X_j) + \sum_{m \neq n} f_{(m,n)}(X_m, X_n) + \epsilon$$

일반화 가법모형이나 함수ANOVA모형의 해석은 $f_j(X_j)$와 $f_{(m,n)}$ $f_{(m,n)}(X_m, X_n)$을 지수/메타변수로 간주하고 선형모형의 해석방법을 사용하면 된다.

일반화 가법모형이나 함수ANOVA모형에서 함수 f_j와 $f_{(m,n)}$의 학습은 이 장의 범위를 넘어가므로 다루지 않는다. 관심 있는 독자는 참고문헌을 참고바란다.

3. 의사결정나무모형의 해석

의사결정나무모형의 해석은 너무 명확해서 간단하게 설명을 하도록 한다. 의사결정나무모형은 모형의 예측값을 입력변수와의 관계로 표현할 수 있다. 왜냐하면 모든 데이터는 의사결정나무모형의 끝 노드의 영역(R_m)에 포함될 것이고 해당 영역으로 분류되는 데 사용한 변수와 그 절단값을 알 수 있기 때문이다. 즉, 의사결정나무모형은 해석가능한 모형이다. 그리고 의사결정나무는 어떤 변수가 중요한지에 대한 정보도 얻을 수 있다. 의사결정나무모형은 불순도를 이용하여 변화가 가장 큰 변수와 절단값을 순차적으로 찾으면서 학습하기 때문이다. 즉, 가장 처음에 선택된 변수는 전체 데이터에서 불순도를 가장 작게 하고, 그 이후에 선택된 변수는 앞선 변수로 분리된 데이터의 불순도를 가장 작게 한다. 여기서 불순도를 작게 한다는 것은 반응변수 Y가 비슷한 값을 갖도록 분리하는 것을 의미한다. 따라서 의사결정나무모형에서 최초 분리가 일어날 때 선택된 변수는 전체 데이터에서 가장 반응변수가 비슷한 값을 갖도록 분리하는 것이기 때문에 전체 데이터 중 가장 중요한 변수이다. 이후에 선택되는 변수도 같은 논리로 설명력 있는 변수이다.

[그림 15] 신용평가 데이터로 의사결정나무모형을 학습한 결과[7]

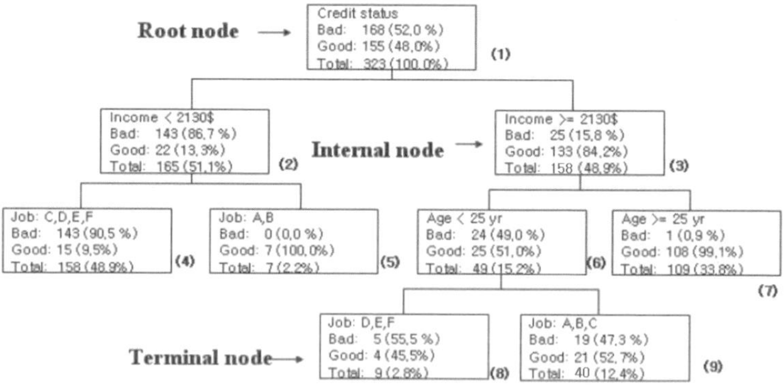

그림 15는 앞서 의사결정나무모형의 학습을 설명할 때 사용되었던 신용평가 데이터로 학습된 의사결정나무모형이다. 첫 번째로 노드가 나뉠 때, Income 변수가 사용되었고, 나누어진 노드로부터 다시 노드를 분할할 때, Job 변수와 Age 변수가 사용되었다. 즉, 위 모형이 신용을 평가하는 모형이므로 사람의 신용을 평가할 때 소득과 직업 그리고 나이를 중요 변수로 예측하는 것을 알 수 있다.

만약 위에서 설명한 의사결정나무모형을 신용평가에 사용할 때, 어떤 사람이 위 모형에서 (4) 노드에 속해 신용평가 등급이 Bad가 나왔다고 가정하자. 본인의 신용등급에 대한 이유를 물어본다면 1) Income이 2,130$ 미만이고 2) 직업이 C, D, E, F 중 하나이기 때문이라고 설명해 줄 수 있다. 위의 예처럼 의사결정나무모형은 해석가능한 모형이기 때문에 설명도 가능하다.

4. 딥러닝모형의 해석/설명

지금까지 선형모형과 의사결정나무모형의 해석과 설명을 논의하였다. 그러나 앞에서도 언급한 것처럼 딥러닝모형은 입력변수와 출력변수의 관계가 매우 복잡한 함수관계를 가져서 인간의 직관적 판단으로 이해하기 어렵다. 그렇기는 해도 최근 들어 딥러닝의 해석/설명 특히 설명 관점의 연구가 활발히 진행되고 있다. 여기에서는 딥러닝의 해석/설명 알고리즘 중 설명 알고리즘에 대해 기술한다. 특히 딥러닝의 설명에 대한 유명한 두 가지 방법론에 대해 간단히 살펴본다. 딥러닝의 다양한 해석 및 설명 방법론은 제3장을 참고바란다.

(1) LIME(Local Interpretable Model-agnostic Explanation)[10]

LIME은 메타 모형화를 이용한 딥러닝의 설명 모형이다. 메타 모형화란 모형의 집합 Λ에서 모형 f을 근사하는 방법론을 말한다. 즉, $(X_i, f(X_i))$, $i=1, \cdots, n$을 입력자료로 이용하여 손실함수를 최소화하는 함수 $g \in \Lambda$을 찾는 것이다. 이를 수식으로 표현하면 아래와 같다.

$$\tilde{g} = \operatorname{argmin}_{g \in \Lambda} \sum_{i=1}^{n} L(f(X_i), g(X_i))$$

LIME은 모형의 집합 Λ으로 해석가능한 모형인 로지스틱 회귀모형을 사용하였다. 즉, $\Lambda = \{\phi(X\beta) : \beta \in R^p\}$이고 위의 손실함수를 가장 작게 하는 $\hat{\beta}$을 찾는 것이다. 이렇게 해석가능한 모형의 집합 Λ을 사용하여 기존 모형 f를 해석하려고 하였다. 그러나 해석가능한 모형의 집합인 $\Lambda = \{\phi(X\beta) : \beta \in R^p\}$에 대해 입력값 전체에 대한 해석력(Global Interpretability)과 모형 근사를 얻는 것은 현실적으로 어렵다. 따라서 LIME은 주어진 입력값 근처에 대해서만 해석력를 얻고 모형을 근사하는 국소 해석력(Local Interpretability)과 국소 근사를 하자는 아이디어로 시작한 연구이다.

[그림 16] LIME의 국소 근사 예[10]

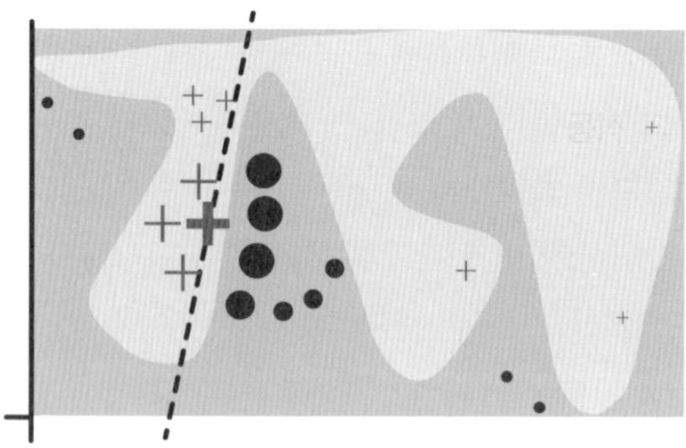

그림 16에서 어두운 영역과 밝은 영역의 경계는 모형의 decision boundary을 의미한다. LIME은 국소적 영역의 입력자료와 주어진 모형으

로부터 $\tilde{g} = \mathrm{argmin}_{g \in \Lambda} \sum_{x, x'}^{n} \pi_z(x)(f(x) - g(x'))^2$을 찾는다.

이때, z은 근사하고자 하는 입력값이고 x, x'은 입력 자료, $\pi_z(x) = \exp(-(x-z)^2/\sigma^2)$은 입력자료 x가 z로부터 얼마나 떨어져 있는지를 나타내는 함수이다. LIME은 모형에 대한 해석을 시도하려는 방법론이었으나 주어진 입력자료 근처에서 모형을 해석하고 근사를 한다는 점에서 여기서 정의한 모형의 해석에 맞지 않다. 오히려 주어진 입력자료에서 모형의 예측값에 중요한 원소를 찾는다는 점에서 설명가능한 모형이라 할 수 있다.

(2) RISE(Randomized Input Sampling for Explanation of Black-box Models)[11]

RISE는 딥러닝모형의 설명 방법론이다. RISE은 주어진 input인 이미지에서 임의의 픽셀(이미지의 한 점) λ에 대한 중요도를 측정한다. RISE은 임의로 이미지의 픽셀의 정보를 지우는 Masking 기법을 사용한다. 이때, 이미지의 masking 위치를 랜덤하게 뽑아서 특정한 정보를 지웠을 때 지워진 위치가 얼마나 중요한지를 지워진 이미지의 출력값으로 평가한다.

[그림 17] RISE의 작동 방식[11]

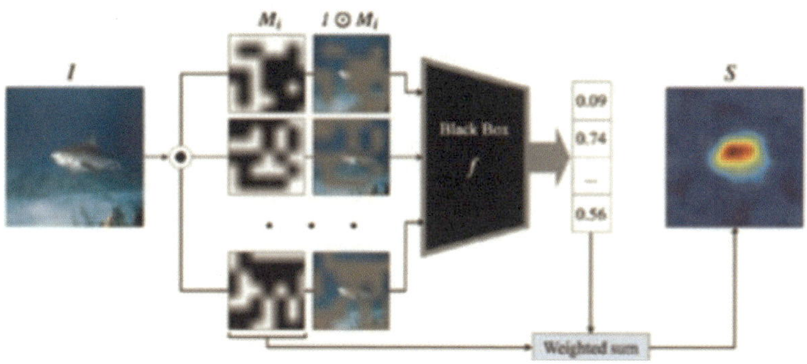

그림 17은 RISE의 이해를 돕기 위한 그림이다. 주어진 모형 f와 상어를 나타내는 이미지 I가 있다. M_i은 I번째 masking 값으로 검정색 부분이 정보를 지우는 masking 위치를 의미한다. masking된 이미지를 모형 f의 입력값으로 넣어 얻은 출력값을 M_i와 곱하여 이들의 평균을 취해 중요한 픽셀을 찾는다.

[그림 18] RISE의 결과: 원본 이미지(왼쪽), 중요 픽셀 표현 결과(오른쪽)[11]

그림 18의 왼쪽 두 그림은 원본 이미지이고 오른쪽은 RISE을 이용하여 얻은 중요 픽셀들을 표현한 그림이다. RISE가 원본 이미지의 중요 픽셀을 잘 찾는다고 볼 수 있다.

RISE와 같이 모형의 내부정보를 사용하지 않고 입력값을 가지고 있을 때 출력값만 얻을 수 있는 모형으로 만들어진 설명가능 방법론을 black-box model explainable method라고 한다. 반면, White-box model explainable method은 모형의 내부정보(예: 딥러닝모형의 구조와 모수)를 활용할 수 있을 때 사용할 수 있는 설명가능 방법론이다.

참고문헌

[1] W. Samek, T. Wiegand, and K. Müller. "Explainable artificial in-telligence: Understanding, visualizing and interpreting deep learning models." arXiv preprint arXiv:1708.08296, 2017.

[2] R. Caruana, Y. Lou, J. Gehrke, P. Koch, M. Sturm, and N. Elhadad, "Intelligible models for healthcare: Predicting pneumonia risk and hospital 30-day readmission." Proceedings of the 21th ACM SIGKDD International Conference on Knowledge Discovery and Data Mining. ACM, 2015.

[3] I. J. Goodfellow, J. Shlens, and C. Szegedy. Explaining and harnessing adversarial examples. arXiv preprint arXiv:1412.6572. 2014.

[4] T. Bolukbasi, K. W. Chang, J. Y. Zou, V. Saligrama, and A. T. Kalai, "Man is to computer programmer as woman is to homemaker? de-biasing word embeddings." Advances in neural information processing systems. 2016.

[5] D. P. Kingma, and M. Welling. "Auto-encoding variational bayes." arXiv preprint arXiv:1312.6114 (2013).

[6] I. Goodfellow, J. Pouget-Abadie, M. Mirza, B. Xu, D. Warde-Farley, S. Ozair, C. Aaron, and Y. Bengio. (2014). Generative adversarial nets. In Advances in neural information processing systems (pp. 2672-2680).

[7] 박창이, 김용대, 김진석, 송종우, 최호식. 「R을 이용한 데이터마이닝(개정판)」, 교우사, 2015.

[8] Hastie, Trevor J., and Robert J. Tibshirani. *Generalized additive models*. Vol. 43. CRC press, 1990.

[9] Huang, Jianhua Z. "Functional ANOVA models for generalized regression." Journal of multivariate analysis 67.1 (1998): 49-71.

[10] M. T. Ribeiro, S. Sameer, and G. Carlos. "Model-agnostic interpret-ability of machine learning." arXiv preprint arXiv:1606.05386, 2016.

[11] V. Petsiuk, D. Abir Das, and S. Kate. "Rise: Randomized input sampling for explanation of black-box models." arXiv preprint arXiv: 1806. 07421, 2018.

[12] 위키피디아. "overfitting". https://en.wikipedia.org/wiki/Overfitting.

[13] 위키피디아. "Local regression". https://en.wikipedia.org/wiki/Local_regression.

[14] B. Ahmed, "Decision Trees", https://course.ccs.neu.edu, p.15, Jan. 12, 2015. [Online]. Available: https://course.ccs.neu.edu/cs6140sp15/1_intro_DT_RULES_REG/lecture_notes/lectureNotes_DecisionTree_Spring15.pdf

[15] Ayachi, R., Said, Y., & Abdelali, A. B. Optimizing Neural Networks for Efficient FPGA Implementation: A Survey. Archives of Computational Methods in Engineering (2021), 1-11.

[16] LeCun, Y., Bottou, L., Bengio, Y., & Haffner, P. Gradient-based learning applied to document recognition. Proceedings of the IEEE, 86(11) (1998), 2278-2324.

[17] 임도형, "CNN 개요", https://www.slipp.net/wiki/pages/viewpage.action?pageId=26641520, 2017. 5. 10.자

[18] Zeiler, M. D., & Fergus, R. Visualizing and understanding convolutional networks. In European conference on computer vision (pp. 818- 833) (2014, September). Springer, Cham.

[19] F. Li, "CS231n: Convolutional Neural Networks for Visual Recognition", [Online]. Available: http://cs231n.stanford.edu, http://cs231n.github.io/convolutional-networks/#pool

[20] Weston, J., Bordes, A., Chopra, S., Rush, A. M., van Merriënboer, B., Joulin, A., & Mikolov, T. Towards ai-complete question answering: A set of prerequisite toy tasks. arXiv preprint arXiv:1502.05698. (2015).

[21] LeCun, Y., Bengio, Y., & Hinton, G. Deep learning. nature, 521(7553), 436-444. (2015)

[22] 위키피디아. "interaction". https://en.wikipedia.org/wiki/Interaction_(statistics).

03

인공지능의 작동원리와 설명가능성에 대하여

-고급 인공지능 학습 및 해석/설명 방법론-

김시원(서울대학교 전기정보공학부 연구원)
윤성로(서울대학교 전기정보공학부 교수)
김용대(서울대학교 통계학과 교수)

Ⅰ. 통계적 방법론의 학습 및 해석/설명가능성

Ⅱ. 딥러닝모형의 학습 및 해석/설명

부록: 독일 신용데이터(German credit data) 소개

03

인공지능의 작동원리와 설명가능성에 대하여

－고급 인공지능 학습 및 해석/설명 방법론－

김시원(서울대학교 전기정보공학부 연구원)
윤성로(서울대학교 전기정보공학부 교수)
김용대(서울대학교 통계학과 교수)

Ⅰ. 통계적 방법론의 학습 및 해석/설명가능성

본 절에서는 고급 통계적 학습 방법론과 이에 대응하는 해석/설명 방법론에 대해서 소개한다. 방법론에 대한 자세한 내용은 참고문헌을 참조 바란다.

1. 선형모형의 학습 및 해석/설명

(1) 로지스틱 회귀모형의 학습 방법

제2장에서 로지스틱 회귀모형은 모형을 학습할 때 가능도함수를 최대화하는 모수 β을 찾는다고 하였다. 관측치 X_i를 임의의 분포 $f(x;\theta)$으로부터 얻었다고 가정하자. 가능도함수란 주어진 관측치가 모수 θ에서 나올 가능한 정도를 나타내는 함수로 $L(\theta)=\prod_{i=1}^{n} f(x_i;\theta)$이다. 가능도함수가 최대화될수록 바람직한 모형이 되기 때문에 $L(\theta)$을 크게 하는 θ을 찾는다. 이를 최대가능도추정이라고 한다.

로지스틱 회귀모형의 출력변수 Y는 1일 확률이 $\phi(\beta^T X)$인 이항분포를 따른다고 가정한다. $\beta = (\beta_0, \beta_1, \cdots, \beta_p)^T$, $X_i = (1, X_{i1}, \cdots, X_{ip})^T$으로 표기할 때, Y에 대한 가능도함수는 $L(\beta) = \prod_{i=1}^{n} \phi(\beta^T X_i)^{Y_i} (1-\phi(\beta^T X_i))^{1-Y_i}$이다. 계산상의 편의를 위해 가능도함수로부터 직접 β을 찾지 않고, 가능도함수에 로그를 취한 로그 가능도함수 $l(\beta) = \log L(\beta) = \sum_{i=1}^{n} [Y_i \log(\phi(\beta^T X_i)) + (1-Y_i)\log(1-\phi(\beta^T X_i))]$를 이용하여 β을 찾는다. 로그함수는 증가함수이기 때문에, 로그 가능도함수를 최대화하는 β은 가능도함수를 최대화한다.

단순선형회귀모형이나 다중선형회귀모형과는 달리 로지스틱 회귀모형의 경우에는 이를 최대화하는 정확한 값(solution)을 찾기 어렵다. 그 이유는 로그가능도함수를 β에 대해 미분하였을 때 β가 nonlinear 함수인 ϕ 안에 있기 때문이다. 따라서 최적화 알고리즘을 이용하여 가능도함수를 최대화하는 β을 구해야 한다.

로그 가능도함수의 도함수와 헤시안 행렬을 구해 보면 다음과 같다.

$$\frac{\partial l(\beta)}{\partial \beta} = \sum_{i=1}^{n} X_i (Y_i - \phi(\beta^T X_i)) = X^T (Y - \phi(\tilde{\beta})),$$

$$\text{이때 } \phi(\tilde{\beta}) = (\phi(\beta^T X_1), \cdots, \phi(\beta^T X_n))^T$$

$$\frac{\partial^2 l(\beta)}{\partial \beta \, \partial \beta^T} = -\sum_{i=1}^{n} X_i X_i^T \phi(\beta^T X_i)(1-\phi(\beta^T X_i)) = -X^T W(\beta) X$$

이때, X은 i번째 행이 X_i인 $n \times (p+1)$행렬이고, $W(\beta)$은 i번째 대각원소를 $\phi(\beta^T X_i)(1-\phi(\beta^T X_i))$으로 갖는 $n \times n$ 대각행렬이다. Newton-Raphson 알고리즘([36])을 최적화 알고리즘으로 사용하면 t

번째 단계에서 $t+1$번째 단계로 업데이트하는 방식은 아래와 같다.

$$\begin{aligned}\beta^{(t+1)} &= \beta^{(t)} - \left(\frac{\partial^2 l(\beta)}{\partial\beta\partial\beta^T}\right)^{-1} \frac{\partial l(\beta)}{\partial\beta}\Big|_{\beta=\beta^{(t)}} \\ &= \beta^{(t)} + (X^T W(\beta^{(t)})X)^{-1} X^T(Y-\phi(\beta^{(t)})) \\ &= (X^T W(\beta^{(t)})X)^{-1} X^T W(\beta^{(t)}) z(\beta^{(t)})\end{aligned}$$

이때, $z(\beta^{(t)}) = X\beta^{(t)} + W^{-1}(\beta^{(t)})(Y-\phi(\beta^{(t)}))$이다. 적절한 초기값에서 해당 알고리즘이 수렴할 때까지 업데이트를 진행한다. 위 알고리즘은 가중 최소제곱 추정값

$$\beta^{(t+1)} = \mathrm{argmin}_\beta\ (z(\beta^{(t)}) - X\beta)^T W(\beta^{(t)})(z(\beta^{(t)}) - X\beta)$$

을 구하는 것과 같다. 따라서 반복재가중 최소제곱법(iteratively re-weighted least squares)이라 부른다[37].

(2) 변수선택

주어진 입력자료 X가 p차원(p개의 입력변수)이라고 가정하자. 변수선택의 목적은 p개의 입력변수 중 출력변수에 영향을 크게 미치는 소수의 변수들을 찾고 이 찾아진 변수만을 이용하여 예측모형을 구축하는 것이다. 변수선택은 선형회귀모형이나 선형 로지스틱 회귀모형에서 입력변수의 차원이 클 때 예측모형의 해석력을 높이는 방법 중 하나로 이해할 수 있다. 변수선택은 해석력을 높일 뿐 아니라 과적합을 피해서 예측력도 높일 수 있다.

변수선택은 다음의 두 단계로 진행된다. 첫 번째 단계에서는 0부터 입력변수의 개수 k를 0부터 p까지 하나씩 값을 늘리면서($k=0,1,...,p$) 최적의 예측모형 $M_0^*, M_1^*, ..., M_p^*$를 구한다. 변수선택의 두 번째 단계에서

는 이들($M_k^*(k=0, 1, \cdots, p)$) 중에서 최적의 모형을 찾는다. 이를 위해서는 스코어를 이용하는데, AIC(Akaike Information Criterion)이나 BIC(Bayesian Information Criterion)이 사용된다. AIC는 모형의 학습에러 $+2k$, BIC는 모형의 학습에러 $+k\log n$ 으로 정의된다. n은 학습자료의 개수로 보통 n은 큰 값이기 때문에 AIC보다 BIC가 입력변수의 개수가 늘어날수록 더 큰 페널티를 준다. 이때 결정되는 최적의 모형 M^*은 앞에서 구한 $M_0^*, M_1^*, \ldots, M_p^*$에서 AIC나 BIC를 최소로 하는 것이다. AIC와 BIC에 대한 자세한 내용은 [38]을 보기 바란다.

M_k^*를 찾는 방법 중 가장 쉽게 생각해 볼 수 있는 것은 k개로 이루어진 모든 조합의 변수를 다 생성하여 모형을 학습하고 변수선택 스코어가 가장 낮은 것을 M_k^*로 정하는 것이다. 이러한 방법의 문제는 학습해야 할 모형의 개수가 너무 많다는 것인데, 주어진 k에 대해서 $\binom{p}{k}$개의 모형을 학습해야 하기 때문에 전체적으로는 $\sum_{k=0}^{p}\binom{p}{k} = 2^p$개의 모형을 학습해야 한다. 이 숫자는 p에 대해서 기하급수적으로 증가하여 실제 사용할 수 없다.

전체 모형을 다 탐색해 보기 때문에 계산량이 많이 필요하다는 문제를 해결하기 위한 방법론으로 전진선택법(forward selection)과 후진제거법(backward elimination)이 있다. 전진선택법은 다음과 같은 방식으로 이루어진다. 먼저 입력변수를 하나도 뽑지 않는 상태에서 시작하여 입력변수를 1개 포함하는 모형 중 변수선택 스코어가 가장 작은 모형 M_1^*을 선택한다. 다음으로 M_1^*에서 뽑힌 변수를 포함하는 2개의 입력변수로 만든 예측모형 중 가장 스코어가 작은 모형 M_2^*를 선택해 나간다. 위의 방식을 순차적으로 진행하여 M_p^*까지 모형을 선택한 뒤, $M_0^*, M_1^*, \cdots, M_p^*$ 중 스코어가 가장 작은 모형을 최적의 모형으로 선택한다.

후진제거법은 전진선택법과 반대되는 방식을 취한다. 모든 입력변수를 다 사용한 M_p^*에서 출발하여 입력변수를 하나씩 빼면서 변수선택 스코어가 스코어가 가장 작은 모형을 선택한다. 예를 들어 M_{p-2}^*은 M_{p-1}^*에 사용된 변수들 중 p−2개의 변수로 이루어진 모든 조합을 모형으로 확인하여 가장 스코어가 낮은 모형으로 선택한다. 위 방법을 순차적으로 진행하여 M_0^*까지 얻은 뒤 전진선택법과 마찬가지로 $M_0^*, M_1^*, \cdots, M_p^*$중 스코어가 가장 작은 모형을 최적의 모형으로 선택한다.

위 두 방법은 이해가 쉽고 가능한 모든 모형을 확인하는 방법보다 계산량이 훨씬 적다. 그러나, 최적의 변수를 찾지 못할 수 있고, 한 번 선택된 변수 혹은 한번 제외된 변수는 마지막 선택까지 선택 혹은 제외되는 단점이 있다.

위 두 방법을 결합한 단계별 선택법(stepwise selection)도 있다. 먼저 기준이 되는 스코어를 정한다. 이후 전진선택법으로 기준 스코어보다 작은 결과를 도출하는 입력변수 중 가장 작은 것을 추가하고, 전진선택으로 추가된 입력변수에서 기준 스코어보다 큰 결과를 도출하는 것들 중 가장 큰 스코어를 갖는 입력변수를 후진제거법으로 제거한다. 위의 방법을 반복하며 더 이상 변수가 선택되거나 제거되지 않을 때 알고리즘을 종료한다.

단계별 선택법은 입력변수가 선택되거나 제거되어도 이후에 재선택, 혹은 제거될 수 있다는 측면에서 전진선택법이나 후진제거법의 단점을 보완한다고 볼 수 있다. 하지만 계산량이 많을 수 있고, 결과가 불안정하며 수렴하지 않을 수 있다는 단점이 있어서 실제 문제에서는 잘 사용되지 않는다.

(3) 벌점화 방법론(Regularization)

변수선택 방법은 방법론의 이해가 쉽고 계산량이 적어서 초보자도 쉽게 사용할 수 있다. 그러나, 결과가 불안정하여 입력변수가 매우 큰 경우에 예측력이 좋지 않다는 것이 알려져 있다. 변수선택 방법의 대안으로 벌점화 방법론이 인공지능 분야에서 널리 사용되고 있다.

1) 능형 회귀(Ridge regression)

능형 회귀(Ridge regression)는 모형 학습 단계에서 회귀계수를 최소제곱 추정량보다 0에 가깝게 축소된 값으로 추정하는 방법이다.

능형 회귀는 회귀계수에 제약조건 $\sum_{j=1}^{p}\beta_j^2 \le s^2$을 준다. 즉, $\sum_{j=1}^{p}\beta_j^2 \le s^2$을 만족하는 β 중에서 오차제곱합을 최소화하는 β을 찾는다. 이를 수식으로 정리하면 아래와 같다.

$$\text{Find } \beta \text{ that minimize } \sum_{i=1}^{n}(Y_i - \beta_0 - \sum_{j=1}^{p}X_{ij}\beta_j)^2 \text{ subject to}$$

$$\sum_{j=1}^{p}\beta_j^2 \le s^2$$

이때 라그랑즈 승수법에 의하면 위와 동치가 되는 $\lambda \ge 0$가 존재한다는 것을 알 수 있다.

즉, 아래의 문제를 푸는 것과 같다.

$$\text{Find } \beta \text{ that minimize } \sum_{i=1}^{n}(Y_i - \beta_0 - \sum_{j=1}^{p}X_{ij}\beta_j)^2 + \lambda\sum_{j=1}^{p}\beta_j^2$$

위 식을 최소화하는 추정량을 $\hat{\beta}^{ridge}$ 으로 표기한다.

$$\hat{\beta}^{ridge} = \mathrm{argmin}_{\beta}\left\{\sum_{i=1}^{n}\left(Y_i - \beta_0 - \sum_{j=1}^{p}X_{ij}\beta_j\right) + \lambda\sum_{j=1}^{p}\beta_j^2\right\}$$

원래 능형 회귀는 변수의 개수 p가 관측치 수 n보다 클 때, 최소제곱 추정량을 구하기 위해 제안되었다. 변수의 수 p가 관측치의 수 n보다 큰 경우에는 (X^TX)의 역행렬이 존재하지 않아서 오차제곱합을 β에 대해 미분하였을 때, $\frac{\partial Q}{\partial \beta} = -2X^TY + 2X^TX\beta = 0$으로부터 얻은 $X^TX\beta = X^TY$에서 양변에 $(X^TX)^{-1}$을 취할 수 없다. 즉, 추정량이 유일하지 않다. 이러한 문제를 해결하기 위해서 능형회귀는 제약조건하에서 오차제곱합을 최소화하는 추정량을 찾는 것이다.

위의 식 $\left\{\sum_{i=1}^{n}\left(Y_i - \beta_0 - \sum_{j=1}^{p} X_{ij}\beta_j\right) + \lambda \sum_{j=1}^{p}\beta_j^2\right\}$을 β에 대해 미분하여 능형회귀 추정량을 구하면 $\hat{\beta}^{ridge} = (X^TX + \lambda I)^{-1}X^TY$가 되고, 만약 입력변수들이 직교하는 경우($X^TX = I$)에는 $\hat{\beta}^{ridge} = \hat{\beta} / (1+\lambda)$가 된다. 즉, 최소제곱 추정량보다 0에 가깝게 축소된 추정량을 얻는다.

수식뿐만 아니라 그림으로도 능형회귀 추정량이 최소제곱 추정량보다 축소된 추정량을 얻는 것을 확인할 수 있다.

[그림 1] 능형회귀 추정량의 예[38]

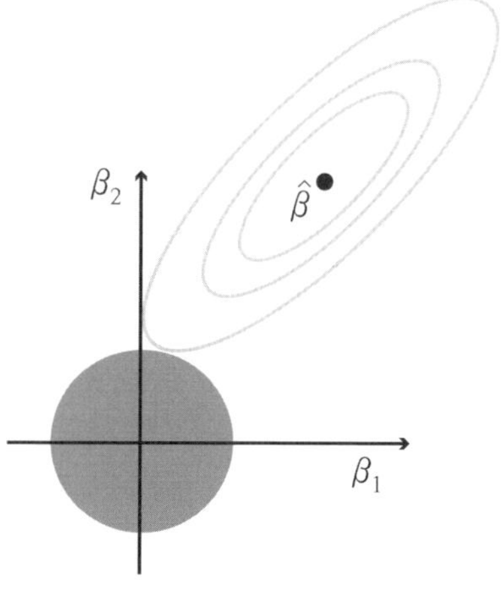

그림 1은 입력변수가 2개인 다중회귀분석의 예시이다. x축과 y축은 각각 β_1, β_2을 의미한다. 오차제곱합은 주어진 관측치에서 β_1, β_2에 대한 함수이다. 따라서 선은 오차제곱합의 등고선이다. $\hat{\beta}$은 오차제곱합을 최소화하는 β_1, β_2으로 제약조건을 고려하지 않은 다중회귀분석에서 최소제곱 추정량이다. 어두운 영역은 β의 제약조건을 만족하는 부분이다. 즉, 어두운 영역에서 오차제곱합을 최소화하는 β_1, β_2가 $\hat{\beta}^{ridge}$이다. 최소제곱 추정량과 비교할 때, 능형 회귀 추정량은 0에 가까워지는 것을 확인할 수 있다.

능형 회귀 추정량은 모든 회귀계수가 0이 아니기 때문에 변수선택은 불가능하다. 즉, 축소를 통해서 예측력을 높이기는 하지만, 변수선택을 통한 해석력의 증가는 얻을 수 없다.

2) LASSO[1]

LASSO(Least Absolute Shrinkage and Selection Operator)은 능형 회귀와 마찬가지로 오차제곱합을 최소화하는 β을 찾을 때 절댓값의 합에 상한을 주는 제약조건을 부여하는 벌점화 방법이지만 모형 학습 단계에서 변수선택을 해서 예측력 향상뿐만 아니라 모형에 대한 해석을 용이하게 하는 방법이다. 수식으로 표현하면 아래와 같다.

$$\text{Find } \beta \text{ that minimize } \sum_{i=1}^{n}(Y_i - \beta_0 - \sum_{j=1}^{p}\beta_j X_{ij})^2 \text{ subject to}$$

$$\sum_{j=1}^{p}|\beta_j| \le s.$$

라그랑즈 승수법을 이용하면 위와 동치가 되는 $\lambda \ge 0$가 존재한다는 것을 알 수 있다.

즉, 아래의 문제를 푸는 것과 같다.

$$\text{Find } \beta \text{ that minimize } \sum_{i=1}^{n}(Y_i - \beta_0 - \sum_{j=1}^{p} X_{ij}\beta_j)^2 + \lambda \sum_{j=1}^{p}|\beta_j|$$

위 식을 최소화하는 추정량을 $\hat{\beta}^{Lasso}$ 으로 표기한다.

$$\hat{\beta}^{Lasso} = \operatorname{argmin}_{\beta}\left\{\sum_{i=1}^{n}(Y_i - \beta_0 - \sum_{j=1}^{p} X_{ij}\beta_j)^2 + \lambda \sum_{j=1}^{p}|\beta_j|\right\}$$

그림 2는 왜 LASSO가 변수선택을 하는지 이해하는 데 도움을 준다.

[그림 2] LASSO 추정량의 예[38]

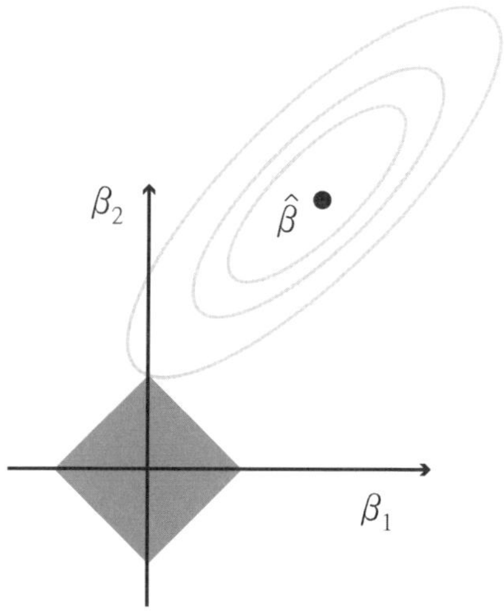

그림 2는 입력변수가 2개인 다중회귀분석으로 앞서 능형 회귀에서 다루었던 예시와 같다. 어두운 영역은 β의 제약조건을 만족하는 부분이다. 즉, 어두운 영역에서 오차제곱합을 최소화하는 β_1, β_2가 $\hat{\beta}^{Lasso}$이다. 이때, β에 대한 함수 오차제곱합이 어두운 영역의 모서리에 닿는다. 모서리에 닿는다는 것은 제약조건하에서 최소제곱합을 만족하는 추정량 $\hat{\beta}^{Lasso}$ 중에서 0의 값을 가져서 변수선택이 이루어진다는 말이다.

3) Elastic net[2]

입력변수의 개수가 많은 경우에는 입력변수들 사이에 상관관계가 높은 변수가 많아지는 것은 당연하다. 이렇게 입력변수들 간에 상관관계가 높은 경우에 두 변수 중 하나를 선택하기 보다는 평균을 취하는 경우에 더 좋은 결과를 보이는 경우도 있다.

이러한 경우에 LASSO을 이용하면 상관관계가 높은 변수 중 하나의 변수만을 선택하는 경우가 흔하다. 이러한 LASSO의 단점을 보완하고자 나온 모형이 elastic net이다. Elastic net은 ridge penalty와 lasso penalty을 섞은 모형으로 penalty은 아래와 같다.

$$\lambda \sum_{j=1}^{p} (1-\alpha)|\beta_j| + \alpha\, \beta_j^2,\ \alpha \in [0,1].$$

따라서 Elastic net은 아래 함수를 최소화하는 β을 찾는다.

$$\hat{\beta}^{elastic} = \mathrm{argmin}_{\beta} \sum_{i=1}^{n} (Y_i - \beta_0 - \sum_{j=1}^{p} X_{ij}\beta_j)^2 + \lambda \sum_{j=1}^{p} (1-\alpha)|\beta_j| + \alpha\, \beta_j^2$$

이때, $\alpha \in [0,1]$

$\hat{\beta}^{elastic}$ 은 상관관계가 높은 변수들을 선택하게 하여 더 좋은 예측력을 얻을 수 있다.

4) SCAD[3]

Lasso은 변수선택의 기능이 있어 성김성(sparsity)이라는 성질을 가지고 있다고 이야기한다. 이때, 성김성이란 소수의 변수에서 0이 아닌 계수를 갖고 다수의 변수는 0의 계수를 갖도록 하여 모형의 복잡도를 줄이고 해석력을 높이는 것을 의미한다. 그러나 이러한 성김성을 갖게 하는 제한 조건 때문에 추정량에 편의가 생긴다.

SCAD(Smoothly Clipped Absolute Deviation)은 LASSO의 성김성을 갖게 하면서 추정량의 편의를 줄이기 위해 설계된 모형으로 벌점함수는 아래와 같다.

$$J_{\lambda,\gamma}(\beta) = \begin{cases} \lambda\,|\beta| & \text{if } |\beta| < \lambda \\ \dfrac{\gamma\lambda\,(|\beta| - \lambda) - (\beta^2 - \lambda^2)/2}{\gamma - 1} & \text{if } \lambda \le |\beta| \le \gamma\lambda \\ \dfrac{(\gamma - 1)\,\lambda^2}{2} + \lambda^2 & \text{if } |\beta| > \gamma\,\lambda \end{cases}$$

[그림 3] LASSO, RIDGE, SCAD의 penalty 함수 비교[48]

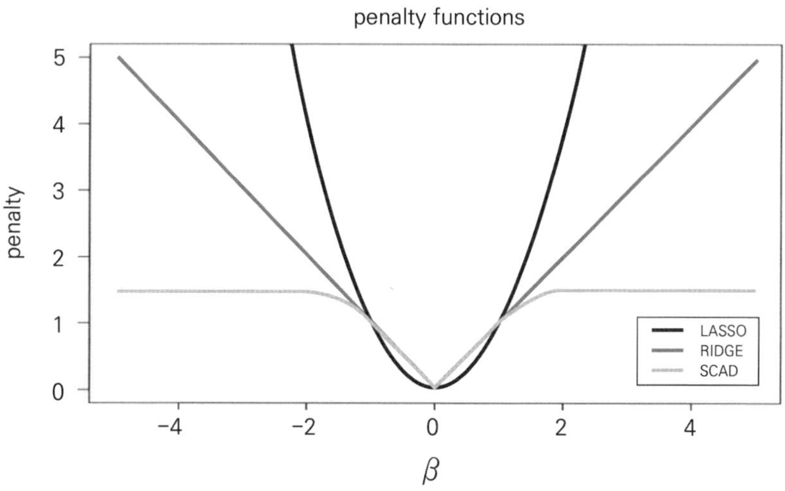

그림 3은 LASSO와 RIDGE, SCAD의 penalty 함수를 그린 예다. x축은 회귀계수, y축은 penalty를 나타낸다. SCAD은 LASSO에 비해 절댓값이 큰 회귀계수가 상대적으로 벌점을 덜 받는다는 것(덜 축소되도록)을 확인

할 수 있다. SCAD은 중요한 성질 중 하나는 oracle property을 갖는다는 것이다. Oracle property란 실제 0인 회귀계수를 미리 알고 있는 상태에서, 0인 것들을 제외한 나머지 유의한 변수를 이용하여 구한 예측모형이 SCAD을 이용하여 학습한 예측모형과 점근적으로 일치한다는 것이다. 이는 변수선택을 하는 모형이 가질 수 있는 굉장히 좋은 성질 중 하나이다. 변수선택을 하는 LASSO의 경우에는 oracle property을 갖지 못하며 불필요한 변수선택이 더 일어나는 경향이 있다.

2. 앙상블모형의 소개 및 해석/설명

(1) 앙상블모형

앙상블은 여러 개의 예측모형들을 학습한 뒤 결합해서 하나의 예측모형으로 사용하는 방법이다. 앙상블모형은 하나의 나무모형을 최종모형으로 사용하는 대신 여러 개의 나무모형을 함께 사용하여 의사결정나무모형이 가지고 있는 단점인 부족한 예측력을 개선해준다. 대표적인 앙상블모형으로 bagging, boosting, random forest가 있다.

1) Bagging[4]

Bagging(Bootstrap Aggregating)은 부스트랩 자료를 생성하여 여러 예측모형을 만든 후 예측모형을 합쳐서 하나의 모형을 사용하는 방법이다. 여기서 부스트랩 자료란, 주어진 학습자료에서 랜덤 복원추출로 기존 학습자료 수만큼 표본을 뽑은 자료이다. Bagging 알고리즘은 아래와 같다.

1. B개의 부스트랩 자료 $L^{*(b)}$, $b=1, \cdots, B$을 만든다.
2. 각 부스트랩 자료 $L^{*(b)}$으로 예측모형 $f^{(b)}$을 학습한다.

3. (1) 회귀모형: B개의 모형에 평균을 취한 값을 예측값으로 사용한다.

$$\hat{f}(x) = \sum_{b=1}^{B} f^{(b)}(x)/B$$

(2) 분류모형: 각 모형의 예측값을 투표하여 가장 많이 나온 class을 선택한다.

$$\hat{f}(x) = \mathrm{argmax}_k \left(\sum_{b=1}^{B} I(f^{(b)}(x) = k)\right)$$

이때, $I(f^{(b)}(x) = k) = \begin{cases} 1 & \text{if } f^{(b)}(x) = k \\ 0 & \text{if } f^{(b)}(x) \neq k \end{cases}$

Bagging은 불안전한 예측모형의 분산을 여러 예측모형에 평균을 취하여 분산을 낮추는 원리이다. 단순하게 예측모형의 평균을 내는 것이지만 예측력을 높이는 데 굉장히 탁월하다. 또한 예측모형 $f^{(b)}$을 의사결정나무모형으로 구축할 때, 가지치기를 하지 않아도 된다. 그 이유는 의사결정나무모형의 분산을 조절하는 역할을 하는 것이 가지치기인데 bagging에서는 모형의 분산을 평균으로 낮추어서 가지치기를 사용할 필요가 없기 때문이다. 자세한 이해를 위해서는 [41]을 참고바란다. 의사결정나무모형의 가지치기에는 필요한 계산량이 상당한데, bagging에서 사용하는 의사결정나무모형은 가지치기를 하지 않아도 되기 때문에 계산량에서 장점이 있다. 그러나 많은 예측모형 $f^{(b)}$을 섞은 형태이기 때문에 기존 의사결정나무모형이 가지고 있던 장점인 모형의 해석력을 잃는다.

2) Boosting[5]

Boosting의 기본 아이디어는 예측력이 약한 모형(weak learner)을 결합해서 하나의 모형으로 사용하면 강한(좋은) 모형을 얻을 수 있다는 것이다. 위 아이디어의 예시로 경마 우승전략이 주로 언급된다. 경마장에서 경마전문가들이 높은 확률로 우승 말을 맞추는 것은 아니지만, 랜덤으로 말을 뽑는 것보다는 확률이 높을 것이다. 그런데, 랜덤보다 조금 좋은 여러 개의 경마전문가들 의견을 모아서 우승마를 예측한다면 훨씬 좋은 결과를 얻을 수 있다는 것이 boosting 알고리즘의 기본 아이디어이다.

최초로 제안된 boosting은 이진분류 문제에 대한 알고리즘이다. 알고리즘은 아래와 같다.

1. 각 자료에 가중치 $w_i = \frac{1}{n}$, $i = 1, \cdots, n$을 준다.
2. $m = 1, \cdots, M$에 대해 아래 과정을 반복한다.
   (1) 가중치 w_i을 이용하여 분류 모형 $f_m(x) \in \{-1, 1\}$을 학습한다(y의 class을 -1, 1로 설정).
   (2) m번째 분류모형의 에러 err_m을 아래와 같이 계산한다.

$$err_m = \frac{\sum_{i=1}^{n} w_i I(y_i \neq f_m(x_i))}{\sum_{i=1}^{n} w_i},$$

   이때 $I(y_i \neq f_m(x_i)) = \begin{cases} 1 & \text{if } y_i \neq f_m(x_i) \\ 0 & \text{if } y_i = f_m(x_i) \end{cases}$

   (3) $c_m = \log\left(\frac{1 - err_m}{err_m}\right)$
   (4) 가중치 w_i을 $w_i = w_i \exp(c_m I(y_i \neq f_m(x_i)))$으로 업데이트한다.
3. 위에서 얻은 M개의 분류모형 f_m에 대해 최종 분류모형 $\hat{f}$은 아래와 같이 정의한다.

$$\hat{f}(x) = sign\left(\sum_{m=1}^{M} c_m f_m(x)\right), \text{ 이때 } sign(x) = \begin{cases} 1, & x > 0 \\ 0, & x = 0 \\ -1, & x < 0 \end{cases}$$

위의 알고리즘에서 2.의 (3), (4)를 보면, err_m의 경우 랜덤 오류 0.5보다 작기 때문에 $c_m > 0$이다. 그럼 관측치 i의 경우에 모형 f_m이 예측을 틀릴 경우 가중치 w_i의 값은 증가하고 예측이 맞을 경우에는 원래 가중치를 유지할 것이다. 따라서 boosting 알고리즘은 현재 모형이 잘 못맞추는 자료에 가중치를 높여 다음 단계의 모형이 해당 자료를 잘 맞추는 방향으로 모형을 학습한다.

위에서 소개한 알고리즘은 최초로 제안된 boosting 알고리즘이며, 이진분류 문제만 고려하였다. 이후 다양한 부스팅 알고리즘이 개발되었으며, 회귀문제에서도 사용 가능하다. 가장 널리 쓰이는 부스팅 알고리즘은 Gradient 부스팅 알고리즘이다. Gradient 부스팅에 대한 자세한 내용은 [41]을 보기 바란다.

3) Random forest[6]

Random forest은 bagging이나 boosting보다 f_m에 더 많은 랜덤성을 부여하여 모형을 결합하는 방법이다. 알고리즘은 아래와 같다.

1. B개의 부스트랩 자료 $L^{*(b)}$, $b=1, \cdots, B$을 만든다.
2. $L^{*(b)}$의 변수 중 k($k \ll p$)개만 랜덤하게 뽑아서 f_m을 학습한다.
3. (1) 회귀모형: B개의 모형에 평균을 취한 값을 예측값으로 사용한다.

$$\hat{f}(x) = \sum_{b=1}^{B} f^{(b)}(x)/B$$

(2) 분류모형: 각 모형의 예측값을 투표하여 가장 많이 나온 class을 선택한다.

$$\hat{f}(x) = \mathrm{arg}max_k\left(\sum_{b=1}^{B} I(f^{(b)}(x)=k)\right),$$

이때 $I(f^{(b)}(x)=k) = \begin{cases} 1 & \mathrm{if}\ f^{(b)}(x)=k \\ 0 & \mathrm{if}\ f^{(b)}(x)\neq k \end{cases}$

Boostinig, Bagging와의 차이점은 입력변수를 다 사용하는 것이 아니라 랜덤하게 변수를 뽑아서 사용한다는 것이다.

(2) 앙상블모형의 해석

앙상블모형은 많은 의사결정나무모형의 모임으로 굉장히 복잡한 모형이다. 따라서 모형 자체를 직접적으로 해석하기는 쉽지 않다. 앙상블모형을 부분적으로 해석하기 위한 방법으로 Variable importance와 Partial Dependence Plot(PDP)이 있다.

먼저 Variable importance을 정의하기 위해 하나의 주어진 의사결정나무모형 T에 대해 X_l 입력변수의 relevance measure을 정의한다. 정의는 아래와 같다.

$$I_l^2(T) = \sum_{t=1}^{J} l_t^2 I(v(t) = l), \text{ 이때 } I(v(t) = l) = \begin{cases} 1 & \text{if } v(t) = l \\ 0 & \text{if } v(t) \neq l \end{cases}$$

여기서 t은 의사결정나무모형 T의 중간노드를(T는 J개의 노드를 갖는다), l_t^2는 t번째 중간노드를 통해 증가한 purity measure의 값을, 그리고 $v(t)$은 t번째 중간노드에서 사용한 변수를 의미한다. 위의 relevance measure을 해석하면, 입력변수 X_l이 의사결정나무모형 T에서 증가시킨 purity의 총합이다. 위 relevance measure을 모든 입력변수에 대해 시행한 뒤 크기 순으로 나열하면 의사결정나무모형 T에서 각 변수의 중요도를 얻을 수 있다.

위의 relevance measure을 앙상블모형으로 확장할 수 있다. 앙상블모형에서의 relevance measure의 정의는 아래와 같다.

$$I_l^2 = \frac{1}{M} \sum_{m=1}^{M} I_l^2(T_m)$$

이때 T_m은 앙상블모형에서 사용되는 m번째 의사결정나무모형이다. I_l^2은 앙상블모형에서 사용되는 전체 의사결정나무모형의 relevance measure을 평균을 낸 값이다. 모든 변수에 대해 위 relevance measure 값을 얻고 크기 순으로 정리한 것이 variable importance이다.

[그림 4] Random forest의 variable importance 예

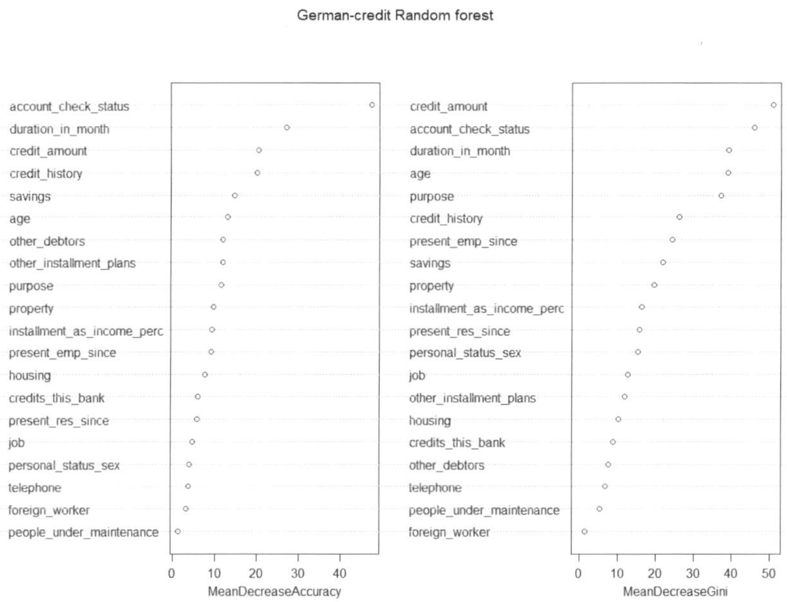

그림 4는 학습된 German－Credit data을 이용하여 Random forest을 학습한 뒤 variable importance을 출력한 결과이다. Purity measure와 MSE을 이용하여 variable importance을 확인하였다. 왼쪽은 purity을 정확도(accuracy)로 사용한 결과이고 오른쪽은 Gini index 불순도를 사용한 결과이다. 정확도를 기준으로 본다면 account_check_status가 가장 중요한 변수이며 Gini index을 기준으로는 credit_amount 변수가 가장 중요한 변수이다.

Partial dependence plot은 각 입력변수의 값이 변함에 따라 모형의 출력값에 어떤 영향을 끼칠 수 있는지를 확인하는 방법이다. 학습된 모형을 f이라 하고 총 입력변수의 수가 p개일 때, $S \subset \{1, 2, \cdots, p\}$이고 C은 S의 여집합으로 $S \cup C = \{1, 2, \cdots, p\}$이라 하자. 예측모형을 $f(X) = f(X_S, X_C)$으로 표현하고, X_S에 대한 $f(X)$의 Partial de-pendence을 $f_S(X_S) = E_{X_C} f(X_S, X_C)$으로 정의하면 이는 주변부 평균으로 볼 수 있다. X_S가 X_C와 강한 교호작용이 없다는 가정하에, partial dependence은 X_S을 제외한 다른 변수(X_C)의 예측값에 대한 영향을 평균으로 고정시킬 때 X_S가 모형의 예측값에 어떤 영향을 끼치는지를 알 수 있다.

위의 값을 자료로 추정하면 $\overline{f_S}(X_S) = \frac{1}{n}\sum_{i=1}^{n} f(X_S, x_{iC})$이 된다. 이때, x_{iC}은 X_C의 학습자료이다. 이렇게 추정된 $\overline{f_S}(X_S)$으로 X_S의 값을 변화시켜 가며 plot을 그려 X_S의 효과를 확인할 수 있다.

[그림 5] random forest의 partial dependence plot 예

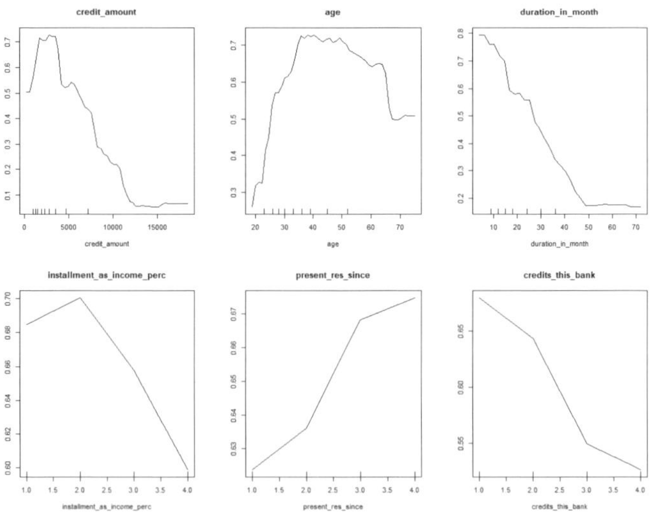

그림 5는 variable importance을 확인할 때 사용했던 random forest 모형으로 변수별 PDP을 그린 결과이다. x축은 입력변수의 각 변수별 값이고 y축은 $\overline{f_S}(X_S) = \frac{1}{n}\sum_{i=1}^{n} f(X_S, x_{iC})$의 값이다. 변수의 값이 변함에 따라 partial dependence의 변화를 볼 수 있고, 또한 입력변수가 예측값에 영향을 끼치는 정도를 partial dependence의 크기로 확인할 수 있다.

Ⅱ. 딥러닝모형의 학습 및 해석/설명

1. 딥러닝모형의 학습

딥러닝모형에서 사용하는 모수를 θ라 하자. 손실함수 $L(\theta)$은 모형 f_θ와 실제 라벨 Y로부터 정의된다. 회귀문제의 경우 선형모형에서 사용한 것과 같이 두 값의 차의 제곱합인 $L(\theta) = \sum_{i=1}^{n}(y_i - f(x_i))^2$을, 분류문제의 경우 Cross-entropy $L(\theta) = \sum_{i=1}^{n}\sum_{k=1}^{K} y_{ik}\log(f_k(x_i))$ 을 손실함수로 사용한다.

선형모형의 경우에는 정확한 모수의 추정량을 얻을 수 있었지만, 딥러닝모형의 경우 모수가 엄청나게 많고 많은 hidden layer의 조합으로 출력값을 얻기 때문에 정확한 모수의 추정량을 얻기란 불가능에 가깝다. 따라서 로지스틱 회귀모형처럼 알고리즘을 이용하여 모수의 값을 추정해야 하는데, 일반적으로 확률적 기울기강하 알고리즘(Stochastic gradient descent algorithm)을 사용한다. 위 알고리즘은 미분을 이용한 알고리즘으로 미분 방향(기울기)의 반대방향으로 일정 크기만큼 움직여 손실함수가 작아지는 방향으로 추정값을 업데이트한다.

[그림 6] 기울기강하 알고리즘의 예[49]

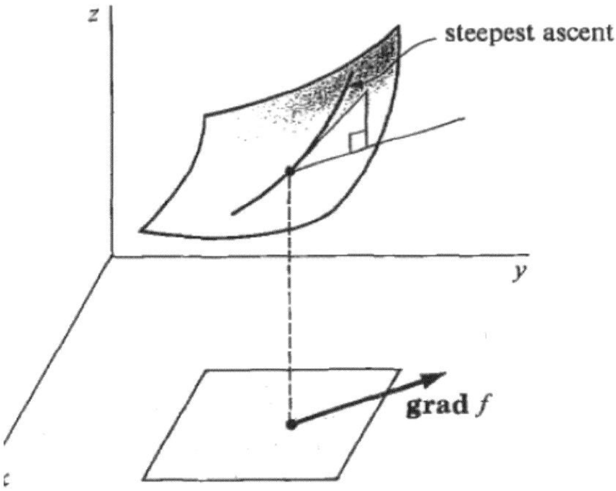

그림 6은 기울기강하 알고리즘의 이해를 돕기 위한 간단한 그림이다. 위 알고리즘을 사용하기 위해서는 모든 모수에 대해 미분값을 얻어야 하는데, l번째 layer의 모수의 미분값은 l+1번째 layer의 모수의 미분값을 통해 쉽게 얻을 수 있다. 이렇게 상단 layer에서 하단 layer으로 미분값을 전파해 나가며 알 수 있어서 위와 같은 방법을 역전파(back–propagation)라고 한다. Neural network 구조는 back–propagation을 통해 전체 모수의 미분값을 쉽게 계산할 수 있기 때문에 기울기강하 알고리즘을 사용하기에 적합하다.

RNN의 경우 앞에서 h_t은 $t-1$번째 과거정보 h_{t-1}과 t번째 새로운 정보 x_t를 합친 것인데, 실제 학습을 진행하면 너무 먼 과거의 정보를 잘 기억하지 못한다. 이는 학습할 때 Vanishing gradient의 문제 때문이다. Vanishing gradient 문제를 설명하기 위해 RNN의 모수를 앞의 제2장의 표기법대로 U, W, V, b이라 하자. RNN의 손실함수를 L이라 할 때, 학습을 위해 손실함수를 W에 대해 미분해 보면 $\frac{\partial L}{\partial W} = \sum_{t=1}^{T} \frac{\partial L_t}{\partial W} = \sum_{t=1}^{T} \sum_{k=1}^{t}$

$\frac{\partial L_t}{\partial \widehat{y_t}} \frac{\partial \widehat{y_t}}{\partial h_t} \frac{\partial h_t}{\partial h_k} \frac{\partial h_k}{\partial W}$이 된다. 이때, $\frac{\partial h_t}{\partial h_k} = \prod_{j=k+1}^{t} \frac{\partial h_j}{\partial h_{j-1}} = \prod_{j=k+1}^{t}$ $W^T diag(f'(Ux_j + Wh_{j-1} + b_j))$인데, β_M을 행렬 M의 norm의 상한이라고 한다면, $\left\| \frac{\partial h_j}{\partial h_{j-1}} \right\| \le \| W^T \| \, \| diag(f'(Ux_j + Wh_{j-1} + b_j)) \| \le \beta_W \beta_h$이라는 결과를 얻을 수 있다. 따라서 $\left\| \frac{\partial h_t}{\partial h_k} \right\| \le$ $(\beta_W \beta_h)^{t-k}$가 되는데 만약 $|\beta_W \beta_h| < 1$ 이고 $t-k$가 클수록 $\frac{\partial h_t}{\partial h_k}$은 0에 가까워지게 된다.

이는 현 시점 t에서 k가 먼 과거시점이라면 미분값이 0에 굉장히 가까워져서 과거 정보가 현재에 거의 영향을 끼치지 않는 현상이라고 볼 수 있다. 이를 vanishing gradient 문제라고 하고 이를 해결하기 위한 방법으로 LSTM와 GRU라는 변형된 RNN 모형이 등장하였다[7, 8]. 관심 있는 사람은 찾아보길 권한다.

2. 딥러닝모형의 해석/설명 방법론 분류

최근 다양한 분야에서 가장 좋은 성능을 보이는 딥러닝모형은 일반적으로 깊은 비선형 구조를 지니기 때문에 모델의 추론 과정을 설명하기 어렵고, 이러한 특성을 딥러닝모형의 "블랙박스" 특성이라고 부른다. 사람에 관한 중대한 이해관계를 지니는 서비스에 딥러닝모형을 사용하기 위해서, 딥러닝모형의 추론 과정을 해석하여 사용자에게 제공함으로써 그들의 신뢰를 제고하는 것이 매우 중요하다.

하지만 안타깝게도 인공지능 모델의 설명가능성과 성능 사이에는 이율배반적 관계가 존재한다. 전통적인 기계학습 모델은 설명가능성은 높지만 성능에서 한계가 있었고, 딥러닝모형은 성능은 매우 좋지만 설명가능성이 아주 낮다. 최근의 설명가능 인공지능 연구는 딥러닝모형의 성능은 보존하면서 설명가능성을 강화하기 위한 접근 방법들을 위주로 발전되어 왔다. 기업 역시 이러한 연구에 투자하며 서비스 알고리즘의 투명성을 증명하는 데 노력하고 있다. 설명가능 인공지능 연구는 크게 두 가지 범주로 분류할 수 있다.

(1) Post-hoc explanation

학습이 모두 완료된 모델의 추론 과정을 살펴보고자 하는 방법론이다. Deep Neural Networks가 특정 입력 x에 대해 $y = f(x)$라는 decision을 내렸다면, post-hoc explanation은 해당 결과가 왜 도출되었는지 설명을 제공하는 방법론이다.

(2) Transparent box design

모델 자체를 설계하고 학습하는 단계에서부터 설명가능성을 주입하는 방법론이다. 전통적인 머신러닝 모델 중 설명가능한 모델은 성능이 매우 낮았으므로, DNN의 구조를 설명가능하도록 변경하는 접근 방법이 주로 사용되고 있다.

[그림 7] 정확도-해석가능성 사이의 이율배반 관계

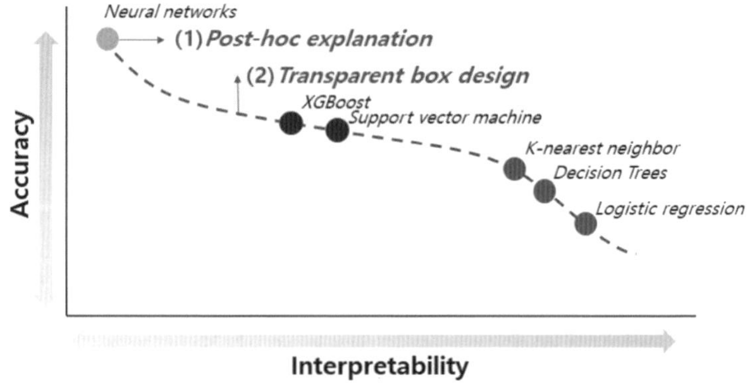

그림 7에서 나타난 바와 같이 두 가지 범주는 trade–off 관계로 인식된 인공지능의 성능–설명가능성 양 측면을 개선하고자 하는 범주이다. 다음 section에서는 각 범주에 해당하는 기존 연구에 대해 서술하고, 해당 연구가 가지고 있는 한계에 대해서도 설명한다.

3. 해석/설명가능한 딥러닝모형의 방법론

(1) Post-hoc explanation

주어진 입력 $x \in R^p$와 딥러닝 모델 f가 있을 때, 출력 $f(x)$에 입력의 각 부분 x_i가 어떻게, 얼마나 영향을 미쳤는지 밝힘으로써 모델의 추론 과정을 설명하고자 하는 방법론이다. 각 입력은 출력에 미친 영향을 점수로 양자화하여 부여받게 되고 본문에서는 이를 attribution score라고 칭한다. 입력의 모든 부분이 attribution score를 받는다면, 이를 입력 위에 heatmap과 같은 형태로 나타낼 수 있고, 사람에게 매우 직관적인 설명을 제공할 수 있다.

1) Sensitivity analysis

① Saliency map[40]

x_i가 아주 조금 변할 때 최종 output의 activation function 이전의 logit score가 어떻게 변하는지를 측정하는 방법론이다. $f(x)$을 input x_i $(i = 1, \cdots, p)$에 대해 미분한 값($\frac{\partial f(x)}{\partial x_i}$)의 크기(절댓값, 제곱값)를 x_i의 attribution score로 사용한다. 해당 점수가 크면 모델의 결정에 더 큰 영향을 미쳤다고 결론낼 수 있다. 미분값을 이용하기 때문에 f의 값을 이용하는 것이 아니라 x 근방에서 f의 variation을 확인할 수 있다.

② Taylor decomposition(gradient x input)[9]

단순히 미분값만을 이용하는 것은 input의 "변화량"에 대한 output의 변화량만을 알려준다는 점에서 한계가 있다. 따라서 input의 "값 자체"의 의미를 포함하기 위해 미분값과 입력값을 곱하는 gradient x input($\frac{\partial f(x)}{\partial x_i} * x$) 방법이 제안되었다.

③ DeepLIFT[10]

Deep neural network는 입력의 주변에 있는 값에서의 gradient가 saturate되는 특성을 보인다. 따라서 기존의 gradient를 사용하는 방식은 input의 영향력을 실제에 비해 낮게 잡을 가능성이 있다는 한계가 있다. 이를 해결하기 위해 reference 값을 도입하여 difference from reference라는 새로운 attribution 계산 방식이 제안되었다. reference 값은 사용자가 정하는 값으로, 해당 input이 reference에 비해 어떤 특징을 지녔기 때문에 특정 class로 분류되었는지 알고 싶을 때 특정하여 인가하게 된다. 손글씨 숫자로 구성된 MNIST[41] dataset의 경우, 검정 배경의 어느 부분에 흰 pixel이 나타났기 때문에 모델이 해당 결정을 내렸는지 알고 싶다면 reference value는 같은 차원을 가지는 검정색 이미지를 사용하면 된다.

④ Integrated Gradients[11]

Saturation 문제를 해결하기 위한 DeepLIFT[10]와의 동시대 연구로, reference point로부터 현재 input까지의 모든 기울기를 integration하는 방식으로 해당 문제를 해결하였다. 이는 saturation 지점 이외의 모든 지점에서의 기울기를 고려하기 때문에 saturation 문제를 완화하였다. 단순

기울기인 $\frac{\partial f(x)}{\partial x_i}$가 아닌 $\int_0^1 \frac{\partial f(\alpha x + (1-\alpha) x_{ref})}{\partial x} d\alpha$을 attribution score으로 사용하게 된다.

⑤ Shapley Value[42]

게임 이론에서 제안된 Shapley value를[43] DNN의 interpretation에 사용하고자 한 방법론이다. 기존 게임 이론에서는 전체 이득에 각 player가 기여한 정도를 배분하였는데, 여기서 전체 이득은 DNN의 prediction, 각 player는 input의 각 dimension과 대응한다고 생각할 수 있다. 본 이론은 실제 prediction과 평균 prediction value 차이에 기여하는 feature set의 attribution score를 계산하는 방식으로, 다음과 같은 식으로 나타낼 수 있다.

$$\phi(x_i) = \sum_{S \subseteq x_1, .., x_p / x_i} \frac{|S|!(p - |S| - 1)!}{p!} (val(S \cup x_i) - val(S))$$

이때, ϕ는 attribution score, val는 deep neural network, S는 입력 feature의 i번째 feature를 제외한 부분집합, 그리고 p는 전체 feature의 개수를 의미한다.

Shapley value는 수학적으로 증명된 이론에 기반하고 있고, 모든 feature에 attribution score를 공정하게 부여하는 유일한 방법이기 때문에 가장 정확한 explanation을 제공할 수 있을 것이라는 기대가 있다. 하지만 실제로 모든 feature가 있을 때와 없을 때의 조합을 모두 계산해야 하기 때문에 2^p번의 연산이 필요하고, 따라서 매우 높은 계산 복잡도를 지니는 것이 특징이다.

⑥ SmoothGrad[12]

하나의 input x에 대해 gradient 방법론 M_c을 적용한 $M_c(x)$만을 구하는 것이 input saturation 문제를 야기할 수 있고, 또 사람이 알아보기 어려운 interpretation을 생성해 낸다는 문제를 제기하며 x 주변의 다양한 sample들에 대한 interpretation을 평균내어 이러한 문제를 해결하자고 제안한 방법론이다. 따라서 smoothed interpretation인 $\frac{1}{k}\sum_{i}^{k}M_c(x+g_i)$를 최종 interpretation으로 사용하고, 이때 주변의 k개의 sample은 원래 input에 Gaussian noise(g_i)를 더하여 생성한다. 결과로 얻어진 inter-pretation은 실제로 noise처럼 보이던 attribution은 사라지고 중요한 부분이 더 강조된 형태를 띠게 된다.

⑦ FullGradient[13]

Logit score의 입력에 대한 gradient를 model에 대한 interpretation으로 사용한다는 것은 모델의 weight을 분석한다는 것과 같다. 하지만 일반적인 deep neural network는 weight와 더불어 bias도 포함한다. 본 논문은 weight만 분석하기보다 각 layer의 bias가 최종 output logit에 미치는 영향 역시 함께 분석할 때 더 적절한 attribution map을 생성할 수 있다고 주장한다. 따라서 output logit을 각 layer의 모든 unit에 관련된 bias로 미분하고, 이를 input size만큼 upsample하여 더한 bias-gradient를 함께 사용한다. 이는 기존 weight-gradient만 사용했던 방식보다 더 decisive하고 human-understandable한 결과를 제공한다.

2) Deconvolution[14]

CNN모형을 가정할 때, 각 Conv layer의 출력값을 input space으로

projection하여 특정 layer의 각 filter의 역할을 시각화하는 방법론이다. convolution layer에서 가장 강한 시그널(activation value가 가장 큰 값)을 de-convolution하여 input x에 대한 스코어를 구한다. de-con-volution에는 max-pooling에서 max값의 position을 저장하거나 transposed convolution filtering을 하는 것과 같은 테크닉이 사용된다.

3) Layerwise Relevance Propagation(LRP)[9]

$f(x)$을 최상단 hidden layer의 각 node에 activation된 값에 비례하여 값을 분배한다. 이와 같은 방법을 $f(x)$에서 여러 layer을 거쳐 input x까지 propagation하여 input의 각 pixel x_i에 대한 스코어를 얻을 수 있다. 위 방법은 gradient를 사용하는 방식들과는 다르게 f 값을 직접 사용한다. 또한 모든 layer에서 스코어의 합이 같다는 특징이 있다. 수식으로 설명하면 아래와 같다.

$x_j^{(l)}$: l번째 layer에서 activation 된 j번째 노드의 값

$R_k^{(l+1)}$: $l+1$번째 layer에서 k번째 노드의 스코어(output layer에서 스코어는 $R=f(x)$)

$w_{jk}^{(l)}$: l번째 layer의 j번째 노드에서 $l+1$번째 layer의 k번째 노드로 연결되는 weight

$R_j^{(l)} = \sum_k \frac{x_j^{(l)} w_{jk}^{(l)}}{\sum_j x_j^{(l)} w_{jk}^{(l)} + \epsilon}$: $l+1$번째 layer의 스코어값이 있을 때, l번째 layer의 j번째 node로 스코어를 propagation한 값. 이때 ϵ은 stabiliza-tion term

위 propagation rule에서 weight positive와 negative을 나누어 가중

치를 달리 주는 $\alpha,\beta-$rule LRP도 있다.

$R_j^{(l)} = \sum_k \alpha \frac{x_j^{(l)} w_{jk}^{(l)+}}{\sum_j x_j^{(l)} w_{jk}^{(l)+} + \epsilon} - \beta \frac{x_j^{(l)} w_{jk}^{(l)-}}{\sum_j x_j^{(l)} w_{jk}^{(l)-} + \epsilon}$. 일반적으로 $\alpha=1,$ $\beta=0-$rule 혹은 $\alpha=2,\beta=1-$rule을 사용한다. Taylor decom-position의 확장 버전[9]이다.

4) Class Activation Mapping(CAM)[15]과 그 변형

CNN 모델이 입력 이미지의 어디에 집중하고 있는지를 activation을 통해 확인하고자 한 시도이다. 작동방법은 다음과 같다. 먼저 fully con-nected layer를 제거하고, 최상단 convolution layer의 filter와 padding size을 조절하여 input와 size가 똑같은 convolution layer output으로 만들어 준다. Input size의 feature가 channel 수(C)만큼 나오게 되는데, 각 channel을 global averaging pooling하여 C개의 노드로 pooling한 뒤, 새로운 output layer를 학습시킨 후 이를 통해 예측값을 뽑는다. 이때, pooling된 layer와 output node의 weight가 크면, 그 채널이 output에 큰 영향을 미친다고 가정한다. output와 연결된 weight을 global averaging pooling 이전에 input와 size가 같은 feature을 곱해 준 뒤, 모든 channel을 더하여 heatmap을 그려서 확인한다.

위 과정의 이해를 돕기 위해 그림 8을 첨부하였다.

[그림 8] Class activation mapping의 작동 방식[15]

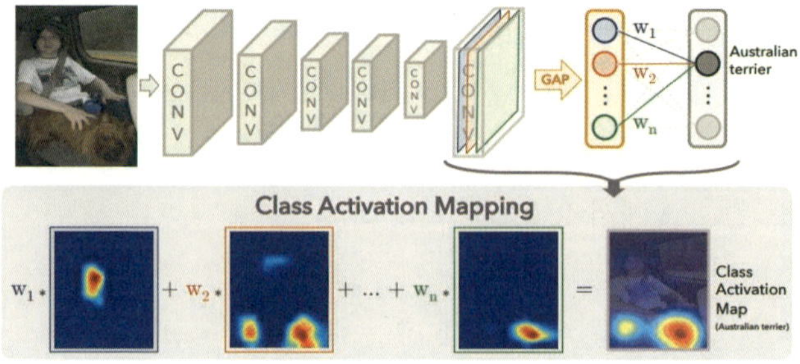

① GradCAM[16]

CAM[15]은 맨 마지막 layer를 제거하는 등의 모델 구조 변경이 필요하고, 변경 후에도 재학습을 해야 한다는 단점이 존재하였다. 또한 global average pooling 직전의 convolution layer만을 사용할 수 있다는 것 역시 한계점이었다. 따라서 다양한 구조나 역할의 convolution neural network에 CAM을 적용하기 어려웠다. 이를 개선하기 위한 GradCAM은 heat map을 가중합할 때 새로 weight를 구하지 않고 마지막 fully con-nected layer의 gradient를 weight로 사용한 연구이다.

Guided-GradCAM은 gradient를 역전파하는 과정에서 forward pass의 activation이 양수이고, backward pass의 gradient 역시 양수일 때만 역전파를 수행하는 guided backpropagation[39]의 아이디어를 차용하였다. 현재 비전 분야에서 가장 널리 사용되는 XAI 방법 중 하나이다.

② GradCAM++[17]

GradCAM[16]이 고려하지 못했던 unit별 activation value의 scale 차이를 고려할 수 있도록 GradCAM을 개선한 방법론 연구이다. CNN unit의 output은 unit마다 scale의 차이가 매우 심할 수 있다. 하지만 GradCAM 연구에서는 각 unit의 activation이 본래 작으면 해당 scale을 고려하지 않고 가중합하였다. 가중치가 학습의 대상이던 CAM[15]에서는 scale을 고려한 가중치가 학습되었을 수 있지만, 이와 달리 GradCAM은 gradient를 사용하므로 이러한 scale 차이가 고려되지 않는다. 따라서 본 방법론은 gradient를 그대로 사용하는 대신 가중합하여 사용하는 방법을 채택한다. 즉, GradCAM++에서 feature map을 가중합할 때 사용하는 가중치는 다음과 같이 계산된다.

$$w_k^c = \sum_i \sum_j \alpha_{i,j}^{k,c} . \sigma\left(\frac{\partial Y^c}{\partial A_{i,j}^k}\right),\ \alpha_{i,j}^{k,c} = \begin{cases} \dfrac{1}{\sum_{l,m} \dfrac{\partial y^c}{\partial A_{l,m}^k}} & \mathrm{if}\ \dfrac{\partial y^c}{\partial A_{l,m}^k} = 1 \\ 0 & otherwise \end{cases}$$

본 방법론을 사용하면 기존에 salient 영역 이외에도 다른 영역까지 모두 잡아버렸던 GradCAM과 달리 더 salient한 영역만을 모두 추출할 수 있다는 장점이 존재한다.

5) Perturbation-based methods

위에서 언급한 방법론들의 경우에는 설명을 위한 딥러닝모형의 구체적인 아키텍처와 parameter를 모두 알고 있어야 설명을 생성할 수 있다. 반면 이와 같은 정보 없이 해당 모형을 black-box처럼 inference만 가능해도 사용할 수 있는 방법이 있다. Perturbation-based 방법은 그중 하나로, 설명하고 싶은 딥러닝모형의 현재 input에 조그만 변화를 주면서 그에 따라 딥러닝모형의 output이 어떻게 변화하는지를 관찰하는 방법을 채택한다.

[그림 9] Perturbation 방식의 XAI 방법론 흐름

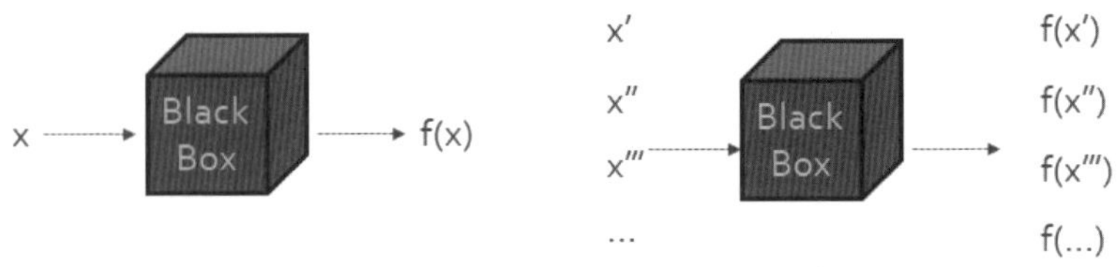

그림 9에서 나타난 대로, 모델의 정보를 알 수 없는 black box deep neural network에 해석을 위한 input x에 변형을 가해 얻은 x', x'', x''', ...

등의 input perturbation을 생성하고, 이에 대한 모델의 반응, 즉 $f(x'), f(x''), f(x''')$, ...을 측정하여 원래의 반응이었던 $f(x)$와의 변화를 해석으로 제공하는 것이다.

이와 같은 접근 방식은 해당 모형에 대한 메타 정보가 필요 없으며 임의의 모형을 전부 설명할 수 있다는 두 가지 장점을 가진다. 이러한 두 가지 측면에서 다른 방법론과 비교하여,

1. LRP[9] 등의 방법을 사용하기 위해서는 output에서부터 각 layer별로 relevance를 propagate해야 하므로 딥러닝모형의 아키텍처를 알아야 하는 반면 perturbation-based는 해당 정보가 필요치 않다.
2. Deconvolution[14]은 activation function이 ReLU인 경우에만 사용이 가능하다. 뿐만 아니라 sensitivity analysis는 output의 input에 대한 도함수를 이용하기 때문에 설명하고자 하는 모형이 미분 가능한 모형으로 제한된다. 반면 perturbation-based 방법은 임의의 모형이 주어져도 전부 설명가능하다는 장점을 지닌다.

본 방법론을 design하기 위해 구체적으로 3가지 결정해야 할 사항이 있다: 1. input에서 변화시킬 단위(pixel/patch/super-pixel 등), 2. input에서 변화시키는 방법(gray-out/black-out/GAN으로 in-fill 등), 3. input의 변화에 따른 output을 가지고 각 input의 점수를 정량화하는 방법이 그것이다.

① Occlusion method[14]

Perturbation-based 방법의 초기 시도는 occlusion method[14]이다. Patch를 gray로 덮어씌워 가면서 patch 단위로 image를 변화시키는 것이다. 이러한 변화에 따라 딥러닝모형이 예측한 target class의 확률이

기존 확률에 비해 얼마나 낮아졌는지를 정량화하여 각 patch의 중요도로 정의한다. 따라서 특정 영역을 회색으로 가리는 것이 딥러닝모형의 예측 확률을 급격히 떨어뜨렸다면, 해당 모형은 판단의 중요한 근거로 그 영역을 사용했다고 결론지을 수 있다.

다른 방법은 Prediction Difference Analysis(PDA)[44]이다. Occlusion과 마찬가지로 patch 단위로 image를 변화시키는데, 각 patch를 Gaussian에서 sample한 값으로 대체한다는 차이를 가진다. 이러한 변화에 따라 딥러닝모형의 예측 변화를 모아서 weight of evidence $WE(c|x) = \log(\frac{odds(c|x)}{odds(c|x_{\setminus i})})$를 계산하고(c는 predicted class를 의미), 이를 각 영역의 중요도로 정의한다. Weight of evidence는 해당 영역이 관찰된 그 값을 가짐으로써 딥러닝모형의 예측 확률이 얼마나 더 증가했는지를 의미한다.

② LIME[18]

LIME이란 local interpretable model–agnostic explanation의 약자로, 입력 perturbation의 단위가 pixel이 아니라 사람에게 의미 있는 상위 레벨의 무엇이다. 이미지 입력의 경우 perturbation의 단위는 super pixel이 되는데, 이때 super pixel이란 비슷한 색의 픽셀은 의미적으로 같은 단위에 속할 것이라는 사실에서 착안한 비슷한 값의 pixel의 집합이다. 각 superpixel이 있을 때와 없을 때 prediction 값을 구하고, perturbed in–put과 prediction들 사이의 linear regression weight를 학습한다. 이때 구해진 가중치가 각 교란된 부분의 attribution score가 된다. 전체 개괄도는 그림 10과 같다.

[그림 10] LIME[18]의 작동 예시[45]

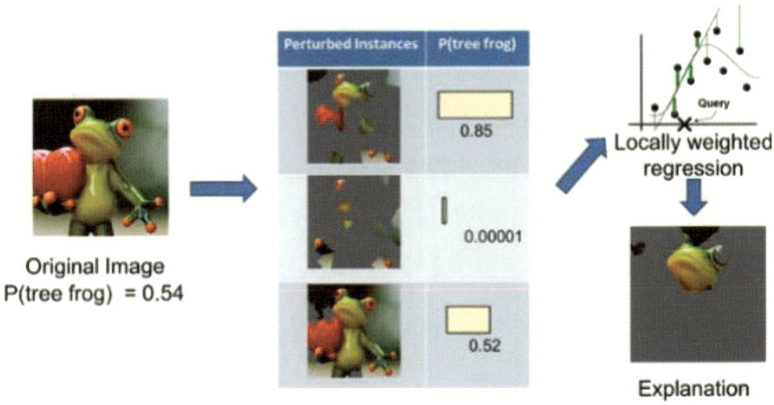

LIME은 각 super pixel이 있을 때와 없을 때, 즉 입력의 근방에서 perturbed input을 생성해 내므로 "local"의 성질을 지니고, 이를 linear regression을 통해 근사한다. 이를 모델 차원의 global explanation으로 확장하기 위해 submodular pick for explaining models, 즉 SP-lime이 추가적으로 제안되었다. SP-lime은 이름에서 알 수 있듯, 겹치지 않는 특징을 지닌 데이터의 일부에 대해 LIME을 통해 얻은 local explanation을 살펴보는 방법이다.

③ RISE[19]

기존 perturbation-based 방법론은 교란 단위를 정하고 입력의 각 부분을 해당 단위로 교란시켜가며 모델 반응을 측정하였다. 반면 RISE는 픽셀이나 패치 등 고정된 마스크를 채우는 기존의 방식과는 달리, 입력과 같은 크기의 랜덤한 마스크들을 생성하고, 해당 마스크를 입력에 씌웠을 때 prediction이 감소하는 양에 비례하여 weight를 구한 후 이를 마스크와 가중합하는 방법론이다. 최종적으로 얻어진 mask가 input이 prediction에 가장 영향을 많이 미친 부분이라고 해석할 수 있다.

④ Meaningful perturbation[20]

마스크를 랜덤하게 생성했던 RISE와는 달리 마스크 자체를 "학습"하는 방식이다. Perturbation-based 방식의 단점은 가능한 perturbation을 모두 inference하여 모델의 반응을 관찰하여야 한다는 것인데, 본 방법론은 이를 미리 학습하도록 하여 inference time에 한 번의 feed- forward를 통해 마스크를 얻을 수 있어 interpretation을 얻는 시간을 매우 단축시킨다는 장점이 있다.

⑤ Counterfactual generation[21]

기존 연구가 입력 이미지에 perturbation을 가할 때 검정색이나 회색, 혹은 가우시안 분포로부터의 샘플링값 등으로 픽셀값을 대체하는데, 이것은 모델의 학습에 사용된 training data의 분포와는 다른 분포를 가질 수 있다는 문제가 있다. 다시 말해, 교란된 입력에 대한 모델의 반응이 실제로 입력의 중요한 부분이 교란되어서인지, 아니면 단순히 입력을 out-of-distribution으로 만들었기 때문인지 구분할 수 없어진다.

본 방법론은 이러한 out-of-distribution 문제를 해결하기 위해 마스크에 해당하는 부분은 이미지의 빈 부분을 채울 수 있도록 학습된 생성 모델인 in-filling GAN(Generative Adversarial Network)를 사용하여 채우고 이것이 prediction을 얼마나 저해하는지 측정한다. 또한 mask의 영역 역시 optimize하는 방식으로 동작하는데, 해당 최적화 과정에서 mask를 채우는 방식이 기존의 heuristic한 방식보다 발전된 측면을 보인다.

4. 해석/설명가능한 딥러닝모형 설계

첫 번째로 다룬 post-hoc explanation은 explanation을 생성하고 확인하는 과정에서 사람의 주관이 개입될 여지가 있다. 이미 학습이 완료된 모델을 해석할 때, 윤곽선이 강조되는 등의 사람이 생각하기에 더 명확한 explanation을 얻고자 post-processing을 첨가하는 문제가 있다. 이는 실제로 모델이 어떻게 동작하는지를 밝히고자 하는 설명가능 인공지능의 목적과 다소 거리가 있다. 따라서 최근에는 모델 그 자체로 해석이 가능하도록 모델을 설계하고자 하는 연구들이 이루어지고 있다. 이때, 모델의 해석가능성을 높이는 것이 기존 모델의 정확도를 훼손하지 않아야 한다는 제약조건이 있다.

이를 위한 두 가지 접근 방식이 있는데, 첫 번째는 기존 전통적인 해석가능한 기계학습 모델(e.g linear regression이나 tree 구조)의 성능을 현재 딥러닝 모델의 수준으로 높이고자 하는 시도이고, 두 번째는 좋은 성능을 보이는 DNN의 구조를 해석가능하도록 보완하려는 시도이다. 여기에서는 두 번째 시도를 자세히 다룬다.

(1) SENN(Self-Explaning Neural Network)[22]

선형 모델 $y = w_1x_1 + w_2x_2 + \ldots + w_nx_n$는 가중치 w_i를 x_i의 attribution score로 직접 사용할 수 있다는 점에서 interpretability가 높은 모델로 간주된다. SENN는 입력의 raw feature인 x 대신 중간층의 hidden representation $h(x)$의 선형 결합 형태를 이용하여 해석가능성을 도모한다.

논문에서 주장하는 Self-explaining neural network는 다음과 같은 조건을 만족하는 임의의 neural network f를 의미한다.

$f(x)=g(\theta_1(x)h_1(x),\ldots,\theta_k(x)h_k(x))$일 때,

조건 1: g는 단조함수이고 덧셈으로 분리가능하다.

조건 2: 모든 $z_i=\theta_i(x)h_i(x)$에 대해 $\frac{\partial g}{\partial z_i}\geq 0$을 만족해야 한다.

조건 3: θ는 h에 대해 국소적으로 차이가 작은 값을 출력해야 한다.

조건 4: $h(x)$는 x의 해석가능한 대푯값이어야 한다.

조건 5: k는 충분히 작아야 한다.

SENN은 크게 concept encoder, input-dependent relevance parametrizer, 그리고 aggregation function의 세 가지 component로 이루어져 있다. 위 식의 h,θ,g가 각 부분에 대응된다. 모델은 1차로 concept과 relevance라는 두 개의 output을 도출하고, 이 두 output의 선형결합 score로 최종 classification을 수행한다. 해당 concept이 충분히 interpretable하다면, relevance 자체를 concept의 중요도로 생각할 수 있기 때문에 모델 자체가 해석가능해진다.

SENN을 학습하는 손실함수는 두 가지의 합으로 정의된다. Concept encoder의 결과가 해석가능하도록 유도하는 reconstruction loss와 조건 3을 강제하기 위한 robustness loss이다. 각 loss 식은 다음과 같다.

$L_{robustness}=\|\nabla_x f(x)-\theta(x)^T J_x^h(x)\|$, 이때 J_x^h는 x에 대한 h의 Jacobian을 의미한다.

$L_{recon}=similarity(x,\hat{x})$, 이 때 $\hat{x}$는 x의 reconstruction을 의미한다.

방법론의 전체 개요는 그림 11과 같다.

[그림 11] SENN의 작동 방식[22]

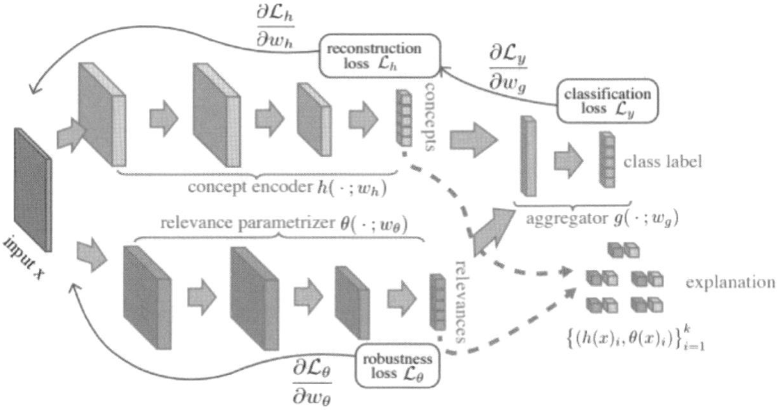

(2) Interpretable CNN[23]

Network dissection[33] 연구를 통해 하나의 유닛, 즉 convolution layer의 각 feature map이 특정한 콘셉트를 학습하게 된다는 것이 발견되었다. Interpretable CNN[23]은 이 사실을 활용해 해당 콘셉트를 더 잘 학습하도록 필터가 강제로 특정한 모양을 가지도록 하는 정보이론 기반 filter loss를 추가하여 모델을 학습시킴으로써 performance 손실을 줄이

[그림 12] Interpretable CNN의 작동 방식[23]

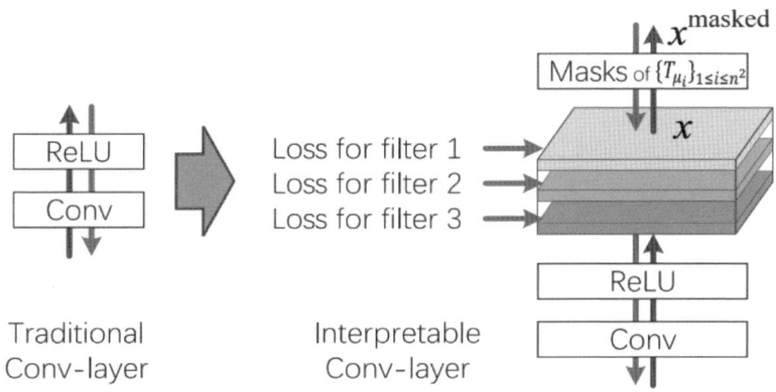

고 interpretability를 높인 CNN이다. 기존 모델을 활용한 backbone CNN의 상위 layer의 filter를 위와 같은 interpretable convolution filter로 대체하여 classification performance는 유지하면서도 interpretable한 CNN을 가능하게 하였다.

(3) Prototypical network[24, 46]

이미 학습이 완료된 모델에 대해 해석하는 것에서 나아가 애초에 해석가능한 모델을 설계하되, 성능 저하를 최소화하고자 하는 방법론이다. Prototype layer란, 사람이 어떤 그림을 보고 결정을 내릴 때 그림 안에 들어 있는 "프로토타입"의 조합을 이용한다는 아이디어를 DNN으로 확장시킨 것으로 간주할 수 있다.

기존 classification에서 사용했던 cross-entropy loss에 추가적으로 다음과 같은 두 개의 loss function term을 추가한다.

$$L_1 = \frac{1}{m}\sum_{i=1}^{m}\min_{j:p_j \in P_{y_i}}\min_{z \in patches(f(x_i))} \| z - p_j \|_2^2$$

$$L_2 = -\frac{1}{m}\sum_{i=1}^{m}\min_{j:p_j \notin P_{y_i}}\min_{z \in patches(f(x_i))} \| z - p_j \|_2^2$$

이때, p_j는 j번째 프로토타입을, x_i는 i번째 training data를, P_{y_i}는 x_i의 라벨인 y_i에 속하는 프로토타입의 집합을 나타낸다.

L_1은 프로토타입이 latent space에서 적어도 하나의 입력 이미지와 유사해야 하고, L_2는 입력 이미지의 class와 다른 class에 속하는 프로토타입과는 가깝지 않아야 한다는 것을 강제한다. 이때, 프로토타입은 무작위로 초기화된 이후에 모델의 학습 과정을 통해 최적화되는 값이다. 프로토타입은 육안으로 보았을 때 해석가능해야만 하므로, 학습이 모두 끝나

고 나면 training data 중에서 프로토타입과 가장 가까웠던 data point의 patch로 프로토타입을 대체한다. 전체 모델 흐름은 그림 13과 같다.

[그림 13] Prototype network 방법론 흐름[46]

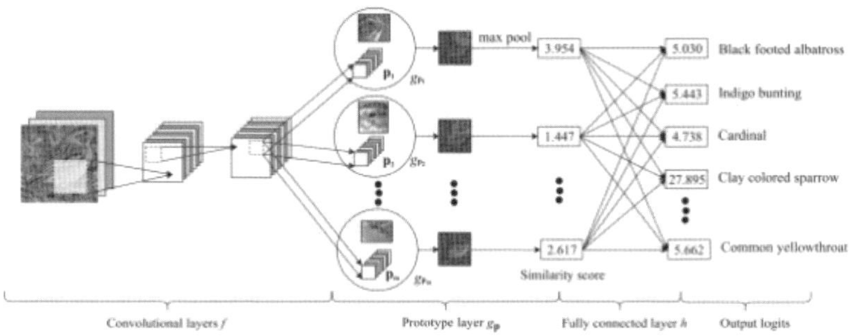

기존 cross-entropy만을 사용했던 네트워크에 위와 같은 loss function term을 추가하고 프로토타입을 배우는 구조로 변화시키면, 프로토타입의 activation 값을 통해 모델의 결정 과정을 해석하는 것이 가능해지며, 성능 역시 거의 저하되지 않는 것을 확인할 수 있다.

(4) Attention branch network[25]

Attention mechanism[47]이란 본래 자연어 처리의 신경망 번역에서 제안된 기법으로, 입력의 각 부분 중 특정 부분을 좀 더 집중해서 보는 기법을 의미한다. 본 논문은 이에서 착안하여, Attention Class Activation Map을 제안하고, 이를 일반적인 CNN의 feedback으로 주입하여 interpretability와 성능을 모두 높이고자 하였다. 기존 convolutional neural network의 특정 layer를 선택하여, 그 앞쪽은 특징 추출기로 사용한다. 특징 추출기의 출력인 hidden representation 중 어느 부분에 더 집중해야 하는지를 계산하는 attention branch를 통해 attention class activation map을 구하고, 이를 hidden representation에 곱한 후 남은 convolution layer를 통과시킴으로써 final prediction을 얻는다.

(5) BagNet[26]

Natural language processing, 즉 자연어 처리에서는 vocabulary라는 정의된 단어 집합이 있을 때, 입력으로 주어지는 문장에 vocabulary의 각 단어가 몇 번 나타나는지 count한 word count vector를 representation vector로 사용하는 bag-of-word라는 방법론이 널리 사용된다. 해당 방법론을 이미지로 확장한다면, vocabulary는 image의 어떠한 부분, 즉 patch들의 집합이 될 것이고, 입력 이미지에 특정 patch가 존재할 때 해당 차원의 값이 1이 되는 벡터가 representation vector로 사용될 것이다.

BagNet[26]은 ImageNet에서 좋은 성능을 보이고 있는 CNN을 Bag-of-feature 방식으로 근사하고자 한 방법론이다. 이미지의 각 patch마다 존재하는 모든 class에 대해 n차원의 벡터를 만들고(실험에서 n=2048 사용), 이를 하나의 점수로 압축하여 해당 class의 점수로 사용하는 방법을 활용한다. 자연어 처리에서 사용되던 Bag-of-words가 주어진 vocab의 단어들이 document에 몇 번 나타나는지를 count하여 분류기의 입력으로 사용하였다면, BagNet은 각 patch가 이미지를 해당 클래스로 분류하는 데 어떤 영향을 미쳤는지 알아보는 방식이다. 최종 classification 결과와 더불어 patch 각각의 중요도를 얻을 수 있다는 점에서 interpretable하다. 또한 입력 이미지의 윤곽선이나 실제 object에 집중하지 않고 입력의 질감, 즉 texture에 biased 되어 동작하던 ImageNet-trained classifier의 특성을[50] 좀 더 object에 집중하는 성질로 변화시켰다는 것 역시 본 방법론의 주목할 만한 점이다.

5. Vision 자료에서 딥러닝모형의 해석/설명 방법론의 비교

(1) Qualitative comparison

위에서 언급한 설명가능 방법론을 사용하면 x_i별 스코어(중요도)를 얻을 수 있다. 이를 원본 위에 겹쳐 heatmap을 만들 수 있고, 입력의 어느 부분이 가장 중요하게 작용하였는지를 인간의 직관에 가깝게 확인할 수 있다.

(2) Quantitative comparison(Perturbation measure[27])

위에서 언급한 설명가능 방법론을 사용하면 각 pixel의 중요도를 순서대로 알 수 있다. Pixel을 중요한 순서대로 지워 나가면서 단계별로 모형이 얼마나 무너지는지(i.e. 모형 정확도가 떨어지는지)를 수치로 확인해보고자 하는 방법이다. 오차는 아래와 같은 방법으로 준다.

$x_{(k+1)}^{perturb} = g(x_{(k)}^{perturb}, r_k)$ 이때, r_k은 k번째로 큰 스코어의 위치이고 g은 미리 사용자가 주는 함수이다. k번째 단계를 예를 들면, k번째로 큰 스코어를 갖는 pixel 주변 3X3 pixel에 Uniform(0,1)의 오차를 집어넣은 값이 $x_{(k+1)}^{perturb}$가 되는 것이다.

(3) Sanity Checks[28]

딥러닝모형에 대한 설명을 생성하더라도 그것의 quality를 계량화하기는 어렵다. 따라서 XAI 방법론이 틀린 설명을 생성해 내도 이를 구분하기 쉽지 않아 해당 방법론이 유효한지 여부를 알 수 없다. 따라서 유효한 XAI 방법론이라면 만족시킬 특성인 "Sanity Checks"를 만들고 이를 통과하지 못하는 XAI 방법론은 유효하지 않다고 결론내릴 수 있다.

우선, XAI 방법론은 특정한 딥러닝모형을 설명하는 것이므로 해당 모형이 달라진다면 설명 또한 달라져야 한다. 따라서 ① 딥러닝모형의

parameter를 random하게 초기화하거나, ② 훈련에 사용된 data의 label을 random하게 바꿔서 다시 훈련 등을 하면 바뀐 딥러닝모형에 대한 XAI 방법론의 설명이 유의미하게 달라져야 한다. 따라서 이 같은 2가지 모형의 설명이 기존 설명과 다른지 비교하여 sanity check을 수행한다. 이를 각각 ① parameter randomization test, ② label randomization test 라고 정의한다.

Guided Backpropagation[39], Guided backpropagation과 Grad-CAM[16]의 결합인 Guided Grad-CAM과 같은 전통적인 XAI 방법론은 Sanity Checks를 통과하지 못하는 것으로 알려져 있다.

(4) Adversarial attack for interpretation methods[29]

육안으로 식별이 불가능한 노이즈를 입력에 섞어 출력 결과를 다르게 하는 것이 기존의 adversarial attack이라면, 출력 결과까지 유지하면서 interpretation 결과만 다르게 하는 adversarial attack이 제안되었다. 제안된 XAI 방법론의 robustness를 평가하는 지표로 사용될 수 있다.

(5) Prediction을 n% 떨어뜨릴 때 필요한 픽셀 개수[21]

기존에는 중요도 순으로 픽셀을 지워 나가거나 채워 나가면서 출력 결과가 어떻게 변하는지를 관찰했다면, 최종 prediction 결과를 기존 prediction score의 n%로 만들려면 중요한 픽셀을 몇 개까지 지워야 하는지 개수를 측정하는 방식이다. 만약 지워야 하는 픽셀의 개수가 적다면, 더 적은 픽셀을 지워도 prediction이 빨리 n%로 떨어진다는 뜻이므로, interpretation 방법론이 더 중요한 픽셀을 더 잘 잡았다는 것을 의미한다. 픽셀을 하나씩 지워 나가는 방식보다 multivariate 문제를 더 잘 고려할 수 있다는 장점이 있다.

(6) ROAR[30]

믿을 수 있는 interpretation은 입력의 중요한 부분을 잘 포착할 것이라는 동기에서 시작된 XAI를 테스트하는 방식 중 하나로, 구체적인 알고리즘은 다음과 같다. m장의 training dataset에 대해 테스트하고자 하는 interpretation 방법을 통하여 attribution score을 얻고, 각 m장의 이미지의 score를 내림차순으로 정렬한다. 그 후, 상위 n%의 픽셀을 gray pixel로 채워 원래의 model을 처음부터 다시 학습한다. 이때, gray pixel로 채워지지 않은 본래의 test dataset을 사용해 재학습한 모델의 성능을 평가하고, 성능이 많이 떨어질수록 해당 interpretation 방법이 좋은 점수를 얻는다. 재학습한 모델의 성능이 떨어지지 않는다면, 이미지의 중요한 부분이 지워진 것이 아니므로 interpretation 방법이 찾은 top-n개의 pixel이 중요한 pixel이 아니었다는 결론을 얻을 수 있다. 실험 결과 단순한 gradient를 사용한 방식들보다 smooth된 결과를 사용한 SmoothGrad[12]가 좋은 점수를 얻는 것을 확인할 수 있다.

6. 그 외

(1) 설명을 함께 학습하는 딥러닝모형[31]

Classification을 할 때, 특정 class로 분류한 이유를 함께 생성하는 것이 목표인 모형이다.

- Description: input에 대한 설명(ex. 새 사진에 대한 묘사: 날개와 부리가 있는 생명체)
- Class definition: input의 class에 대한 정의(ex. 이 사진은 새다)
- Explanation: Class definition와 그 이유를 Description으로 표현(ex. 이 사진은 새다. 그 이유는 날개와 부리가 있는 생명체이기 때문이다)

Explanation 모형을 만들기 위해서 두 가지 모형을 사용한다. 첫 번째는 Classifier을 이용하여 class definition을 학습하고 classifier으로부터 나온 output을 RNN의 새로운 input으로 사용한다. 두 번째는 저자가 제안하는 sentence(description)을 학습하는 loss term과 Discriminative loss term(class definition), 즉 cross entropy loss를 도입하여 사진의 설명을 잘 하면서(description), 종의 설명을 잘 잡아낼 수 있도록(class definition) 한다.

(2) LRP을 RNN 구조에 적용[32]

Vision에서 사용하는 설명가능 방법인 LRP[9]의 성능이 좋아서 이를 sequence data(ex. Text)에 시도하는 방법론이다. Multiplicative interaction($z_j^t = z_s^t z_g^t$, 이때 z_s^t은 t−1 시점에서 전달받은 정보와 새롭게 input으로 들어오는 x_t정보의 합, z_g^t은 t시점에서 t+1시점으로 정보를 전달해 줄 때, 어느 정도로 정보를 전달하는지 조절해 주는 값)이 있는 many to one−RNN 모형(LSTM, GRU)에서 $R = f(x)$의 중요도를 z_s^t에 비례하게 배분하여 각 sequence data x_t에 스코어 R_t을 분배한다.

(3) Feature-based attribution

1) Network Dissection[33]

모델이 하나의 input에 대해 내린 결정의 이유를 해석하고자 하는 instance−based interpretation에서 나아가 모델 자체가 어떤 feature를 학습하였는지 dissect하는 방법론이다.

입력의 각 픽셀에 "콘셉트"에 대한 라벨이 부여된 BRODEN이라는 데이터셋을 새로 구축하고 이를 학습이 완료된 network에 feed forward 시켜 특정 layer의 activated feature map을 얻은 후, 입력의 크기와 같도록 upsampling하여 특정 threshold 이하의 값은 masking함으로써 얻은 $M_k(x)$와 입력의 픽셀마다 붙어 있는 콘셉트 라벨 $L_c(x)$를 통해 다음과 같은 식을 통해 얻은 IoU(Intersect of Union)로 네트워크가 해당 콘셉트를 얼마나 학습했는지 판단한다.

$$IoU = \frac{|M_k(x) \cap L_c(x)|}{|M_k(x) \cup L_c(x)|}$$

IoU가 클수록 네트워크가 해당 콘셉트를 많이 학습했다는 것을 알 수 있다.

위 과정의 이해를 돕기 위해 그림 14를 첨부한다.

[그림 14] Network dissection의 작동 방식[33]

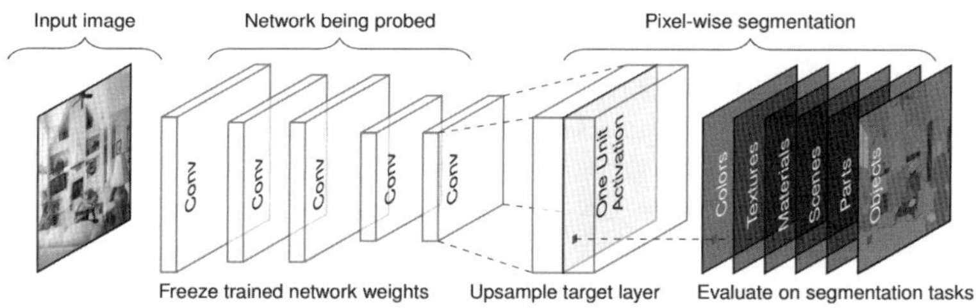

2) CAV(Concept activation vector)[34]

기존의 saliency map이 입력 픽셀이 출력에 미치는 영향을 미분값으로 나타냈다면, TCAV은 단순 픽셀이 아니라 중간층에 나타나는 feature, 즉 사람에게 친숙한 "concept"이 출력에 미치는 영향을 미분값으로 나타낸 방식이다. 사용자가 정의한 하나의 콘셉트에 대해 해당 콘셉트를 포함하는 dataset과 포함하지 않는 dataset을 준비하여 모델에게 입력하고, 각 dataset에 대응하는 hidden representation vector의 집합 두 개를 얻은 뒤 두 집합을 분류하는 선형 분류기를 학습한다. 이 선형 분류기의 법선 벡터를 해당 콘셉트에 대응하는 concept activation vector, 즉 CAV라고 정의하고, 최종 logit score를 이 벡터로 미분한 값을 "모델의 concept에 대한 sensitivity"라고 정의한다.

위의 과정을 구체화하기 위해, 만약 모델 f이 이미지 x_1을 "흑인"으로 판단하는 데 "곱슬머리"라는 특성이 얼마나 영향을 미쳤는지 알아본다. 이때 x_1을 포함하지 않는 곱슬머리 이미지 n장 D_{curl}과 곱슬머리가 없는 이미지 n장 $D_{\neg curl}$을 준비한다. $f(D_{curl})$과 $f(D_{\neg curl})$을 분류하는 선형 분류기 $y=\vec{h}x+b$를 학습했다면, 곱슬머리의 CAV는 $\vec{h}$가 되고, $f(x_1)$를 이 CAV로 미분한 것을 곱슬머리의 sensitivity로 간주한다. 이때, 모든 test image에 대해 얻은 CAV sensitivity의 평균값을 TCAV이라고 표현하고, 이를 input specific하지 않은 모델 자체의 콘셉트 민감도로 정의한다.

[그림 15] Concept activation vector의 작동 방식[34]

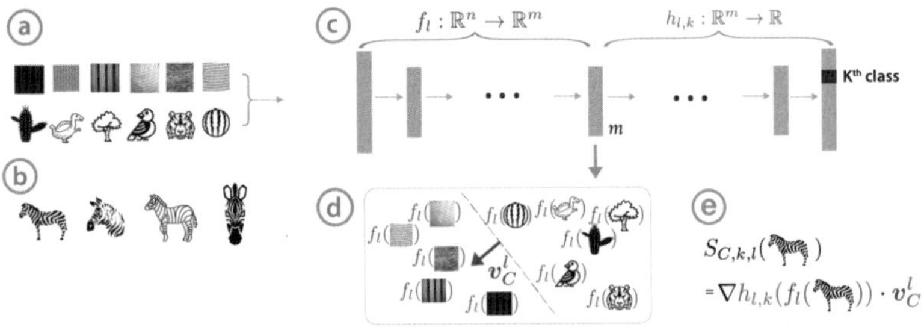

3) ACE(Automated Concept-based Explanation)[35]

위 TCAV에는 positive와 negative dataset을 사람이 구성해야 한다는 한계가 존재하였다. 따라서 dataset을 구성하는 과정을 자동화시켜 주는 Automatic Concept-based Explanation이 제안되었다. 테스트 이미지를 여러 가지 resolution으로 변환 후 semantic segmentation하고, segmentation의 결과로 나온 semantic patch들을 모델에 인가하여 hidden representation을 얻는 방식이다. Latent space상에서 사전 정의된 하이퍼 파라미터인 k개의 클러스터를 구하고 각 클러스터에 해당하는 semantic patch를 positive dataset으로 간주하여 이에 대해 TCAV 논문[34]과 같은 일을 반복한다. Semantic segmentation 방법은 여러 가지가 있을 수 있지만, 본문에서는 super-pixel 계열의 방법론을 선택하였고, clustering 방법으로는 k-means clustering을 사용하였다.

참고문헌

[1] R. Tibshirani. Regression shrinkage and selection via the lasso. Journal of the Royal Statistical Society: Series B (Methodological) 58.1 (1996). (pp. 267–288).

[2] H. Zou and T. Hastie. Regularization and variable selection via the elastic net. Journal of the royal statistical society: series B (statistical methodology)(2005).

[3] J. Fan, and L. Runze. Variable selection via nonconcave penalized likelihood and its oracle properties. Journal of the American statistical Association 96.456 (2001). (pp. 1348–1360).

[4] L. Breiman. Bagging predictors. Machine learning 24.2 (1996). (pp. 123–140).

[5] Y. Freund, and R. E. Schapire. A decision–theoretic generalization of on–line learning and an application to boosting. Journal of computer and system sciences 55.1 (1997). (pp. 119–139).

[6] T. K. Ho. Random decision forests. Proceedings of 3rd international conference on document analysis and recognition. Vol. 1. IEEE (1995).

[7] S. Hochreiter and S. Jürgen, Long short–term memory. *Neural computation* 9.8 (1997). (pp. 1735–1780).

[8] J. Chung, C. Gulcehre, K. Cho, and Y. Bengio. Empirical evaluation of gated recurrent neural networks on sequence modeling. *arXiv preprint arXiv:1412.3555* (2014).

[9] Bach, S., Binder, A., Montavon, G., Klauschen, F., Müller, K. R., & Samek, W. On pixel–wise explanations for non–linear classifier decisions by layer–wise relevance propagation. PloS one 10(7). (2015).

[10] Shrikumar, A., Greenside, P., & Kundaje, A. Learning important features through propagating activation differences. In Proceedings of the 34th International Conference on Machine Learning. Volume 70 (2017, August) (pp. 3145–3153). JMLR. org

[11] Sundararajan, M., Taly, A., & Yan, Q. Axiomatic attribution for deep networks. In Proceedings of the 34th International Conference on Machine Learning Volume 70 (2017, August). (pp. 3319–3328). JMLR. org

[12] Smilkov, D., Thorat, N., Kim, B., Viégas, F., & Wattenberg, M. Smoothgrad: removing noise by adding noise. arXiv preprint arXiv:1706.03825.(2017).

[13] Srinivas, S., & Fleuret, F. Full-gradient representation for neural network visualization. In Advances in Neural Information Processing Systems (2019). (pp. 4126–4135).

[14] Zeiler, M. D., & Fergus, R. Visualizing and understanding convolutional networks. In European conference on computer vision. Springer, Cham (2014, September). (pp. 818–833).

[15] Zhou, B., Khosla, A., Lapedriza, A., Oliva, A., & Torralba, A. Learning deep features for discriminative localization. In Proceedings of the IEEE conference on computer vision and pattern recognition (2016). (pp. 2921–2929).

[16] Selvaraju, R. R., Cogswell, M., Das, A., Vedantam, R., Parikh, D., & Batra, D.Grad-cam: Visual explanations from deep networks via gradient-based localization. In Proceedings of the IEEE international conference on computer vision (2017). (pp. 618–626).

[17] Chattopadhay, A., Sarkar, A., Howlader, P., & Balasubramanian, V. N. Grad-cam++: Generalized gradient-based visual explanations for deep convolutional networks. In 2018 IEEE Winter Conference on Applications of Computer Vision (WACV) (2018, March). (pp. 839–847). IEEE.

[18] Ribeiro, M. T., Singh, S., & Guestrin, C. "Why should i trust you?" Explaining the predictions of any classifier. In Proceedings of the 22nd ACM SIGKDD international conference on knowledge discovery and data mining. (2016, August). (pp. 1135–1144).

[19] Petsiuk, V., Das, A., & Saenko, K. Rise: Randomized input sampling for explanation of black-box models. arXiv preprint arXiv:1806.07421. (2018).

[20] Fong, R. C., & Vedaldi, A. Interpretable explanations of black boxes by meaningful perturbation. In Proceedings of the IEEE International Conference on Computer Vision (2017). (pp. 3429-3437).

[21] Chang, C. H., Creager, E., Goldenberg, A., & Duvenaud, D. Explaining image classifiers by counterfactual generation. arXiv preprint arXiv:1807.08024. (2018).

[22] Melis, D. A., & Jaakkola, T. Towards robust interpretability with self-explaining neural networks. In Advances in Neural Information Processing Systems (2018). (pp. 7775-7784).

[23] Zhang, Q., Nian Wu, Y., & Zhu, S. C. Interpretable convolutional neural networks. In Proceedings of the IEEE Conference on Computer Vision and Pattern Recognition (2018). (pp. 8827-8836).

[24] Li, O., Liu, H., Chen, C., & Rudin, C. Deep learning for case-based reasoning through prototypes: A neural network that explains its predictions. In Thirty-Second AAAI Conference on Artificial Intelligence. (2018, April).

[25] Fukui, H., Hirakawa, T., Yamashita, T., & Fujiyoshi, H. Attention branch network: Learning of attention mechanism for visual explanation. In Proceedings of the IEEE Conference on Computer Vision and Pattern Recognition (2019). (pp. 10705-10714).

[26] Brendel, W., & Bethge, M.Approximating cnns with bag-of-local-features models works surprisingly well on imagenet. arXiv preprint arXiv:1904.00760. (2019).

[27] Samek, W., Binder, A., Montavon, G., Lapuschkin, S., & Müller, K. R. Evaluating the visualization of what a deep neural network has learned. IEEE transactions on neural networks and learning systems, 28(11) (2016). (pp. 2660-2673).

[28] Adebayo, J., Gilmer, J., Muelly, M., Goodfellow, I., Hardt, M., & Kim, B. Sanity checks for saliency maps. In Advances in Neural Information Processing Systems (2018). (pp. 9505−9515).

[29] Ghorbani, A., Abid, A., & Zou, J. Interpretation of neural networks is fragile. In Proceedings of the AAAI Conference on Artificial Intelligence Vol. 33 (2019, July). (pp. 3681−3688).

[30] Hooker, S., Erhan, D., Kindermans, P. J., & Kim, B. A benchmark for interpretability methods in deep neural networks. In Advances in Neural Information Processing Systems (2019). (pp. 9734−9745).

[31] Hendricks, L. A., Akata, Z., Rohrbach, M., Donahue, J., Schiele, B., & Darrell, T. Generating visual explanations. In European Conference on Computer Vision. Springer, Cham (2016, October). (pp. 3−19).

[32] Arras, L., Montavon, G., Müller, K. R., & Samek, W. Explaining re−current neural network predictions in sentiment analysis. arXiv pre−print arXiv:1706.07206. (2017).

[33] Bau, D., Zhou, B., Khosla, A., Oliva, A., & Torralba, A. Network dis−section: Quantifying interpretability of deep visual representations. In Proceedings of the IEEE conference on computer vision and pattern recognition (2017). (pp. 6541−6549).

[34] Kim, B., Wattenberg, M., Gilmer, J., Cai, C., Wexler, J., Viegas, F., & Sayres, R. Interpretability beyond feature attribution: Quantitative testing with concept activation vectors (tcav). arXiv preprint arXiv:1711.11279. (2017).

[35] Ghorbani, A., Wexler, J., Zou, J. Y., & Kim, B. Towards automatic concept−based explanations. In Advances in Neural Information Processing Systems (2019). (pp. 9273−9282).

[36] 위키피디아. “Newton’s method”. https://en.wikipedia.org/wiki/Newton%27s_method.

[37] 위키피디아. “Iterative reweight least square”. https://en.wikipedia.org/wiki/Iteratively_reweighted_least_squares.

[38] Hastie, Trevor, Robert Tibshirani, and Jerome Friedman. The elements of statistical learning: data mining, inference, and prediction. Springer

Science & Business Media (2009).

[39] Springenberg, Jost Tobias, et al. Striving for simplicity: The all con-volutional net. arXiv preprint arXiv:1412.6806 (2014).

[40] Simonyan, Karen, Andrea Vedaldi, and Andrew Zisserman. Deep in-side convolutional networks: Visualising image classification models and saliency maps. arXiv preprint arXiv:1312.6034 (2013).

[41] LeCun, Yann, Corinna Cortes, and C. J. Burges. MNIST handwritten digit database. (2010): 18.

[42] Lundberg, Scott, and Su-In Lee. A unified approach to interpreting model predictions. arXiv preprint arXiv:1705.07874 (2017).

[43] Shapley, Lloyd S. A value for n-person games. Classics in game theory 69 (1997).

[44] Zintgraf, Luisa M., et al. Visualizing deep neural network decisions: Prediction difference analysis. arXiv preprint arXiv:1702.04595 (2017).

[45] https://www.oreilly.com/content/introduction-to-local-interpretable-model-agnostic-explanations-lime/

[46] Chen, Chaofan, et al. This Looks Like That: Deep Learning for Interpretable Image Recognition. Advances in Neural Information Processing Systems 32 (2019). (pp. 8930-8941).

[47] Bahdanau, Dzmitry, Kyung Hyun Cho, and Yoshua Bengio. Neural ma-chine translation by jointly learning to align and translate. 3rd International Conference on Learning Representations, ICLR 2015. (2015).

[48] Y. Kim. "On weak and strong oracle properties." https://www.birs.ca/, p.4, Dec. 14, 2011. [Online]. Available: https://www.birs.ca/work-shops/2011/11w5051/files/12_yongdai_kim_on_weak_and_strong_oracle_property.pdf

[49] J. Harbulot. "What is stochastic gradient descent(SGD)?." https://julienharbulot.com, Oct. 16, 2018, [Online] Available: https://ju-lienharbulot.com/stochastic-gradient-descent.html

[50] Geirhos, Robert, et al. ImageNet-trained CNNs are biased towards texture; increasing shape bias improves accuracy and robustness. arXiv preprint arXiv:1811.12231 (2018).

부 록

독일 신용데이터(German credit data) 소개

본론의 의사결정나무모형과 앙상블모형에 사용된 German credit data을 소개하고자 한다. 본 데이터는 사람들의 여러 속성들(성별, 나이, 직업상태 등)을 이용하여 신용도(Good, bad)를 분류하기 위해 활용될 수 있다.

신용상태 변수(Default)와 20개의 속성 변수를 가지고 있다. 20개의 속성 변수는 7개의 수치형 변수와 13개의 카테고리형 변수로 이루어져 있다.

총 관측치 수는 1,000개이고 이 중 300명이 bad, 700명이 good의 신용도를 가지고 있다.

속성변수의 자세한 내용은 아래에 정리해 두었다(http://archive.ics.uci.edu/ml/datasets/Statlog+(German+Credit+Data)).

Attribute 1: (qualitative)
Status of existing checking account
A11: ... <0 DM
A12: 0 < = ... <200 DM
A13: ... > = 200 DM / salary assignments for at least 1 year
A14: no checking account

Attribute 2: (numerical)
Duration in month

Attribute 3: (qualitative)
Credit history

A30: no credits taken/ all credits paid back duly
A31: all credits at this bank paid back duly
A32: existing credits paid back duly till now
A33: delay in paying off in the past
A34: critical account/ other credits existing (not at this bank)

Attribute 4: (qualitative)
Purpose
A40: car (new)
A41: car (used)
A42: furniture/equipment
A43: radio/television
A44: domestic appliances
A45: repairs
A46: education
A47: (vacation – does not exist?)
A48: retraining
A49: business
A410: others

Attribute 5: (numerical)
Credit amount

Attibute 6: (qualitative)
Savings account/bonds
A61: ... <100 DM
A62: 100 <= ... <500 DM
A63: 500 <= ... <1000 DM
A64: .. >= 1000 DM
A65: unknown/ no savings account

Attribute 7: (qualitative)
Present employment since
A71: unemployed
A72: ... <1 year
A73: 1 <= ... <4 years
A74: 4 <= ... <7 years
A75: .. >= 7 years

Attribute 8: (numerical)
Installment rate in percentage of disposable income

Attribute 9: (qualitative)
Personal status and sex
A91: male: divorced/separated
A92: female: divorced/separated/married
A93: male: single
A94: male: married/widowed
A95: female: single

Attribute 10: (qualitative)
Other debtors / guarantors
A101: none
A102: co-applicant
A103: guarantor

Attribute 11: (numerical)
Present residence since

Attribute 12: (qualitative)
Property
A121: real estate
A122: if not A121: building society savings agreement/ life insurance

A123: if not A121/A122: car or other, not in attribute 6
A124: unknown / no property

Attribute 13: (numerical)
Age in years

Attribute 14: (qualitative)
Other installment plans
A141: bank
A142: stores
A143: none

Attribute 15: (qualitative)
Housing
A151: rent
A152: own
A153: for free

Attribute 16: (numerical)
Number of existing credits at this bank

Attribute 17: (qualitative)
Job
A171: unemployed/ unskilled – non–resident
A172: unskilled – resident
A173: skilled employee / official
A174: management/ self–employed/
highly qualified employee/ officer

Attribute 18: (numerical)
Number of people being liable to provide maintenance for

Attribute 19: (qualitative)
Telephone
A191: none
A192: yes, registered under the customers name

Attribute 20: (qualitative)
foreign worker
A201: yes
A202: no

04

인공지능의 투명성과 설명가능성에 대한 법철학적 고찰

박도현(서울대학교 법학연구소 객원연구원, 법학박사)

Ⅰ. 논의의 출발점

Ⅱ. 인공지능의 투명성

Ⅲ. 인공지능의 설명가능성

Ⅳ. 맺음말

04

인공지능의 투명성과 설명가능성에 대한 법철학적 고찰*

박도현(서울대학교 법학연구소 객원연구원, 법학박사)

Ⅰ. 논의의 출발점

오늘날 의료, 금융, 교통과 같은 다양한 영역에서 인공지능을 이용한 의사결정이 널리 확산되고 있다. 알파고(AlphaGo)가 여실히 보여준 것처럼, 인공지능은 인간을 넘어서는 성과를 거두기도 하지만 인간과 마찬가지로 부정확한 의사결정에 따른 오류(error)를 저지르기도 한다. 바둑에서 발견된 오류는 어떻게 넘어갈 수 있을지 몰라도, 인간의 생명이 내걸린 자율주행 자동차·의료 인공지능 등에서 발견된 오류는 인공지능 기술에 대한 신뢰를 저해하여 산업 자체의 존폐를 위협할 요소가 될 여지가 있다. 한편, 인공지능이 동원된 채용 절차에서 특정한 성별이 적임자로 과소하게 선택되는 일처럼 인공지능 의사결정의 규범적 편향(bias)이 문제되는 사례가 발견되기도 한다. 이러한 현상에는 다양한 원인이 있을 수 있지만, 대표적으로 인공지능 학습에 활용되는 데이터가 현실에서 이루어진 차별을 그대로 반영하기 때문이라는 점이 지적되고는 한다. 사회적 규범성에 어긋나는 편향은 손실함수(loss function)를 통해 정량적으로 규정

* 이 글의 내용은 박도현, "인공지능과 해악—창발적 해악론을 중심으로—", 서울대학교 법학박사학위논문, 2021, 225—240쪽의 내용을 이 책의 취지에 맞추어 요약하고 수정한 것이다.

할 수 있는 오류에 비해 발견하고 교정하기가 훨씬 까다로운 편이다. 많은 논자들이 인공지능의 규범적 편향의 원인과 해소방안에 대한 논의를 거듭하고 있지만 아직까지 뚜렷한 해결책은 제시되지 못한 상황이다[1, 2].

인공지능이 인간보다 뛰어난 의사결정 결과를 도출하거나 인간이 생각지도 못한 형태의 오류나 편향을 유발하는 한 가지 이유는 서로의 정보처리 방식이 다르기 때문이다. 인공지능은 망각 없이 개별 정보를 기억하면서 단계별 추론 과정을 일일이 밟아 가는 알고리즘(algorithm)이라고 불리는 방식에 주로 의존하여 정보를 처리한다. 이러한 정보처리 방식은 변수가 늘어날수록 계산복잡도가 급증한다는 문제에 취약한 편인데 오늘날의 인공지능은 감정이나 규범과 같이 형식화하기 어려운 정보를 계산과정에서 배제하는 방법을 통해 문제를 우회하는 편이다. 따라서 알파고는 인간보다 바둑은 훨씬 잘 두지만 여타 영역에서는 인간과 비교도 할 수 없는 약인공지능(weak AI)에 불과하다고 여겨지는 것이다. 물론 강인공지능(strong AI)이라는 인간 수준의 인지능력을 보유한 인공지능이 개발되지 말라는 법도 없지만, 적어도 현재 시점에서는 쉽지 않은 일로 보인다.

반면 인간은 개별 정보를 추상화한 대체물(representation)을 기억하면서 유연하고 신속한 휴리스틱(heuristic)이라고 불리는 정보처리 방식을 선호하는 편이다[3]. 휴리스틱을 중시하는 인간 의사결정의 특성은 오류와 편향의 원인으로 작용하기도 하지만, 다종다양한 정보를 신속하게 처리하기 위한 진화적 결과물로 해석할 수도 있다. 그 결과 인공지능이 인간보다 뛰어난 기억능력과 연산능력을 가진다는 점은 인간보다 낮은 오류나 편향을 기대하는 요인이 되지만, 개인적·사회적 차원의 비정형적 정보를 정보처리 과정에서 누락한다는 측면은 인간보다 높은 오류나 편향을 유발하는 요인이 된다[4]. 인공지능이 인간보다 어떤 면에서는 우월하지만, 어떤 면에서는 정반대인 이유를 여기서 찾을 수 있다. 인간과 인공지능이 처리하는 정보의 의미를 일치시키려는 다양한 노력이 전개되고는 있지만, 근본적으로 정보처리 방식 자체가 완전히 같지 않은 상황에서 한계가 있는 것이 사실이다.

한편, 인공지능 의사결정의 확산은 오류와 편향이라는 결과적 차원의 문제뿐 아니라 인류가 의사결정 과정 자체에서 나름대로의 편익을 누려왔다는 사실과 마찰을 빚기도 한다. 인공지능 기술이 인간 의사결정 과정을 전반적으로 대체하는 경우는 물론이고 단지 일부의 과정에 개입하는 경우에도 '충분한 정보에 기초한 동의(informed consent)'라는 자율성의 이상이 훼손될 수 있다는 것이 대표적 사례이다. 맞춤형 광고처럼 인공지능이 실시간으로 개인정보를 취합하여 개인에게 영향력을 행사하면서도 그러한 사실 자체를 인간이 인지하기 힘든 상황은 이러한 문제가 가장 극단적으로 발현된 사례로 꼽힌다[5].

인공지능 의사결정이 유발하는 오류, 편향, 그리고 자율성의 저해라는 해악(harm)과 위험에 대처하기 위한 방안은 무엇일까? 다양한 방법론이 가능하겠지만 무엇보다도 인간과 전혀 다른 방식으로 정보를 처리하는 인공지능 의사결정에 대한 인류의 이해도를 증진해야 한다는 데 대한 광범위한 공감대가 형성되었다[6, 7]. 인간과 인공지능의 정보처리 방식이 다른 점이 해악과 위험을 초래하는 핵심적 이유라면 인공지능 의사결정 방식에 대한 인간의 이해도가 높아질수록 이러한 문제가 줄어들 것이라고 기대할 수 있기 때문이다. 이러한 이유로 오늘날 국제사회에서는 개별국가, 민간기업, 기술전문가 단체, 국가연합, 국제기구와 같은 다양한 주체의 주도로 가이드라인, 모범세칙 등의 다양한 형식으로 된 문건에 기초하여 윤리원칙과 거버넌스를 발표해 왔다. 인공지능 의사결정에 대한 투명성(transparency)은 이와 같은 문서가 일반적으로 공유하는 대표적 사항이다[8–10]. 나아가 2018년 5월 25일부터 시행되고 있는 유럽연합 개인정보보호규정(EU General Data Protection Regulation, GDPR) 전문

(recital) (39)는 개인정보 처리 과정에서의 투명성 원칙을 명문화하였고, 전문 (71)은 인공지능 맥락의 자동화된 처리와 관련하여 설명을 획득할 권리(right to obtain an explanation)라는 표현을 명시하였다[11]. 최근 개정된 국내 신용정보의 이용 및 보호에 관한 법률 제36조의2에서도 인공지능 의사결정 맥락을 전제한 자동화평가 결과에 대한 설명요구권을 규정하기도 하였다.

이처럼 인공지능 의사결정에 대한 투명성과 설명의 이슈는 국제사회에서 통용되는 윤리원칙은 물론 실정법에도 반영되어 오늘날 기술전문가 입장에서 외면할 수 없는 현실적 문제가 되었다. 그러나 막상 실무에 이러한 개념을 적용하려면 투명성과 설명이 무엇을 의미하고 어떻게 다른지에 대한 해명이 선결되어야만 한다. 그래야지만 투명성과 설명을 현실에서 구현하는 방법론이 무엇인지에 대한 논의가 비로소 유의미해질 수 있기 때문이다. 다시 말해, 설명가능 인공지능(eXplainable AI, 이하 'XAI')이라는 기술적 방법론과 규범적 논의는 완전히 분리하기 어려운 긴밀한 관계에 놓여 있는 셈이다[12, 13]. 이하에서는 이러한 문제의식에 기초하여, 인공지능 의사결정의 맥락에서 투명성과 설명(가능성) 개념의 의미를 규명해 보고자 한다.

Ⅱ. 인공지능의 투명성

1. 투명성이란 무엇인가?

인공지능의 투명성을 논의하기에 앞서 투명성 개념의 의미에 대해 간략히 살펴보도록 하자. 투명성(transparency)은 개인의 자율적 의사결정이 해악과 위험의 억제라는 책임성을 확보하도록 하는 일련의 과정에서 중요한 역할을 담당하는 개념이다. 일찍부터 자율성을 통한 자기통제와 책임성을 통한 사회통제가 가능하기 위해서는 행위주체에게 충분한 지식과 정보가 제공되어야 한다는 인식이 널리 공유되어 왔다. 오늘날 법체계 전반에 뿌리내린 '충분한 정보에 기초한 동의(informed consent)'라는 관념이 바로 그것이다. 반대로 행위주체의 의사결정이 충분한 정보에 기초하지 않을수록 그로 인한 효과를 당사자에게 귀속하는 데 대한 정당성도 약화되는 셈이다. 이에 따라 공적으로는 국민의 알 권리를 강화하고, 사적으로는 개인의 자율성을 극대화하도록 하는 매개개념으로 투명성이 부각된 것이다[14, 15].

사실 모든 행위주체가 의사결정에 필요한 모든 정보를 확보하고 있다면, 투명성이라는 개념이 없더라도 해악과 위험을 억제하는 데 큰 무리가 없을지도 모른다. 행위주체가 해악과 위험을 최소의 비용으로 회피할 수 있는 적임자라면 자율적으로 이를 규제하고, 그렇지 않다면 타인과의 시장거래를 통해 적임자가 담당하게 할 경우 개인의 사익은 물론이고 공익의 극대화를 달성할 수 있을 테니 말이다[16]. 그러나 현실에서 행위주체는 의사결정에 필요한 정보를 충분히 가지고 있지 못한 경우가 대부분이다. 정보의 공공재(public goods)적 성격에 의해 무임승차에 따른 과소생산의 위험이 있을 뿐만 아니라 사적·공적 행위주체 사이의 정보의 비대칭성(asymmetric information)이 개입될 여지도 있기 때문이다[17]. 물론 공적 주체에 대해서는 정보공개를 청구하여 이러한 비대칭성이 어느 정도 해소될 수 있지만, 공적 주체라고 해도 권력을 위임한 국민과 이해관계가 상충할 수 있다는 대리인 문제(agency problem)로부터 완전히 자유롭지는 않다. 더구나 사적 주체에 대해서는 정보공개를 요구하기 힘든 경우도 많다. 따라서 자율규제나 시장거래에만 의존해서는 충분한 정보에 기초한 동의라는 관념이 달성되기 어려워, 투명성 개념을 국제사회에서 통용되는 윤리원칙이나 법제도와 같은 구속력 있는 제도로 편입하여 이러한 상황을 극복할 필요가 있다는 생각에 이르게 된 것이다.

지금까지의 논의를 통해 투명성이 정보와 밀접한 관련을 맺고 개인이 충분한 정보에 기초한 동의에서 비롯된 의사결정을 할 수 있게 도움을 주는 개념이라고 어느 정도 파악할 수 있었을 것이다. 여기서 추가로 한 가지 강조할 사항은 투명성은 일정한 요건이 충족되는 경우 언제나 실현되는 규칙(rule)이 아니라, 구체적 사안에 따라 최적의 정도로 실현되는 원칙(principle)의 일종이라는 점이다. 영역에 따라서 원칙보다는 기준(standard)이라는 개념이 활용되는 경우도 있는데, 큰 틀에서는 다르지 않다. 0 아니면 1(all-or-nothing)의 극단적 방식으로 효력을 발생시키는 규칙과 달리, 원칙은 구체적 사안에 비추어 최적의 정도(degree)로 달성된다는 차이를 가진다[18]. 따라서 투명성의 달성 여부에 대해 이분법적·기술적으로 판단한다는 발상은 적절하지 않고, 아래와 같은 하위요소가 구체적 사안에서 얼마나 충족되었는지에 비추어 규범적 차원의 평가가 이루어져야 한다.

첫째, 의사결정의 존재와 내용을 외부에 투명하게 공개하고, 직접적 영향을 받는 대상을 과정에 참여할 수 있도록 하며, 의사를 표출할 수 있도록 하는 절차적 차원의 투명성이다. 절차적 차원의 투명성은 충분한 정보에 기초한 동의를 강화하여 공적 의사결정에서의 민주주의 원리와 사적 의사결정에서의 자율성을 온전히 실현하도록 하는 데 있어 필수불가결한 요소로 작용한다. 인공지능 맥락에서는 이해당사자에게 인공지능 의사결정의 존재를 알리는 일에서부터 활용한 데이터나 알고리즘의 변수·가중치와 같은 중요한 정보를 제공하는 일, 나아가 여기서 그치지 않고 인공지능 의사결정에 대한 동의나 반대와 같은 적극적 의견표명 기제를 마련하는 일 등이 여기에 포함된다. 또한 이와 같은 정보제공이 실질적으로 이루어질 수 있도록 외부적 개입을 배제하거나 역으로 적극적으로 개입하는 일처럼, 절차적 차원의 투명성을 향상하기 위한 다양한 수단을 생각해 볼 수 있겠다[19].

둘째, 그러나 현실에서는 반드시 절차가 결과를 담보하지 않기에, 절차적 차원에 더해 결과적 차원의 투명성에 대한 필요성이 요구된다. 이는 해악과 위험을 예방하도록 하는 규제의 부과와 이미 발생한 악결과의 원인을 분명히 가리고 합당한 수준의 책임을 귀속시키는 작업으로 대표된다. 물론 자율규제의 가능성도 생각해 볼 수는 있겠지만, 일반적으로는 제재(sanction)나 보상(reward)처럼 제도적 인센티브를 부과하는 강제규제가 투명성을 실현하는 작업의 대표적 사례로 여겨진다. 이처럼 투명성을 책임성의 일부로 바라보는 데는 절차적으로 투명하되 어떤 강제도 부과되지 않는다면 그러한 투명성은 현실적으로 유의미하지 못하다는 생각이 반영되어 있다[19]. 이와 같은 문제의식은 인공지능 맥락에서도 크게 다르지 않아, 오늘날 많은 인공지능 윤리 담론에서는 투명성은 책임성(accountability) 개념과 밀접한 연관을 갖는다고 바라보는 추세이다[8-10].

2. 인공지능 의사결정의 불투명성

앞선 논의를 통해 투명성이 무엇이고 왜 중요한지는 알 수 있게 되었지만, 이것이 인공지능 기술과 무슨 관계에 있는지는 아직 불분명하다. 인공지능 맥락에서 투명성이 문제되는 핵심적 원인은 오늘날 인간이 여러 가지 이유로 인공지능 의사결정을 파악하기 어렵다는 데 있다. 최근 논의에서는 이를 인공지능 의사결정의 '불투명성(opacity)'이라는 용어로 표현하고는 한다. 이하에서는 선행연구의 분류에 따라 인공지능 의사결정이 가지고 있는 세 가지 차원의 불투명성에 대해 소개하고자 한다[2].

첫째, 서두에서 언급한 것처럼 근본적으로 인간과 인공지능은 의사결정 방식에 차이를 가진다. 따라서 인간이 인공지능의 정보처리를 이해하는 데는 한계가 있게 마련이다. 물론 인공지능 알고리즘의 불투명성 정도가 동일하지는 않다. 한때 유행한 전문가 시스템(expert system)과 같은 규칙기반(rule-based) 방법론은 상대적으로 인간이 이해하기 쉬운 방식으로 여겨지는 것이 대표적 사례이다. 그러나 규칙의 숫자와 종류가 많아지면서 점차 인간이 이해할 수 있는 범위를 벗어나는데, 인간이 알고리즘에 기초하는 의사결정 방식에 취약하기 때문이다. 나아가 이와 같은 문제는 최근 유행하는 머신러닝(machine learning)과 딥러닝(deep learning)과 같은 학습기반(learning-based) 방법론에서 극대화된다. 결국 인공신경망 내에서 전기신호가 오고 가는 패턴이 인공지능 의사결정의 원천인데 이를 인간이 직관적으로 해석하는 일은 무척이나 어렵다. 인간의 눈에는 매개변수 가중치 값이 벡터나 행렬로 표현된 값만이 보이기 때문이다. 그나마도 인과관계가 아닌 상관관계에 불과할 뿐이고, 인공뉴런과 층이 표상(represent)하는 내용이 반드시 인간의 지식체계와 대응하리라는 보장도 없다. 정보량이 늘어나면서 이러한 문제는 기하급수적으로 가중되기까지 한다. 오늘날 머신러닝 내지 딥러닝 인공지능을 흔히 블랙박스(black-box)라고 일컫는 이유도 이와 관련된다. 물론 코드(code)를 살펴볼 수 있겠지만 많게는 수백만 줄에 달하는 코드를 일일이 해석하는 작업은 그것을 직접 작성한 프로그래머에게도 불가능한 일이다[20]. 기술에 익숙하지 않은 일반인, 특히 노인과 어린이와 같은 취약집단의 입장에서는 더더욱 그러하다.

둘째, 지금까지 언급한 사항을 '기술적 차원의 불투명성'이라고 명명한다면 인간이 인공지능 의사결정을 온전히 파악할 수 없게 하는 불투명성의 요인으로 다음과 같은 두 가지 측면이 추가로 언급된다. 하나는 '제도적 차원의 불투명성'이다. 헌법 제37조 제2항이 명시한 내용처럼, 투명성 역시 국가안전보장, 공공복리, 질서유지라는 공익적 이유로 제한될 수 있다는 데 대해 별다른 이견이 있기는 어렵다. 먼저 인공지능 의사결정은 국가안보나 기간산업에 막대한 영향을 끼칠 수 있다. 따라서 누군가 인공지능을 이용한 의사결정에 대한 투명성을 요구한다고 해도 상대방이 다양한 공익적 사유를 들어 그러한 주장을 무력화하는 일이 가능해진다. 많은 정보공개 법제에서 원칙적으로 정보를 공개하면서도 개인정보나 민감정보처럼 공개를 제한할 수 있는 특수한 정보의 유형을 열거하는 이유도 같은 맥락에서 이해된다. 이와 같은 논리는 공익상의 이유를 넘어 사적 필요로까지 확장된다. 예컨대 지식재산권 보호조항은 인공지능 알고리즘과 데이터의 투명성을 달성하기 어렵게 한다. 많은 문헌에서 인공지능 투명성을 알고리즘의 공개와 동일시하면서도 부작용을 강조하는 이유도 이와 관련된다[21, 22].

셋째, 다른 한 가지 이유로 '현실적 차원의 불투명성'을 제시할 수 있다. 인간은 일반적으로 의사결정 과정에서 '합리적' 수준의 투명성을 요구하지 '완전한' 투명성을 요구하지는 않는다. 인적, 물적 자원의 제약 때문이다. 일례로 알고리즘이 동적으로 업데이트될 경우 설명해야 할 대상이 기하급수적으로 늘어나므로, 많은 상황에서 전수조사 대신 표본을 대상으로 한 적정한 수준의 정보제공에 만족하고는 한다[23]. 이러한 공급자의 사정뿐만 아니라, 수요자가 어떠한 정도의 정보를 요구하는지도 중요한 변수이다. 이용자가 요구하지도 않는 과도한 투명성은 불필요하다. 의사결정의 정확성이나 제공되는 정보의 사회적 민감성과 같은 투명성 이외의 가치에 의해 투명성의 최적수준이 달라질 수도 있다. 이렇게 보게 되면 현실적 차원의 불투명성은 다분히 의도적 결과인 셈이다. 그러나 현실적 차원의 불투명성은 어디까지 투명성의 최적수준을 낮출 뿐, 이러한 이유로 완전한 불투명성이 정당화되지는 않는다. 제도적 차원의 불투명성과는 달리 현실적 불투명성은 공익보다는 사익과 관련성이 크다는 측면도 염두에 두어야 한다.

인공지능 의사결정의 세 가지 불투명성은 투명성이 추구하는 자율성과 책임성이라는 목표의 달성을 위태롭게 한다. 인공지능 의사결정의 구체적 양상을 예측하기 힘들어져 자율적 선택이 어려워지고, 초래된 해악과 위험의 원인을 규명하여 책임을 분배하고 결함을 보완하기도 요원해지기 때문이다. 규제당국 입장에서 위험요인을 관리하는 작업도 같은 이유로 난관에 봉착한다. 또한 국가를 넘어 민간영역 역시 인공지능 의사결정을 통해 불투명한 영향력을 행사할 수 있어 문제가 심화된다. 국가권력의 행사에 대하여는 비교적 법제도적 견제요소가 부과되기 용이한 편이지만, 민간영역에 대하여는 그렇지 않은 탓이다[24].

3. 인공지능 투명성의 한계

여기까지만 보면 인공지능의 투명성을 확대할수록 이로울 듯하지만, 반드시 그렇지는 않다. 첫째, 기술적 차원의 불투명성과 달리, 제도적 · 현실적 차원의 불투명성은 나름대로의 이유가 있기에 반드시 최소화해야 한다고 말하기는 어렵다. 인공지능 의사결정 맥락에서 투명성을 압도하는 공익과 사익이 존재하는 일이 비일비재하기 때문이다. 특히 인공지능 의사결정에 대한 투명성의 확대가 일반적으로 정확도의 감소를 동반하는 문제가 흔히 지적되고는 한데, 누구도 투명하기만 하고 정확도가 상당히 떨어지는 인공지능은 원하지 않을 것이다. 아무리 규범이라고 하더라도 불가능하거나 과도한 수준의 의무를 요구해서는 곤란하다. 투명성은 특정한 요건이 충족되면 항상 전체적으로 달성되어야 하는 규칙이 아닌, 제반 사안을 고려하여 가능한 정도로만 달성되면 족한 원칙이라는 사실을 잊지 말아야 한다.

둘째, 정보의 양(quantity)과 질(quality)은 투명성을 실질적으로 구현하는 과정에 있어 별개의 문제라는 사실에 유념해야 한다. 투명성이 궁극적으로 추구하는 자율성과 책임성의 향상에 별다른 도움이 되지 않는 다량의 정보제공을 면책의 빌미로 삼거나 심지어 과도한 정보제공을 통해 투명성을 도리어 저해하는 역설을 낳을 수도 있다. 따라서 결과적 차원의 투명성 개념이 암시하듯, 형식적 정보제공을 넘어 충분한 정보에 기초한 동의라는 목표를 실질적으로 실현할 만한 방안에 대해서도 심사숙고할 필요가 있겠다[25].

셋째, 투명성을 높이는 과정에서 발생할 수 있는 반대급부를 적절히 고려하여야 한다. 이해당사자의 조작(gaming)과 같은 다양한 기회주의적 행태(opportunistic behavior)에 노출되리라는 우려가 대표적이다. 예컨대, 포털사이트의 검색순위 알고리즘의 작동방식에 대한 정보를 너무 자세히 공개한다면 이를 악용하여 경제적 이익을 추구하는 일이 발생할 수 있다. 현대사회에서 정보란 곧 권력을 의미하기 때문이다. 이와 별개로 의도하지 않은 해악이 발생할 수도 있다. 최적의 정보공개 수준을 넘어서는 과도한 정보제공이 이루어지는 경우가 대표적 사례이다. 정보의 과다한 공개로 인해 소수자에 대한 차별이 늘어나거나 보험과 같이 구성원의 위험을 재분배하는 사회제도가 붕괴되는 상황을 떠올릴 수 있을 것이다[26]. 요컨대 인공지능 기술과 관련된 투명성을 확보하는 과정에서는 구체적 맥락에 비추어 이러한 일련의 한계와 조화를 이루는 방향으로 나아가야 한다.

Ⅲ. 인공지능의 설명가능성

1. 투명성과 설명가능성

그렇다면 투명성과 설명은 어떤 관계에 있을까? 양자를 크게 구분하지 않는 경향이 있지만, 엄밀히 말해 두 개념이 완전히 같지는 않다. 앞서 말한 것처럼 인공지능 의사결정의 투명성을 높이는 방안에는 의사결정의 존재나 내용을 당사자에게 알려주는 소극적인 것부터, 그러한 절차에 참여하거나 의사를 표명할 수 있도록 하는 적극적인 것까지 다양한 수단이 있다. 그러나 이러한 도구가 목표한 바를 달성함에 있어 언제나 유의미한 도구가 되지는 않는다. 기술적 · 제도적 · 현실적 차원의 불투명성을 고려할 때, 어떤 경우는 정보를 공개하는 것이 불필요하거나 심지어 역정보로 작용할 수 있기 때문이다. 따라서 투명성은 가능한 한 달성할수록 바람직하다는 원칙적 차원의 개념이다면, 설명은 구체적 사안에서 무엇을 규범적으로 요구해야 하는지에 대한 보다 실천적 차원의 개념이다. 대표적으로, 정보기술에 대한 지식이 부족한 인공지능 의사결정의 이해당사자에게 코드를 공개하는 일은 투명성을 높인 사례로는 볼 수 있겠지만 설명이 이루어진 사례로 보기는 어렵다.

사실 설명이 무엇인가라는 물음은 오래된 철학적 난제이다. 과거 아리스토텔레스(Aristotle) 시절에는 세상 모든 존재는 고유의 본성을 가진다고 생각하여 존재의 목적을 밝히는 목적론적 설명(teleological explanation)이 진정한 의미의 설명으로 여겨졌다. 그러나 과학혁명을 거치면서 목적론적 세계관에 대한 의문과 비판이 제기되었고 어떤 사건을 유발한 원인을 제시하는 인과적 설명(causal explanation)이 목적론적 설명의 자리를 대체하였다[27]. 인과적 설명의 핵심은 어떤 사건에 대한 반복되는 규칙을 파악해야 한다는 것이다. 따라서 인과적 설명의 관점에서 설명이란, 어떤 변수(variable)와 결과가 패턴을 보이는지, 해당 변수가 주요한 영향을 초래하는지, 상관관계(correlation)를 넘어선 인과관계(causation)를 맺는지와 같은 물음과 깊은 관련을 맺는다[21].

그러나 인공지능 맥락에서의 '설명'이란 이러한 과학적 설명(scientific explanation)을 넘어선 일상생활의 이해방식과 결부된다. 현실에서는 발생한 사건과 관련된 인과적 연결망을 과학적으로 밝혀낸다고 해도 설명이 되었다고는 말하지 않게 마련이다. 과학자들이 이러한 방식을 설명으로 여기는 이유는 전문가로서 가진 선지식에 의해 일상적으로 완전히 해명되지 않은 부분이 채워질 수 있기 때문이다. 현실에서는 이러한 경우가 매우 드물기에 의사결정 맥락에 대한 구체적 정보가 충분히 제공되어야 비로소 설명이라고 말할 수 있다. 그런데 앞에서 언급한 것처럼 인간과는 달리 인공지능의 정보처리 과정은 비정형적 정보를 누락하는 경향이 강하다. 인공지능이 인간 이해당사자에게 중대한 영향력을 끼칠 수 있을 만한 의사결정에 개입하는 일이 정당화되려면 누락된 정보를 보완하여 의사결정 과정 전반에 대한 충분한 이해에 도달하여야 한다[28].

2. 설명가능성의 평가기준

앞선 논의를 바탕으로 설명은 그것이 이루어지는 구체적 맥락과 분리하여 말하기 어려운 개념이라는 것을 알게 되었다. 그렇다면 어떤 설명이 어느 정도로 바람직한 것인지에 대한 평가기준이 필요하여, 이를 이하에서 살펴보고자 한다[29]. 먼저 일반적 차원에서, 인공지능 의사결정의 원인과 이유를 알 수 있을 만큼 관련성이 높은 양질의 정보가 제공되어야 할 것이다. 관련성이 낮은 정보라면 아무리 많이 제공되더라도 오히려 설명력만 저해할 우려가 있기 때문이다. 실제로 인지과학 연구에 의하면 상황과 무관한 정보가 추가될 때 단지 도움이 되지 않는 것을 넘어 종래에 취득한 유의미한 정보까지 희석되는 효과(dilution effect)가 목격된다고 한다[30]. 당연한 말이지만 제공되는 정보는 정확해야 할 것이고, 특정 부분에만 매몰된 정보는 인지적 효율을 낮추거나 상황을 오도할 수 있어 유의해야 한다.

구체적 차원에서는 인공지능 의사결정의 구체적 맥락을 고려하여 정보가 주어지는 상대방의 특성과 정보를 입수할 때 소요되는 비용 등을 적절히 조화하는 설명이 요청될 필요성이 있다. 예컨대 기술 전문가와 일반인에 대해 같은 방식으로 정보가 제공되거나, 소요되는 비용이 다른 경우에 같은 수준의 설명이 제공되어야 한다면 상식적으로 납득하기 어려울 것이다. 설명가능성은 바람직한 인공지능을 만들기 위한 잠정적 수단일 뿐, 이를 넘어설 만한 객관적이고 합리적 사유가 존재한다면 역설적이게도 단기적으로 다소 낮은 수준의 설명을 용인하는 편이 장기적으로 진정한 의미의 '설명'을 달성하는 길일 수 있다는 사실에 유념해야 한다.

3. 인공지능의 설명가능성

지금까지의 내용을 요약하자면 인공지능의 설명가능성은 서로 다른 인간과 인공지능의 의사결정 방식으로부터 요청되는 개념이다. 오늘날 인공지능 의사결정이 정보의 형식과 관련된 구문론(syntax)적 차원을 넘어, 실질적 내용에 관한 의미론(semantics)과 화용론(pragmatics)적 요소를 온전히 표현하지 못하는 문제를 드러내는 것이기도 하다. 앞서 본 채용 인공지능 사례를 생각해 보면, 불합격한 당사자에게 인공신경망 내부의 특성이나 행렬값과 같은 구문론적 차원의 정보가 제공된다고 하더라도 인공지능 기술에 대한 이해가 매우 뛰어난 일부를 제외한다면 이것만으로 설명이 되었다고 말할 사람은 극히 드물 것이다. 불합격자가 원하는 것은 이러한 구문론적 정보를 넘어 사회적 의미가 담긴 정보를 통해 자신이 왜 떨어졌는지에 대한 이유를 알고 싶은 것이기 때문이다. 예컨대, 두 번째 은닉층의 세 번째 노드의 매개변수값이 3.5라서 불합격했다는 말과 지원자의 학점이 합격자 평균보다 0.1점 부족해서 불합격했다는 말을 비교해 보면 양자의 차이를 여실히 알 수 있다.

다른 한편으로 인공지능과 인간 의사결정의 차이가 문제라면 의사결정의 한계조차 설명가능성 논의에 반영될 필요가 있는지에 대하여 논란이 제기될 수 있다. 일례로 인간의 인지편향을 배제하는 방안과 인간의 인지편향을 반영하는 방안 사이에서 무엇이 규범적으로 바람직한 '설명'이라고 보는지에 따라 XAI 기술의 방향이 전혀 달라질 것이다. 물론 이러한 문제에 대하여 미리 정해진 정답은 존재하지 않기에 오늘날에는 인지편향을 고려하되 구체적 맥락에 따른 평가가 필요하다는 정도의 공감대만이 형성된 상황이다. 이에 따라, XAI 연구를 진행할 때 특정한 결과와 관련된 다수의 원인을 대조적(contrastive)으로 비교하고, 선택적 편향이 개입될 수 있으며, 확률적 사고를 즐기지 않고, 대화나 상호작용과 같은 사회적 측면을 중시하는 인간의 정보처리 과정이 가진 특성을 반영하는 '설명'을 추구할 필요가 있다는 논의가 전개되는 상황이다[30].

특히 대조적 설명방식의 예로 최근 들어 '반사실적 설명(counterfactual explanation)'이라는 개념이 대두되고 있다. 마치 평행우주와 같이 현재의 상태와 유사하지만 다른 무수히 많은 가능세계(possible world)를 떠올릴 수 있는데 여기에는 보다 바람직한 결과를 산출하는 경우와 그렇지 않은 경우가 공존한다. 여기서 원하는 결과를 낳는 경우만을 추려내면 다시 무수히 많은 가능세계를 상정할 수 있고, 이 중에 최소의 노력이 요구되는 경우(the closest possible world)가 반사실적 설명이 주목하는 대상이다. 다시 말해 반사실적 설명은 연역추론처럼 어떤 원인(독립변수와 가중치)이 결과를 산출하였는지가 아니라, 그러한 결과가 어떤 원인(독립변수와 가중치)에 의해 최소의 노력으로 도출될 수 있는지를 알려주는 설명방식이다. 예컨대 인공지능이 특정 입사자를 채용하지 말라는 의사결정을 내린 경우, 구체적으로 어떤 변수(가령, 어학시험 점수)와 가중치가 적용되었는지 나아가 해당 변수의 입력을 어떻게 변화시켜야 원하는 결과를 달성할 수 있는지를 알려줘야 한다는 말이다. 이것은 인간이 연역추론보다 결과로부터 가설(원인)을 도출하는 가추법(abductive reasoning)을 즐겨 활용하는 사실과도 연관된다. 이를 통해 인공지능 의사결정의 상대방은 자신이 원하는 결과를 달성하려면 무엇을 노력해야 할지를 쉽사리 파악할 수 있다는 점에서 연역추론과 동떨어진 인간의 추론방식을 역으로 활용한 긍정적 사례로 평가할 만하다[31].

이외에 인간의 의사결정 방식에 관한 인지과학 지식의 축적으로 다음과 같은 요소가 설명가능성을 판정하는 데 고려될 사항으로 논의되어 왔다[30]. 첫째, 인간은 의도가 있는 행위와 그렇지 않은 행위를 구분하는 성향이 있다. 따라서 의도를 가지지 않는 외부 환경이 유발하거나 인간이 의도 없이 한 사건과, 인간이 의도를 갖고 한 사건에 대해 전자는 단지 원인이 무엇인지를 언급하면 되지만 후자는 구체적 이유까지 밝혀야지만 설명으로 받아들여질 수 있다.

둘째, 인간은 평상시와 부합하는 행위와 그렇지 않은 행위를 구분하기 마련이다. 이에 따라 규범, 상식, 관행과 배치되는 행위에 대하여는 심층적 이유를 동반하는 설명이 요구된다. 아마도 휴리스틱에 주로 의존하는 인간 의사결정의 특성을 고려할 때 상당량의 정보처리가 필요한 상황에서는 그것을 정당화하는 설명을 요구하는 것으로 보인다. 확률적 설명을 기피하고 유사한 사안에 쉽게 유추하는 설명방식도 같은 방식으로 이해되는데 이는 인지자원의 효율성을 높이는 동시에 정보의 누락을 유발하는 양면성을 갖는다.

셋째, 인간의 설명은 의사소통적 행위의 일종이다. 설명은 구체적 맥락에서 쌍방이 가진 공통의 지식(common knowledge)을 기초로 하고, 때로는 설명을 통해 상대방을 설득하거나 믿음을 교정하기도 한다. 물론 그 역도 얼마든지 성립한다. 이와 같이 설명은 일방적 통보가 아닌 의사소통 과정의 일종이기 때문에, 상대방이 가진 정보의 수준과 정보처리 능력에 대한 심성모델(mental model)을 어떻게 구성하는지에 따라 의사소통의 효과가 급격히 달라지게 마련이다.

이상적으로는 이와 같은 인간 인지과정의 특성을 적절히 반영한 XAI 기술이어야 진정한 의미의 '설명'을 달성할 수 있을 것이다. 그러나 오늘날 인공지능 기술은 아직 이와 같은 의미론이나 화용론적 요소를 정보처리 과정에 적절히 반영하는 수준에 이르지 못하고 있다. 물론 그렇다고 현재의 XAI 기술이 전혀 무용지물이라는 말은 아니다. 생명, 신체, 재산처럼 인간에게 소중한 가치가 직결된 의사결정 맥락에서는 인공지능 의사결정의 한계에 보다 가중치를 두고, 그렇지 않은 맥락에서는 오히려 설명에 대한 과도한 요구를 억제하는 편이 현실적으로 적절한 대안이지 않을까 싶다. 장기적으로 인간의 인지과정에 대한 이해와 이를 XAI로 통합할 수 있는 방법론에 대한 연구가 꾸준히 이루어져야 한다는 것은 물론이다.

Ⅳ. 맺음말

지금까지 인공지능의 투명성과 설명가능성 개념의 의미, 이들 개념의 차이점, 의의 등에 대해 살펴보았다. 분명한 사실은 앞으로 인공지능 의사결정이 활용되는 빈도가 점차 늘어나면서 인공지능의 설명가능성에 대한 요구도 급증할 것이라는 점이다. 과거의 인공지능 연구와 XAI 연구가 크게 다른 점 하나는 기술 자체의 성능을 극대화하는 데 주력하는 것이 목적인 전자와 달리 후자는 설명이란 무엇인가와 관련된 인간에 대한 탐구가 선행되어야 올바른 방향성을 가질 수 있다는 것이다. 과학적 설명으로서는 타당할지 몰라도, 인간적 설명으로는 가치가 별로 없는 XAI 기술은 사회적 수용성을 가질 수 없기 때문이다. 보다 자세한 XAI 논의를 진행하기에 앞서 이 글이 기술과 규범의 밀접한 연관성에 대한 독자들의 문제의식을 환기하는 데 조금이나마 도움이 되었으면 한다.

참고문헌

[1] Barocas, Solon, and Andrew D. Selbst. "Big data's disparate impact." Calif. L. Rev. 104 (2016): 671-732.

[2] 고학수, 정해빈, and 박도현. "인공지능과 차별." 저스티스 171 (2019): 199-277.

[3] Kahneman, Daniel. *Thinking, fast and slow*. Macmillan, 2011.

[4] Selbst, Andrew D., et al. "Fairness and abstraction in sociotechnical systems." Proceedings of the Conference on Fairness, Accountability, and Transparency. (2019): 59-68.

[5] Yeung, Karen. "'Hypernudge': Big Data as a mode of regulation by design." Information, Communication & Society 20.1 (2017): 118-136.

[6] Pasquale, Frank. *The black box society*. Harvard University Press, 2015.

[7] O'neil, Cathy. *Weapons of math destruction: How big data increases inequality and threatens democracy*. Broadway Books. 2016.

[8] HLEG, AI. "High-Level Expert Group on Artificial Intelligence: Ethics Guidelines for Trustworthy AI." European Commission, 09.04 (2019).

[9] 정보문화포럼, 한국정보화진흥원. "지능정보사회 윤리 가이드라인." (2018).

[10] OECD. "Recommendation of the council on artificial intelligence." (2019).

[11] Regulation (EU) 2016/679 of the European Parliament and of the Council of 27 April 2016 on the protection of natural persons with re-gard to the processing of personal data and on the free movement of such data, and repealing Directive 95/46/EC (General Data Protection Regulation).

[12] Mittelstadt, Brent Daniel, et al. "The ethics of algorithms: Mapping the debate." Big Data & Society 3.2 (2016): 1-21.

[13] Burrell, Jenna. "How the machine 'thinks': Understanding opacity in machine learning algorithms." Big Data & Society 3.1 (2016): 1-12.

[14] Koene, Ansgar, et al. *A governance framework for algorithmic ac－countability and transparency*. 2019.

[15] Ananny, Mike, and Kate Crawford. "Seeing without knowing: Limitations of the transparency ideal and its application to algorithmic accountability." new media & society 20.3 (2018): 973－989.

[16] Coase, R. H. "The Problem of Social Cost." Journal of Law and Economics 3 (1960): 1－44.

[17] Akerlof, George A. "The Market for" Lemons: "Quality Uncertainty and the Market Mechanism." The Quarterly Journal of Economics 84.3 (1970): 488－500.

[18] 이상영, 김도균. 법철학(개정판). 한국방송통신대학교, 2011.

[19] 김일환. "투명성 보고서 공개의 의미 －헌법상 투명성 원칙의 관점에서－." 2015 NAVER Privacy White Paper (2015): 1－74.

[20] Selbst, Andrew D., and Solon Barocas. "The intuitive appeal of ex－plainable machines." Fordham L. Rev. 87 (2018): 1085－1139.

[21] Doshi－Velez, Finale, et al. "Accountability of AI under the law: The role of explanation." arXiv preprint arXiv: 1711.01134 (2017).

[22] Caplan, Robyn, et al. "Algorithmic accountability: A primer." Data & Society 18 (2018).

[23] Desai, Deven R., and Joshua A. Kroll. "Trust but verify: A guide to al－gorithms and the law." Harv. JL & Tech. 31.1 (2017): 1－64.

[24] Diakopoulos, Nicholas. "Accountability in algorithmic decision making." Communications of the ACM 59.2 (2016): 56－62.

[25] Fox, Jonathan. "The uncertain relationship between transparency and accountability." Development in practice 17.4－5 (2007): 663－671.

[26] 고학수, 박도현, 정해빈. "인공지능과 고용차별의 법경제학: 블라인드 채용과 베일의 역설을 중심으로." 법경제학연구 16.1 (2019): 39－70.

[27] 조인래. "인지과학의 방법 －기능적 분석－." 철학사상 12 (2001): 179－219.

[28] Mittelstadt, Brent, Chris Russell, and Sandra Wachter. "Explaining ex－planations in AI." Proceedings of the conference on fairness, ac－countability, and transparency. (2019): 279－288.

[29] Castelluccia, Claude, and Daniel Le Métayer. *Understanding algorithmic decision-making: Opportunities and challenges. European Parliament*. 2019.

[30] Miller, Tim. "Explanation in artificial intelligence: Insights from the social sciences." Artificial Intelligence 267 (2019): 1-38.

[31] Wachter, Sandra, Brent Mittelstadt, and Chris Russell. "Counterfactual explanations without opening the black box: Automated decisions and the GDPR." Harv. JL & Tech. 31.2 (2018): 841-887.

05

법적 관점에서 바라본 설명가능성: GDPR의 정보제공의무를 중심으로

이선구(연세대학교 언더우드국제대학 교수)

05

법적 관점에서 바라본 설명가능성: GDPR의 정보제공의무를 중심으로

이선구(연세대학교 언더우드국제대학 교수)

Ⅰ. 서론

미래를 그린 소설이나 SF 영화에나 등장하던 인공지능이 최근 우리 사회에서 점차 비중 있게 활용되고 있다. 은행들은 인공지능을 사용하여 대출 여부와 규모를 결정하고 있고, 신용등급도 인공지능을 사용하여 계산하고 있다. 또한 구글 뉴스와 같은 디지털 뉴스 웹사이트들은 인공지능을 뉴스 소비자의 과거 행태나 성향 등을 분석하는 데에 활용하여 소비자별로 맞춤형 뉴스를 제공하고 있다. 의료영역에서도 인공지능이 의사를 대체하는 혁신적인 변화가 곧 생길 것으로 예상된다. 인공지능을 활용한 의료기기인 IBM 왓슨이 2016년 국내에 도입되었는데, IBM 왓슨은 의사가 자신의 제한된 경험과 정보에만 의존하는 한계를 뛰어넘어 환자의 건강 상태, 가족력, 유전정보 등의 정보를 수십만 명의 다른 환자에 대한 임상 치료 결과와 비교 및 대조하여 환자에게 가장 적합한 치료 방법을 추천한다. 인공지능 기술이 발달하면, 인공지능이 면접관을 대신하여 채용 면접 등을 실시하고, 법관을 대신하여 판결을 내리며, 출입국 담당 공무원을 대신하여 외국인의 출입국 허가 여부를 결정하는 등 점차 사회적으로 중요한 기능을 수행해 나갈 것으로 기대된다.

인공지능이 중요한 역할을 맡을 것으로 기대할 수 있는 까닭은 인공지능이 방대한 양의 정보를 토대로 학습을 하면, 상당히 높은 정확도를 유지하면서도 신속하게 결정을 내릴 수 있다는 데에 있다. 인공지능은 단순하고 반복적인 작업을 필요로 하는 분야에서 값비싼 인력을 대체하고, 인력 투입에 따른 각종 사고 발생의 위험을 낮추는 효율적인 대안인 것이다. 이미 딥러닝 등 알고리즘이 지속적으로 발달하면서 인간의 정확도를 능가하는 인공지능의 사용이 확대되고 있다.

인공지능이 개인의 생활에 미치는 영향이 커지면서 인공지능이 내리는 판단이 정확하고 공정한 판단인지에 관한 궁금증과 우려도 커지고 있다[1]. 특정인의 신용대출을 거절하거나 비자 발급을 거부하는 것이 그에 대한 적정한 평가를 토대로 내려진 결정일까? 도대체 인공지능은 어떤 방법으로 평가를 하고, 어떤 기준에 따라 결정을 하는 것일까? 학력, 재력, 인종 등과 같은 요소들을 합리적인 근거 없이 차별적으로, 혹은 편견에 따라 평가에 반영하지는 않았을까? 인공지능은 실수를 전혀 하지 않을까? 인공지능이 내린 결정이더라도 오류로부터 언제나 자유롭지만은 않을텐데, 특정한 결정에 아무런 오류가 없다는 것을 어떻게 신뢰할 수 있는가?

이러한 사회적 의구심을 나타내는 대표적인 예로 독일의 오픈슈파(OpenSchufa)의 사례를 꼽을 수 있다. 슈파(Schufa)는 1927년 독일에서 설립된 신용평가회사로 인공지능을 사용하여 9,500개의 기업과 210만 명의 신용을 평가하였다. 그런데 그 오랜 역사와 명성에도 불구하고 슈파가 인공지능을 사용하여 신용등급을 평가하는 과정이 투명하지 않고 공정하지도 않다는 우려가 제기되었다. 개개인은 인공지능이 계산 과정에서 실수를 저지른다고 하더라도 그 사정을 알 수 없고, 편향된 결정을 하더라도 신용등급이 그로 인하여 낮게 평가되었음을 알기 어렵다는 것이다[2]. 이러한 의구심에 기초하여 4,000명이 넘는 시민들이 자신의 신용등급 평가에 필요한 자료를 오픈슈파에 제공하여 과연 슈파의 점수가 타당한지를 검증하여 보았다. 신용등급 평가의 기초가 되는 정보가 대개 민감한 정보라는 점을 고려하면, 오픈슈파에 자발적으로 정보를 제공한 시민들이 수천 명에 달한다는 사실은 사회 저변에 자리잡고 있는 인공지능에 대한 불안과 의구심을 반영한 것이라고 볼 수 있다.

인공지능이 인간을 대신하여 수많은 결정을 내리고 개개인의 생활에 영향을 끼치게 된 만큼 그 결정의 공정성과 투명성을 담보할 수 없다면, 인공지능의 활용에 따른 효율성 제고를 상쇄할 만한 사회적 불신이 생길 것이다. 따라서 인공지능 기술이 발달하고 사회에서 널리 활용되는 것과 발맞추어 인공지능의 공정성과 투명성을 확보하기 위한 제도적 장치를 마련하는 일은 중요하다.

그렇다면 법은 인공지능의 공정성과 정확성을 담보하기 위하여 어떤 장치를 마련하여야 할까? 유럽의 정보보호법을 모델로 한 한국의 개인정보 보호법은 인공지능에 사용되는 정보보호를 주로 규율할 뿐이고, 인공지능을 정면으로 규율하고 있지는 않다. 한편, 최근 유럽연합(EU)이 제정하여 발효한 정보보호일반규정(General Data Protection Regulation, 이하 'GDPR')은 인공지능에 적용될 만한 규정들을 두고 있다. GDPR은 인공지능의 공정성과 투명성을 확보하기 위한 법적 장치로 컨트롤러(controller)에게 '정보제공의무'를 부과하고 있다. 즉, GDPR은 컨트롤러로 하여금 정보주체들(data subjects)에게 일정한 정보(information)를 제공하도록 의무화하여 공정성과 투명성을 확보하고자 한다. 정보주체는 이처럼 제공받은 정보에 기반하여 인공지능이 내린 결정이 공정하고 정확한지 여부를 확인하고 이에 대하여 이의를 제기할 수 있는 기회를 가진다[1].

그렇다면 컨트롤러가 정보주체에게 제공하는 정보는 얼마나 가치 있는 정보인가? 정보주체는 그 정보들에 기초하여 인공지능의 결정을 잘 이해하고, 불공정한 방법으로 자신의 이익에 반하는 결정이 내려졌다고 판단할 수 있을까? 아직 GDPR이 시행된 지 얼마 되지 않아 유럽에서도

GDPR을 적용한 판례가 나오진 않았다. 그러나 유럽의 학계에서는 GDPR이 규정한 정보제공의무만으로는 인공지능의 의사결정 과정에서 공정성과 투명성을 확보하기 어렵다는 견해가 지배적이다. 그 이유는 무엇일까? 위 견해가 타당하다면, 어떠한 추가적인 법적 보완책을 둘 수 있을까?

이 장에서는 인공지능의 설명가능성의 관점에서 GDPR이 규정하고 있는 정보제공의무의 한계를 보고, 인공지능이 내린 결정의 공정성과 투명성을 확보하기 위한 다른 제도들을 검토한다. 이를 통해 향후 국내에서 인공지능의 공정성 및 투명성을 확보하기 위한 법제를 마련할 때 중요한 시사점을 찾아낼 수 있을 것이다.

Ⅱ. GDPR의 정보제공의무

1. GDPR이란?[1)]

GDPR은 정보보호지침(Data Protection Directive, 이하 'DPD')을 대체할 목적으로 2018년 5월에 발효한 유럽연합의 개인정보보호법령이다. DPD는 일반적 정보사용에 관한 법적 규제를 담고 있었는데, GDPR은 여기에서 한걸음 더 나아가 프로파일링을 포함한 모든 자동화된 의사결정에 대한 규제까지 포함한다.

GDPR은 방대한 전문(Recital)과 99개 조항의 본문으로 구성되어 있다. 회원국의 수용 입법을 통해서만 유럽연합 회원국 내에서 법적 효력을 가지던 DPD와 달리 GDPR 본문은 회원국 내에서 자동적으로 법적 구속력을 가진다[4, 5]. 전문은 형식적으로 법적 효력을 가지지 못하는데, 회

1) 이 부분의 논의는 인공지능 윤리와 거버넌스 Ⅲ. 중 이선구, "알고리즘의 투명성과 설명가능성: GDPR을 중심으로", 177－199면의 내용을 참조하여 작성하였다.

원국들 간의 협상 과정에서 본문에서는 배제하기로 한 사항들을 전문에서 다루고 있다는 평가를 받기도 한다[1, 5]. 문제는 전문이 본문이 미처 다루지 않은 사항을 규율하기도 하고, 본문이 이미 개괄적으로 다룬 사항을 구체화하기도 한다는 것이다. 그렇다면 본문이 명확하게 의무로 정하지 않은 사항을 의무로 정한 전문은 어떤 효력이 있다고 보아야 할까? 유럽사법재판소는 Case 215/88 Casa Fleischhandels[1989] European Court of Justice ECR 2789[31] 판결에서 전문이 '그 자체로 규칙이 되진 못하지만 법적 규칙을 해석하는 데에 실마리를 제공한다'고 판결하였다. 따라서 GDPR 본문의 내용이 모호할 경우에는 전문이 GDPR을 해석하는 데에 단서를 제시할 수 있다. 결과적으로, 전문이 법적 구속력이 있는 본문과 비슷한 효력을 가진다고 볼 수도 있다는 해석이 다수이다[5－7].

제29조 실무그룹(Article 29 Working party, 이하 'Art. 29 WP')이 발표한 지침들(guidelines)도 비록 형식적으로 법적 효력은 없으나 GDPR을 해석하고 적용하는 데에 의미 있는 문헌들이다[8]. 유럽데이터보호이사회의 전신인 Art. 29 WP는 데이터 보호 및 정보 보안에 관한 유럽위원회의 최고위 자문 기관으로, 유럽연합의 모든 정보 보호 기관들을 관장하는 중앙 기관이었다. Art. 29 WP는 회원국들의 데이터를 다루는 기관들을 감독할 권한을 가졌기 때문에 GDPR의 수범자들은 Art. 29 WP의 지침들을 참조하여 GDPR의 집행 방향을 예측하고, 그에 따라 행동할 가능성이 컸다[5, 9]. 결과적으로 지침들은 어느 정도 법의 내용을 구체화하는 효력을 가질 수 있다.

전문과 지침이 법적으로 어떠한 의미를 가지는지가 주된 논점으로 두드러졌던 것은 인공지능이 내린 결정에 대한 '설명을 요구할 권리(right to explanation)'의 맥락에서이다. GDPR의 전문 71은 "프로파일링 등 그러한 처리에 근거한 의사결정은 ... 그러한 처리는 정보주체에게 제공되는 특정 정보, 인적개입을 획득할 권리, 견해를 표명할 권리, **상기 평가 후 내**

려진 결정에 대한 정보를 얻을 권리, 해당 결정에 이의할 권리 등 적절한 안전장치를 적용받아야 한다"고 하여 정보주체에게 '결정에 관한 설명을 얻을 권리'를 인정한다. 또한 '규정 2016/679의 목적상의 자동화된 개인 의사결정 및 프로파일링에 대한 지침(이하, '자동화된 의사결정 지침')'[2]은 이러한 전문의 '설명을 요구할 권리(right to explanation)'를 다섯 번이나 인용하여 정보주체가 설명을 요구할 권리가 있다고 인정하고 설명의 내용을 구체적으로 열거한다[10]. 하지만 본문은 정보주체가 위와 같은 권리를 가진다고 규정하지 않고, 정보처리자의 일정한 정보제공의무를 규정하는 데에 그치고 있다(후술하는 GDPR 제13, 14, 15조의 내용 참조). 이러한 배경에서 정보주체가 전문과 자동화된 의사결정 지침에 근거하여 설명을 요구할 권리를 가지는지가 다투어졌다.

법이 정보주체에게 설명을 요구할 권리를 부여하고 있다고 보는 입장에서는 전문과 지침의 내용에 근거하여 GDPR을 해석하곤 한다. 전문 혹은 지침이 정하는 설명을 요구할 권리에 법적 효력을 인정하는 것이다. 이 입장에서는 위에서 살펴본 유럽사법재판소의 판결을 주장의 근거로 삼는다[4, 6, 9]. 반면, GDPR이 설명을 요구할 권리를 인정하지 않는다고 보는 견해는, 본문 제22조가 설명을 요구할 권리를 명시하고 있지 아니한 까닭은 설명을 요구할 권리를 법적으로 보장하지 않으려는 입법자의 '의도' 때문이라고 파악한다. 이들은 GDPR의 입법 과정에서 설명을 요구할 권리를 본문에서 규정할 것인지를 둘러싸고 벌어진 논의들을 고려하면, 전문에서 위 권리를 규정하는 데에 그치고 본문에서 이를 다루지 않는 것은 입법자의 의사를 반영한 것이라고 주장한다[7].

전문과 자동화된 의사결정 지침을 바탕으로 설명을 요구할 권리를 인정할 것인지, 본문의 내용만을 바탕으로 정보를 제공할 의무를 인정하는

2) 번역본은 다음 링크에서 찾을 수 있다. https://gdpr.kisa.or.kr/cmm/fms/FileDown.do?atchFileId=FILE_000000000001611&fileSn=0.

데에 그칠지에 관한 논의는 아직 종결되지 않았다. 하지만 이러한 논의의 흐름 속에서 GDPR 본문, 전문, 지침의 관계 및 법적 효력 등을 살펴볼 수 있다. 이 논의는 점차 법집행 사례가 누적되고 판례가 축적되면서 가닥이 잡힐 것으로 기대된다.

2. GDPR의 공정성 및 투명성 관련 규정들[3)]

GDPR 전문 60은 '공정하고 투명한 정보처리(fair and transparent processing)의 원칙'을 선언하고 이 원칙을 여러 차례 언급하면서 이 원칙이 추구하는 목적을 달성하기 위하여 정보주체에게 충분한 정보가 제공되어야 함을 강조한다:

> **공정하고 투명한 처리의 원칙에 따라 정보주체는 처리 작업의 존재 및 그 존재에 대한 통지를 받아야 한다**. 컨트롤러는 개인정보가 처리되는 특정 상황 및 맥락을 참작하여 **공정하고 투명한 처리 보장에 필요한 모든 추가적인 정보를 정보주체에 제공해야 한다**. 또한 정보주체는 **프로파일링 여부와 해당 프로파일링의 결과를 통지받아야 한다**. 정보주체의 개인정보가 수집되는 경우에 해당 정보주체는 개인정보를 제공해야 할 의무가 있는지 및 해당 정보를 제공하지 않을 경우에는 어떤 결과가 생기는지에 대해 통지받아야 한다. 그 정보는 눈에 잘 띄고 이해하기 쉬우며 가독성이 뛰어난 방식으로 예정된 처리에 대해 중요한 개략적 정보를 제공하기 위해 표준화된 아이콘과 함께 제공될 수 있다. 전자 수단을 이용하여 아이콘을 제공하는 경우에는 기계로 판독할 수 있어야 한다.

GDPR 본문은 정보주체에게 제공해야 하는 정보의 내용을 구체적으로 정한다. 본문 제13조, 제14조, 제15조는 각각 개인정보가 정보주체로

3) 각주 1 참조.

부터 수집되는 경우, 개인정보가 정보주체로부터 수집되지 않는 경우, 그리고 정보주체의 열람권에 대하여, 컨트롤러는 정보주체에게 ① 프로파일링을 포함한 자동화된 의사결정이 이루어지고 있다는 점, ② 관련된 논리(logic)에 관한 의미 있는(meaningful) 정보, ③ 정보주체의 정보를 처리하는 것의 의미와 그에 따라 예상되는 결과를 설명해 주어야 한다고 정한다. 따라서 인공지능의 맥락에서 인공지능을 사용하는 사람은 인공지능이 의사결정 과정에서 사용하는 정보의 주체에게 상술한 세 가지 정보를 제공할 의무가 있다. 본문 제13조, 제14조는 '공정하고 투명한 처리를 보장'하기 위하여 이러한 정보를 제공해야 한다고 명시한다.

제4조 정의

…

(4) 프로파일링은 특히 **자연인의 업무 성과, 경제적 상황, 건강, 개인적 선호, 관심사, 신뢰도, 행태, 위치 또는 이동에 관한 측면을 분석하거나 예측하기 위해 행해지는 경우**로서, 자연인에 관련한 개인적인 특정 측면을 평가하기 위해 개인정보를 사용하여 이루어지는 **모든 형태의 자동화된 개인정보의 처리**를 가리킨다.

…

제13조 개인정보가 정보주체로부터 수집되는 경우 제공되는 정보

1. 정보주체에 관련된 개인정보를 정보주체로부터 수집하는 경우, 컨트롤러는 개인정보를 취득할 당시 정보주체에게 다음 각 호의 정보 일체를 제공해야 한다.

…

2. 제1항의 정보와 함께, 컨트롤러는 개인정보가 입수될 때 공정하고 투명한 처리를 보장하는 데 필요한, 다음 각 호의 추가 정보를 정보주체에 제공해야 한다.

…

(f) 제22조(1) 및 (4)에 규정된 프로파일링 등, 자동화된 의사결정의 유무. 최소한 이 경우, 관련 논리에 관한 유의미한 정보와 그 같은 처리가 정보주체에 미치는 중대성 및 예상되는 결과

제14조 개인정보가 정보주체로부터 수집되지 않은 경우 제공되는 정보

1. 개인정보가 정보주체로부터 수집되지 않은 경우, 컨트롤러는 다음 각 호의 정보를 정보주체에게 제공해야 한다.

…

2. 제1항의 정보와 함께, 컨트롤러는 정보주체와 관련한 공정하고 투명한 처리를 보장하는 데 필요한, 다음 각 호의 정보를 정보주체에 제공해야 한다.

…

   (g) 제22조(1) 및 (4)에 규정된 프로파일링 등, 자동화된 의사결정의 유무. 최소한 이 경우, 관련 논리에 관한 유의미한 정보와 그 같은 처리가 정보주체에 미치는 중대성 및 예상되는 결과

3. 컨트롤러는 제1항 및 제2항에 명시된 정보를 다음 각 호와 같이 제공해야 한다.

…

제15조 정보주체의 열람권

1. 정보주체는 본인에 관련된 개인정보가 처리되고 있는지 여부에 관련해 컨트롤러로부터 확답을 얻을 권리를 가지며, 이 경우, 개인정보 및 다음 각 호의 정보에 대한 열람권을 가진다.

…

   (h) 제22조(1) 및 (4)에 규정된 프로파일링 등 자동화된 의사결정의 유무. 최소한 이 경우, 관련 논리에 관한 유의미한 정보와 그 같은 처리가 정보주체에 가지는 중대성 및 예상되는 결과

제22조 프로파일링 등 자동화된 개별 의사결정

1. 정보주체는 **프로파일링 등, 본인에 관한 법적 효력을 초래하거나 이와 유사하게 본인에게 중대한 영향을 미치는 자동화된 처리**에만 의존하는 결정의 적용을 받지 않을 권리를 가진다.
2. 결정이 다음 각 호에 해당하는 경우에는 제1항이 적용되지 않는다.
   (a) 정보주체와 컨트롤러 간의 계약을 체결 또는 이행하는 데 필요한 경우
   (b) 컨트롤러에 적용되며, 정보주체의 권리와 자유 및 정당한 이익을 보호하기 위한 적절한 조치를 규정하는 유럽연합 또는 회원국 법률이 허용하는 경우
   (c) 정보주체의 명백한 동의에 근거하는 경우
3. 제2항 (a)호 및 (c)호의 사례의 경우, 컨트롤러는 정보주체의 권리와 자유 및 정당한 이익, 최소한 컨트롤러의 인적 개입을 확보하고 본인의 관점을 피력하며

> 결정에 대해 이의를 제기할 수 있는 권리를 보호하는 데 적절한 조치를 시행해야 한다.
> 4. 제2항의 결정은 제9조(2)의 (a)호와 (g)호가 적용되고, 정보주체의 권리와 자유 및 정당한 이익을 보호하는 적절한 조치가 갖추어진 경우가 아니라면 제9조(1)의 특별 범주의 개인정보를 근거로 해서는 안 된다.

GDPR 본문 제13조, 제14조, 제15조는 프로파일링 등 자동화된 의사결정에 적용되는데, 동법 제4조는 프로파일링을 "특히 자연인의 업무 성과, 경제적 상황, 건강, 개인적 선호, 관심사, 신뢰도, 행태, 위치 또는 이동에 관한 측면을 분석하거나 예측하기 위해 행해지는 경우로서, 자연인에 관련한 개인적인 특정 측면을 평가하기 위해 개인정보를 사용하여 이루어지는 모든 형태의 자동화된 개인정보의 처리"라고 정의한다. 따라서 인공지능이 정보주체의 신용을 평가하거나 건강 상태를 분석하는 것, 뉴스추천을 위하여 관심사를 분석하는 것 등은 모두 프로파일링에 해당한다.

3. 제공되어야 하는 정보의 범위

그렇다면 인공지능의 사용자가 GDPR 본문 제13조, 제14조, 제15조에 따라 제공하여야 하는 정보의 범위는 구체적으로 무엇일까? '자동화된 의사결정이 이루어지고 있다는 점'의 의미에 대해서는 별다른 다툼의 여지가 없지만, '관련된 논리에 관한 의미 있는 정보'나 '정보처리의 의의와 예상되는 결과'에 대해서는 해석상 다툼이 있다. 유럽 및 영미의 학자들은 특히 '논리(logic)', '의미 있는(meaningful)'이라는 법문을 둘러싸고 활발한 논의를 하고 있다.[4] 이 세 조항들이 요구하는 정보의 제공의 시기와 범위 내용은 동일한가? 아니면, 맥락상 정보의 제공 시기도 다르고 범위도 다르다고 보아야 할까? 정보주체에게 의미 있는 정보가 되려면 정보주

4) 대표적인 논의로는 Goodman [4]와 Wachter et al. [7]의 대립, 이를 정리하고 새로운 시각에서 조명한 Selbst [6] 등이 있다.

체가 알아야 하는 인공지능의 정보처리 '논리'는 무엇일까? 어느 정도의 구체적인 정보라야 의미가 있을까?

우선, 세 조항이 요구하는 정보의 제공 시기나 범위가 같은지 여부에 대해서, 세 조항의 법문이 동일하기 때문에 세 조항이 요구하는 정보의 범위가 같다는 견해도 있다. 즉, '관련된 논리에 관한 의미 있는 정보'는 동일하게 요구되기 때문에 셋 다 일반적인 의사결정의 규칙에 대한 설명 정도면 충분하다는 입장이다[7]. 그러나 각 조항별로 제공되어야 하는 정보가 다르다는 견해도 있다. GDPR 제13조, 제14조는 정보가 처리되기 이전에 즉, 정보의 수집 단계의 정보가 제공될 것을 요구하므로 정보처리 전에 전반적인 정보처리체계에 대한 설명을 요구하는 반면, 제15조는 정보처리 전후를 불문하고 특정한 결정에 대한 설명을 요구한다는 것이다[6, 11, 12]. 후자에는 일반적인 정보처리의 체계뿐만 아니라 특정한 결정이 나온 이유 등도 포함된다.

GDPR 제13조, 제14조, 제15조가 규정하는 '의미 있는 논리'의 범위에 대한 논의도 활발하다. 이 논의는 주로 ① 인공지능의 기술적 설명가능성(explainability)과 ② 일반인인 개인의 과학적 이해력(scientific literacy)과 관련한 정보제공의 현실적 실현가능성을 둘러싸고 이루어지고 있다. 여기에서는 인공지능의 투명성 확보에 가장 핵심이 되는 이 두 논점을 구체적으로 살펴보도록 하겠다.

(1) 인공지능의 설명가능성

인공지능이 블랙박스(black box), 즉 기능은 알 수 있지만 작동 원리를 이해할 수 없는 복잡한 기계 장치로 머물러서는 사회적 신뢰를 얻기 어렵다. 따라서 법제도를 통해 이용자에게 그 작동 원리에 대하여 어느 정도의 설명을 제공하도록 하여 인공지능의 투명성을 제고할 필요가 있다. 그러나 과연 이러한 설명의무가 실제로 잘 이행될 수 있을지, 또 투명성을 제고하는 데에 도움이 될지에 관하여는 의견이 분분하다. 실제로 인공지능의 설명가능성에 대한 논의를 활성화시킨 미국 국방위고등연구계획국(Defense Advanced Research Projects Agency, 이하 'DARPA')의 보고서는 인공지능과 관련하여 두 가지 목표를 제시하였다. 첫 번째 목표는 기존의 인공지능을 설명가능하게 하는 것이고, 두 번째 목표는 새로이 설명가능한 인공지능을 설계하는 것이다[13]. 기존의 인공지능을 설명하는 것이 종종 불가능에 가깝다는 인식이 두 번째 목표를 설정한 배경이다. 실제 설명가능성을 중심으로 기존 인공지능의 발전 동향을 정리한 연구들을 보면, 인공지능을 크게 인간이 그 작동기제를 이해하여 설명할 수 있는 것과 인간이 인공지능의 의사결정 결과를 놓고 그에 대한 해석을 제공하거나 제한된 설명을 제공할 수 있는 정도의 것으로 분류할 정도로, 인공지능에 대하여 완전한 설명을 제공할 수 없는 경우가 상당수이다[14].

인공지능은 그것을 생성한 사람들조차 그것에 대하여 다 알지 못하는 경우가 적지 않은 점에 비추어 보면, 인공지능을 기술적으로 설명하기 어렵다는 사실을 이해할 수 있다. 특히 머신러닝(machine learning) 중에서도 높은 정확도를 나타내는 딥러닝(deep learning)은 그것을 고안한 사람도 이를 완전히 설명하기 어렵다.[5] 가령, 설계자는 자신이 처음에 제시한 공식을 알고 있더라도 알고리즘이 학습에 의하여 귀납적으로 추론하여

5) 딥러닝의 원리를 간단하게 소개하자면, 딥러닝은 설계자가 마련한 공식(알고리즘)을 시작점으로 자신에게 주어진 데이터를 학습하면서 스스로 그 공식을 더욱 구체화하는 과정을 통해 정확도를 높여 나간다. 가령, 아주 간단한 예로, 개와 고양이를 구별해 내는 알고리즘은 개와 고양이 사진들을 수만 장 학습하면서 설계자가 입력한 변수인 생김새 변수들 외에도 고양이는 주로 실내 사진들이 많고 개는 그렇지 않다는 경향을 파악하고, 이에 기초하여 사진 촬영 장소를 추가적으로 고려하여 촬영된 동물이 개인지 아니면 고양이인지를 판단한다. 이 경우 설계자는 자신이 처음에 제시한 공식은 알고 있지만 이 알고리즘이 어떻게 구체화되었는지(가령, 위의 예에서는 촬영 장소 변수)는 알기 어렵다. 즉, 설계자는 알고리즘이 학습을 거쳐 귀납적으로 추론하여 추가한 혹은 구체화한 변수에 대해서 알기 어렵기 때문에 딥러닝을 사용하는 인공지능은 일종의 블랙박스인 것이다. 인공지능 윤리와 거버넌스 Ⅲ. 중 이선구, "알고리즘의 투명성과 설명가능성: GDPR을 중심으로", 188면의 각주 5 내용 참조.

추가한 혹은 구체화한 변수까지는 알기 어렵다.

이러한 인공지능에 대하여 정보주체에게 제공할 수 있는 정보의 범위에 관하여, '정당한 이유(justification)', '해석(interpretation)', '인식(intelligibility)'이라는 기준을 제시하는 입장도 있다[14-18]. 하지만 아직까지는 정당한 이유, 해석, 인식 등 용어의 정의가 명확하지 않고, 용어의 사용도 일관되지 않다[16, 19]. 따라서 용어와 무관하게, 인공지능에 대하여 제공될 수 있는 설명을 스펙트럼으로 단순화하여 정리하면, ① 결정의 틀(구조) → ② 알고리즘 → ③ 특정한 결정의 이유 정도의 단계로 나눌 수 있다.

1) 결정의 틀(구조)

가장 일반적으로 제공될 수 있는 설명으로, 해당 인공지능의 일반적인 정보처리절차-가령, 논리(logic), 의사결정모형(decision tree)-에 대하여 알려주는 방법이다[7]. 법이 정보주체에게 제공해야 하는 정보를 '의미 있는' 정보로 제한한 점을 고려하여, 일반인인 정보주체가 이해하기 힘든 전문적인 알고리즘보다는 상식적으로 이해할 수 있는 결정 기준들과 정보처리의 흐름, 논리 정도를 알려주는 것으로 충분하다는 입장이다.

2) 알고리즘

결정의 기준과 논리에서 한걸음 더 나아가 수식을 포함한 알고리즘 자체에 대해서도 설명해야 한다고 주장하는 학자도 있다. 즉, 어떠한 결정을 내리기에 앞서 거쳤던 공식화된 일련의 절차나 방법을 알려주는 것이다. 결정의 틀(구조)만으로는 정보주체에게 정보처리절차를 투명하게 공개하였다고 평가하기에 부족하고, 결정에 사용되는 알고리즘 자체를 이해할 수 있도록 설명해야 한다는 것이다[6, 20, 21].

3) 특정 의사결정의 이유

알고리즘의 설명에 그치지 않고 정보주체에게 내려진 특정한 결정에 관한 정보도 제공해야 한다는 입장이다[16]. 결정의 논리, 처리의 결과뿐만 아니라 구체적인 결과에 대한 결정요소 등을 설명하는 것이다. 가령, 자동화된 의사결정 지침은 의사결정에 어떤 종류의 정보가 사용되었는지, 왜 이런 종류의 정보가 유의미하다고 판단했는지, 분석에 포함되는 모든 통계를 포함하여 어떻게 프로파일을 형성하였는지, 왜 이 프로파일이 자동화된 의사결정에서 의미가 있는지, 이러한 프로파일이 정보주체에 대한 의사결정에서 어떻게 사용되었는지에 관한 정보를 제공할 것을 제안한다[10].

자동화된 의사결정 지침에 의하면, 정보제공의무의 목적은 개인이 자동화된 의사결정을 투명하게 이해하여 본인 정보의 불합리한 사용을 방지할 권리를 행사할 수 있게 하는 데에 있다. 따라서 개인이 이러한 권리를 행사하기 위해 필요한 모든 정보가 제공되어야 한다[5, 10]. 예컨대 GDPR 제21조가 정보주체에게 자신의 정보처리에 대해 이의할 권리를 규정하고 있으니, 정보주체는 이의권 행사를 위해 필요한 정보를 모두 제공받아야 한다. 이것은 곧 정보주체가 어떠한 정보가 어떠한 비중으로 사용되었으며 결과에 어떻게 영향을 미쳤는지를 이해하여 이의 여부를 결정할 수 있게 하여야 한다는 의미이다. 이러한 구체적인 정보는 난해할 수 있지만, 컨트롤러와 정보주체는 쉽고 명확한 언어로 의사소통을 해야 한다고 규정한 GDPR 제12조의 취지에 따라 정보주체가 이해하기 쉬운 간명한 설명이 이루어져야 한다고 자동화된 의사결정 지침은 강조한다.[6)]

---

6) GDPR 제12조(1)은 "컨트롤러는 처리와 관련한 제13조 및 제14조에 명시된 일체의 정보, 제15조부터 제22조까지의 조문 및 제34조에 규정된 일체의 통지를 정확하고, 투명하며, 이해하기 쉬운 형식으로 명확하고 평이한 언어를 사용하여 정보주체에게 제공하기 위한 적절한 조치를 취해야 하고, 특히 아동을 특정 대상으로 할 때 더욱 그러해야 한다. 해당

(2) 과학적 이해력

상술한 자동화된 의사결정 지침의 입장에 대하여, 현실적으로 불가능한 제안이며 일반인의 전문적 지식의 한계가 설명의 내용에서 고려되어야 한다는 반론이 강력하다[1, 4, 22, 23]. 가령, 신용점수에 대하여 어떤 요소들이 고려되었는지를 알려준다면 어느 정도 의미가 있을 수 있겠지만, 각각의 요소들이 어떤 비중으로 고려되었고 어떠한 수학적 혹은 통계적 메커니즘을 통하여 결론에 도달하였다는 점을 알려준다면, 그것이 일반인인 개인에게 어떠한 의미가 있을까?[7] 과연 기술에 관하여 특별한 지식이 없는 여행객에게 비자발급 결정에 사용되는 알고리즘의 구조에 대한 설명은 '의미 있는' 설명일까? 구체적인 결과의 결정 요소에 대한 설명은 어떨까? 그 여행객의 신용상태, 국적, 과거 여행 기록 등이 어떠한 비중으로 사용되었는지에 대한 설명이 여행객으로 하여금 의사결정의 공정성과 정확성을 판단하게 할 수 있을까?

GDPR의 규정들에 따르면 개인에게 의미가 있는 정보가 아니라면 제공하지 않아도 무방하다. 이해할 수 있는 정보라야 의미 있는 정보일 텐데, 일반인의 과학적 이해력을 고려할 때 알고리즘에 관한 대부분의 정보는 별다른 의미가 없을 것이다. 실제로 인터넷의 추천 서비스에 대하여 제공되는 설명에 대한 만족도를 조사한 연구결과에 따르면, 이용자들은

정보는 서면이나 적절한 경우, 전자수단 등 기타 수단을 이용하여 제공되어야 한다. 정보주체가 요청하는 경우, 다른 수단을 통해 정보주체의 신원이 입증되면, 해당 정보는 구두로 제공될 수 있다"고 정한다.

7) 이 외에도 인공지능에 대한 설명이 가능하지 않은 이유에 대하여, 고차원적인 기계적 학습에서의 수학적 최적화와 인간 수준의 추론과 해석 사이의 괴리를 들기도 한다. 인공지능은 인간의 사고와는 다른 기계적 학습에 의하여 결정을 내리게 된다. 따라서 이러한 기계적 학습에서 수학적으로 최적화된 의사결정과 인간 수준의 논리는 근본적인 차이가 있고, 따라서 인공지능의 결정원리를 인간이 납득할 수 있게 설명하기는 어렵다는 것이다[4, 22].

간단하고 직관적으로 이 추천이 적당한지에 관한 설명을 들었을 때 가장 만족도가 높았다[14].

일반인이 수학과 통계적 지식을 바탕으로 간단한 논리 이상을, 알고리즘의 상당 부분을 이해하려면 전문가의 도움이 필수불가결하다. 그런데 인공지능에 사용되는 빅데이터는 수천만 명의 정보를 사용하고 빅데이터는 시시각각 새로운 정보들로 업데이트된다.8) 따라서 전문가는 그 수많은 정보주체들에게 알고리즘을 이해하기 위한 도움을 제공하여야 한다. 그렇다면 시간과 비용 측면에서 전문가가 현실적으로 제공할 수 있는 정보는 아주 간단하고 단편적인 정보에 제한된다.9) 그렇다면 이러한 정보제공을 통해 인공지능에 대한 공정성과 투명성 확보가 가능할까? 아마도 어려울 것이다. 법제도가 현실적으로 불가능한 일을 요구한다면, 법제도의 틀 안에서 기술이 널리 활용되긴 어려울 것이다[6].

4. 소결

정보제공의무에 대한 논의의 흐름을 살펴보면, 제공되어야 하는 정보의 내용에 대한 학자들 간의 견해는 다르지만 정보제공의무가 현실적으로 정보처리의 공정성과 투명성을 제고하는 데에 도움이 될지에 관해서는 회의적인 입장이 다수이다. 그렇다면 정보주체에 대한 정보의 제공 외에 달리 인공지능의 결정에 대한 공정성과 투명성을 확보할 방법은 없을까? 이에 관한 논의를 Ⅲ.에서 살펴보도록 하자.

---

8) 빅데이터는 보통 3v에서 5v로 정의되는데, 양(volume), 다양성(variety), 속도(velocity)는 언제나 포함되는 기본적 특성인 3v에 해당한다. 즉, 빅데이터는 매우 방대한 양의 정보가 다양한 소스로부터 시시각각 업데이트되는 특징이 있다.

9) 정보제공에 소요되는 시간과 비용이 제도의 실현에서 실질적으로 매우 중요한 요소이므로 이에 대한 고려가 필요하다는 지적이다[16].

Ⅲ. 정보제공 이외의 제도적 방안

정보제공을 통하여 공정성과 투명성을 제고하기 어렵다면, 어떠한 방법으로 인공지능의 결정의 공정성과 투명성을 확보할 수 있을까? GDPR 및 관련 문헌들, 학자들과 실무가들이 제안하는 제도적 장치들을 병행하여 공정성을 보장할 수 있다. 여기서는 GDPR 관련 내용을 먼저 살펴본 후 학자 및 실무가들이 제안하는 방법에 대하여 살펴보도록 한다.

1. GDPR의 내용

(1) 정부기관에 의한 감사(audit)

각 회원국은 정보처리와 관련하여 개인의 기본권과 자유를 보호하기 위하여 GDPR의 적용에 대한 모니터링을 전담할 하나 이상의 독립적인 공공기관을 두어야 한다(제51조). 이 공공기관을 '감독기관'이라고 하는데(제4조(21)), 감독기관은 '개인정보보호 감사라는 형식의 조사 실시'와 같은 조사 권한과 시정명령 권한을 보유한다(제58조). 따라서 감독기관이 알고리즘을 사용한 정보처리를 모니터링을 하여 알고리즘 혹은 알고리즘에 따라 산출된 결과의 공정성과 그에 이르는 과정의 투명성을 점검하여 잘못된 부분의 시정을 명할 수 있다.

자동화된 의사결정 지침 역시 알고리즘에 대한 감사를 제안하며 머신러닝 시스템이 설계대로 기능을 수행하고 있으며, 차별, 오류 또는 부당한 결과를 발생시키지 않는지를 살펴볼 필요가 있다고 한다.[10] 이를 위해 사용되고 있거나 개발된 알고리즘에 대한 시험이 필요하다고 한다. 또한

10) 자동화된 의사결정 지침은 GDPR 제22조와 전문 71의 내용을 구체화하여 관리자가 프로파일링 작업을 할 때 고려할 만한 모범 관행을 제시하는데, 그 목적은 개인이 공정한 취급을 받고, 특수 범주의 개인정보 또는 기타를 근거로 차별을 당하지 않도록 시스템에 대해 정기적으로 품질 보증 점검을 실시하는 것이라고 한다[10].

머신러닝을 대상에 포함한 감사 절차를 위한 행동강령을 마련하는 것도 고려해 볼 만하다고 제안한다[10].

(2) 인증(certification)

GDPR 전문 100은 "이 법의 준수와 투명성을 강화하기 위해서, 인증 메커니즘, 개인정보보호 인장 및 마크의 도입이 권장되어야 하며, 정보주체는 이를 통해 관련 제품 및 서비스에 대한 개인정보보호의 수준을 신속하게 평가할 수 있다"고 하여 인증제(및 그에 따른 인장 및 마크)의 활용을 권장하고 있다. GDPR은 인증에 대하여 정의하고 있지 않지만, '제42조 및 제43조에 부합하는 인증과 인증기준설정에 관한 1/2018 지침(이하, '인증 지침')'은 국제표준화기구(International Standards Organization, 이하 'ISO')의 정의를 인용하여 '독립된 기관이 제공하는 해당 제품, 서비스 또는 시스템이 특정 조건을 충족한다는 데에 대한 문서에 의한 보증(인증서)'이라고 정의한다.[11] 따라서 개인정보 인증, 인장 및 마크는 정보주체를 비롯한 대중에게 해당 정보처리자의 정보처리과정이 GDPR에서 정한 바와 같이 공정하고 정확하게 이루어졌음을 알려준다.

GDPR 제42조와 제43조는 인증제의 목적 및 거버넌스에 관한 조항이다. 제42조는 인증의 성격, 범위, 절차 및 법적 의미를 규정하고 있고, 제43조는 인증기관을 인증(accredit)하기 위한 요건과 절차를 정한다[25].

---

11) 인증 지침은 또한 인증을 '제3자에 의한 적합성 평가'라고도 하며 인증 기관을 '적합성 평가 기관(CAB)'이라고 한다[24]. 인증 지침은 ISO 인증제의 정의를 인용하여 GDPR 인증을 정의하고자 하는데, 이것은 ISO 인증제가 정보에 관하여 상당히 성공적으로 정착된 인증제이기 때문인 것으로 생각된다. ISO 인증은 정보보안(information security)에 관한 인증인데 정보처리와 관련하여 널리 통용되는 인증제이다. 즉, 이 인증을 통하여 정보처리자는 자신이 정보보안의 표준을 따르고 있음을 증명하여 관련자들에게 정보처리의 안정성에 대한 신뢰를 확보한다. 비록 ISO의 인증을 받기는 쉽지 않지만, ISO의 인증이 정보보안의 표준으로 자리를 잡으면서 수많은 정보처리자들가 ISO의 기준에 부합하는 정보보안체계를 마련하게 유도하고 있다고 평가받는다. GDPR 인증제도 ISO의 인증제와 같은 위상을 갖게 되면, 정보처리업계에 상당한 영향력을 행사할 수 있을 것이다[25].

제42조를 살펴보면, 유럽연합의 회원국과 감독기관, 유럽 데이터보호이사회, 집행위원회는 정보처리작업이 "GDPR에서 정한 기준들을 준수하고 있음을 증명하기 위한 목적"으로 개인정보보호 인증제, 개인정보보호 인장 및 마크의 수립을 장려해야 한다(동조(1)). 하지만 인증제의 도입은 의무가 아니고 '자발적'인 참여를 통해 이루어져야 한다(동조(3)). 인증은 '관련 감독기관'[12]이 할 수도 있고 제43조에 근거하여 감독기관의 인증을 받은 기관이 할 수도 있는데, 인증기관이 되려면, ① 독립성과 전문성, ② 법적 기준 준수, ③ 인증과 관련된 절차의 수립, ④ 인증에 관한 민원 처리 절차 및 구조의 수립, 그리고 그 절차와 구조의 투명한 공개 절차 및 구조 수립, ⑤ 기관 본연의 업무와 직무 사이의 이해상반 부재(동조(2))라는 요건을 갖추어야 한다.

인증기관은 개인정보 인증을 발급하고, 갱신하며, 철회할 권한을 가진다. 우선, 인증은 그 국가의 감독기관 또는 유럽 데이터보호이사회가 승인한 기준에 따라 이루어져야 한다.[13] 컨트롤러나 프로세서가 인증을 받고자 하는 경우에는 GDPR 제43조의 인증기관이나 관련 감독기관에 인증절차를 밟는 데에 필요한 정보 및 처리활동에 대한 모든 접근을 허용해야 한다(제43조(6)). 인증의 유효 기간은 최장 3년이고, 인증 요건을 유지하는 경우에는 이를 갱신할 수 있다(동조(7)). 인증기관은 인증 요건을 상실한 경우에는 인증을 취소하거나 철회할 권한을 가진다(동조(7)). 또한 유럽 데이터보호이사회는 인증제, 개인정보보호 인장 및 마크의 일체

12) GDPR 제4조(22)는 '관련 감독기관(supervisory authority concerned)'이란, (a) 해당 감독기관이 소재한 회원국의 영토에 컨트롤러나 프로세서가 설립되는 경우, (b) 해당 감독기관이 소재한 회원국에 거주하는 정보주체가 처리로 인해 상당한 영향을 받거나 받을 것으로 예상되는 경우, (c) 해당 감독기관에 민원이 제기된 경우 개인정보 처리에 관여하는 감독기관을 의미한다고 정한다.

13) 감독기관은 쉽게 이용할 수 있는 양식으로 인증의 조건과 인증기관의 인증 조건을 공개해야 한다. 아울러 감독기관은 유럽 데이터보호이사회에 해당 요건과 기준을 전송해야 한다. 유럽 데이터보호이사회는 인증 메커니즘과 개인정보 보호 인장 일체를 등록부에 취합하고 적절한 수단을 통해 이를 공개해야 한다(GDPR 제43조(6)).

를 등록부에 취합하고 적절한 수단을 통해 공개하여야 한다(동조(8)).

Art. 29WP는 인증제와 관련하여 GDPR이 다루지 않은 구체적인 사항들, 가령 인증의 대상, 조건, 기준 등을 인증 지침에서 상세하게 기술한다. 인증 지침은 인증이 정보주체에 대한 관계에서뿐만 아니라, 사업자 간의 관계, 예컨대 컨트롤러와 프로세서 사이의 관계에서도 투명성을 제고할 수 있다고 한다. 인증 지침에 따르면, 감독기관은 다른 독립된 기관의 인증을 감독할 수도 있고, 감독기관 스스로 인증제를 수립하고 인증 권한만을 위탁하거나 위임할 수도 있다. 하지만 인증 지침은 감독기관이 스스로 인증제를 마련하고 실시하기로 한 경우에는 특히 법이 정한 기준을 준수하고 자신의 역할을 제한하는 등 유의하여야 할 점들이 있다고 강조한다[24].

(3) 정보보호영향평가(Data Protection Impact Assessment, DPIA)

GDPR 제35조(1)은 인공지능을 포함한 신기술을 사용하는 정보처리 유형이 개인의 권리와 자유에 중대한 위험을 초래할 것으로 예상되는 경우, 컨트롤러는 처리 이전에, 예정된 처리 작업이 개인정보 보호에 미치는 영향에 대한 평가를 수행해야 한다고 정한다.[14] 데이터보호담당관이 지정되어 있는 경우, 컨트롤러는 영향평가를 수행할 때, 담당관의 자문을 구해야 한다(제35조(2)). 제35조(3)(a)는 특히 프로파일링 등의 자동화된 처리에 근거한, 개인에 관한 개인적 측면을 체계적이고 광범위하게 평가하는 것으로 해당 평가에 근거한 결정이 해당 개인에게 법적 효력을 미치거나 이와 유사하게 개인에게 중대한 영향을 미치는 경우에는 반드시 평

14) 자동화된 의사결정 지침은 책임성(accountability)은 자동화된 정보처리에 있어서 중요한 요소이며, 정보보호영향평가는 정보처리에 관련된 위험을 처리하고 정보처리가 GDPR을 준수하기 위하여 적절한 조치가 취해졌음을 입증하는 방법이라고 설명한다[10].

가가 이루어져야 한다고 정한다. 제35조(7)은 반드시 평가가 이루어져야 할 항목들을 나열한다: ① 예상되는 처리 작업 및 컨트롤러의 정당한 이익 등 개인정보 처리의 목적에 대한 체계적인 설명, ② 목적을 위한 처리 작업의 필요성 및 비례성에 대한 평가, ③ 정보주체의 권리와 자유에 대한 위험성 평가, ④ 정보주체와 기타 관련인의 권리 및 정당한 이익을 고려하여 개인정보를 보호하고 본 규정의 준수를 입증하기 위한 안전조치, 보안조치, 메커니즘 등 위험성 처리에 예상되는 조치를 포함한다.

2. 학자 및 실무가들의 제안

많은 학자들 및 실무가들 역시 감사, 인증 등의 제도를 통하여 전문적인 지식을 가진 제3자가 인공지능의 관리감독을 할 것을 제안한다[9, 12, 26, 27]. 이때 제3자는 정부 기관, 사기업 모두 가능하다는 입장이 다수이다.[15] 하지만 이 둘의 한계에 대한 지적도 없지 않다. 우선 감사의 경우, 전문가가 시행을 한다고 할지라도 인공지능이 공정한 결정을 내린다는 결론을 내릴 수 있을 만큼 인공지능이 '감사가능(auditability)'한 기술인지 여부에 제도의 성패가 달려 있다는 지적이다[4, 18, 28]. 인증의 경우, GDPR이 정한 인증제는 ISO 인증과는 목적이나 구체적인 실현방법에서 확연한 차이를 가지므로 그 가치가 명확하지 않다는 견해도 있다. 우선, 유럽연합에서는 아직 인증을 받은 기관이 전무한데, 그 이유는 인증을 받았는지 여부가 법적으로 어떠한 의미가 있는지가 불분명하기 때문으로 추측된다고 한다[25]. 인증은 일정한 시간과 비용이 소요되는 절차이므로 그로 인한 득이 명확하지 않을 경우 인증제는 성공하기 어렵다. 또한 국가 차원의 감독기관이 인증을 할 수 있다면 시장에서 국가기관 외의 기관의 인증이 가지는 가치는 무의미할 수 있다는 지적이다[25].

15) 가령, FTC는 소비자에게 불공정한 결과를 가져올 수 있는 점수제도의 운영을 감독한다 [21].

감사나 인증 이외에 제안된 방안으로는 면허제의 시행, 자율적인 공급자의 선언제도 등이 있다. 우선 면허제의 경우, 점수제 시스템(scoring system)에서 산출된 점수가 고용이나 보험, 의료와 같은 분야에 사용될 경우 면허제(license)를 시행해야 한다는 주장이다. 이때 면허는 정부가 발급할 수도 있고 사기관이 발급할 수 있지만 사기관의 경우 면허발급기관으로 적절한 기능을 수행할 수 있는지 여부를 정부가 심사하고 기관의 면허를 발급하여야 한다. 면허의 기준을 정보의 정확하고 공정한 처리로 정한다면 면허가 있는 인공지능의 사용자가 정보를 공정하게 처리하리라고 신뢰할 수 있을 것이다[21]. 면허제는 어느 이상의 기준을 충족시켰음을 알려주는 제도라는 점에서 인증제와 유사하지만 인증제는 자발적으로 참여할 수 있는 반면 면허제는 정보처리자로서 법적으로 반드시 필요한 자격요건이라는 차이가 있다. 따라서 면허제가 시행된다면 인증제보다는 강제적으로 정보처리자들이 정확도와 공정성에 있어서 일정한 기준을 충족하게 할 수 있다.

자율적인 공급자의 참여 제도의 경우, 인공지능의 설계자 혹은 사용자가 자율적으로 일정한 규범에 따르는 인공지능임을 선언하게 하는 공급자의 적합성 선언(supplier's declaration of conformity, 이하 'SDoC')이 주장된다. 이것은 제3자가 개입하지 않고 공급자 자신이 자신의 인공지능이 일정한 기준을 충족하는지 검사하여 선언을 하는 것이다[29]. 이때 검사의 기준에 정보처리의 정확도, 공정성 등이 포함되고, 이러한 선언이 업계의 관행으로 자리를 잡는다면 시장에서 자율적으로 정보처리의 투명성이 확보된다.

SDoC와 유사하게, 정보처리자가 자율적으로 스스로의 역량을 점검하고 자료표를 작성하여 공개하도록 하자는 제안도 있다[29]. 이 방법은 통신이나 운송의 분야에서 이미 사용되고 있다[30]. 제품, 프로세스 또는 서비스가 표준 또는 기술 규정을 준수함을 보여주는 방법인데, 공급자는 지정된 요구 사항에 대한 적합성을 서면으로 보증한다. 인공지능의 설계자 또는 사용자가 정보의 처리에 관한 내용을 자료표로 공개한다면, 그것이 비록 시민 개개인에게는 이해가 어려운 정보라고 할지라도, 시민단체 등 전문성을 가진 집단에 의하여 정보의 처리 방법이 지속적으로 모니터링이 되고, 이것은 인공지능의 정보처리에 대한 의혹을 해소하는 데에 도움이 될 것이다.

Ⅳ. 결론

인공지능에 대한 공정성과 투명성을 확보하는 것은 중요한 사회적 과제이지만, 앞에서 살펴본 바와 같이 정보제공의무를 통하여 이 과제를 해결하는 것은 그다지 간단한 문제가 아니고, 상당히 유연하고 기능적 접근이 필요하다. 현재 설명가능하지 않은 인공지능들이 다수라는 사실을 인식해야 하고, 설명을 제공받더라도 이를 이해하는 데에 어려움을 겪는 정보주체의 현실도 고려하지 않을 수 없다. 설명가능한 인공지능의 개발을 목표로 하고 있지만 딥러닝 기술의 성격을 고려할 때, 정확성이 높아질수록 설명가능성은 오히려 떨어질 가능성이 크다.

인공지능은 우리에게 무한한 가능성을 열어줄 수도 있지만, 기존의 고정관념을 고착시키고, 사회적 차별을 영속화할 수도 있다. 프로파일링은 도서, 음악 또는 뉴스 피드 등 특정 제품 또는 서비스 선택의 자유를 침해할 수 있다. 또한 프로파일링은 부정확한 예측이나 서비스 및 제품 제공의 부당한 거부를 초래할 수 있고, 때로는 합리적인 근거 없는 차별로도 이어질 수 있다[10]. 따라서 정보처리에 대한 공정성과 투명성을 제고하는 노력이 반드시 필요하다. 개인에 대한 정보제공이 투명성의 제고에 일정한 한계를 가진다면, 다른 관점의 정책들을 보완적으로 고려하는 것이 바람직하다. GDPR이 제시한 투명성 제고 방식은 이른바 '제한적 투명성(qualified transparency)'으로서 정보주체에 대한 정보제공에 더하여 조직 내부의 관리감독, 규제당국에 의한 관리감독, 그리고 제3자에 의한 관리감독이 혼합되어 실행되는 형태이다[9]. 여기에 정보처리자들의 자발적 참여가 더해질 수 있다. 이렇게 여러 층위의 투명성 제고 장치들이 시너지를 불러일으킬 수 있도록 함으로써 조금이라도 더 인공지능이 공정한 절차를 거쳐 정확한 결정을 내리는지를 확인할 수 있다. 하지만 이러한 제도들이 어떻게 현실에서 상충하지 않고 효율적으로 작동할 수 있을지는 별도의 고민이 필요한 문제이다. 마지막으로 이렇게 다양한 접근방식의 제도들을 시행하기 위하여 많은 사회적 비용이 소모된다는 점도 감안하여야 할 것이다[5].

참고문헌

[1] Edwards, L., & Veale, M. (2017). Slave to the algorithm: Why a right to an explanation is probably not the remedy you are looking for. Duke L. & Tech. Rev., 16.

[2] [Online]. OpenSCHUFA, https://openschufa.de/english/. [Accessed Oct. 8. 2020].

[3] 고학수 외, AI윤리와 거버넌스, 박영사 (2021).

[4] Goodman, B., & Flaxman, S. (2017). European Union regulations on algorithmic decision-making and a "right to explanation". AI magazine, 38(3), 50.

[5] Kaminski, M. E. (2019). The right to explanation, explained. Berkeley Tech. LJ, 34, 189.

[6] Selbst, A. D., & Powles, J. (2017). Meaningful information and the right to explanation. International Data Privacy Law, 7(4), 233-242.

[7] Wachter, S., Mittelstadt, B., & Floridi, L. (2017). Why a right to explanation of automated decision-making does not exist in the general data protection regulation. International Data Privacy Law, 7(2), 76-99.

[8] EDPB, GDPR: Guidelines, Recommendations, Best Practices, https://edpb.europa.eu/our-work-tools/general-guidance/gdpr-guidelines-recommendations-best-practices_en.

[9] Casey, B., Farhangi, A., & Vogl, R. (2019). Rethinking Explainable Machines: The GDPR's Right to Explanation Debate and the Rise of Algorithmic Audits in Enterprise. Berkeley Tech. LJ, 34, 143.

[10] Article 29 Data Protection Working Party, Guidelines on Automated individual decision-making and Profiling for the purposes of Regulation 2016/679.

[11] Mendoza, I., & Bygrave, L. A. (2017). The right not to be subject to automated decisions based on profiling. In EU Internet Law (pp.

77–98). Springer, Cham.

[12] Malgieri, G., & Comandé, G. (2017). Why a right to legibility of auto–mated decision–making exists in the general data protection regulation. International Data Privacy Law.

[13] [online]. Defense Advanced Research Projects Agency(DARPA), Explainable Artifical Intelligence(XAI), Dr. Matt Turek, https://www. darpa.mil/program/explainable–artificial–intelligence. [Accessed Oct. 8. 2020].

[14] Biran, O., & Cotton, C. (2017, August). Explanation and justification in machine learning: A survey. In IJCAI–17 workshop on explainable AI (XAI) (Vol. 8, p. 1).

[15] Abdul, A., Vermeulen, J., Wang, D., Lim, B. Y., & Kankanhalli, M. (2018, April). "Trends and trajectories for explainable, accountable and intelligible systems: An hci research agenda".

[16] Doshi–Velez, F., Kortz, M., Budish, R., Bavitz, C., Gershman, S., O'Brien, D., ... & Wood, A. (2017). Accountability of AI under the law: The role of explanation. arXiv preprint arXiv:1711.01134.

[17] Burt, A., Leong, B., Shirrell, S., & Wang, X. G. (2018). Beyond Explainability: A Practical Guide to Managing Risk in Machine Learning Models. The Future of Privacy Forum White Paper.

[18] Arrieta, A. B., Díaz–Rodríguez, N., Del Ser, J., Bennetot, A., Tabik, S., Barbado, A., ... & Chatila, R. (2020). Explainable Artificial Intelligence (XAI): Concepts, taxonomies, opportunities and challenges toward responsible AI. Information Fusion, 58.

[19] Preece, A., Harborne, D., Braines, D., Tomsett, R., & Chakraborty, S. (2018). Stakeholders in explainable AI. arXiv preprint arXiv:1810. 00184.

[20] Citron, D. K. (2007). Technological due process. Wash. UL Rev., 85, 1249.

[21] Citron, D. K., & Pasquale, F. (2014). The scored society: Due process for automated predictions. Wash. L. Rev., 89, 1.

[22] Burrell, J. (2016). How the machine 'thinks': Understanding opacity in machine learning algorithms. Big Data & Society, 3(1), 20539517 15622512, 1.

[23] Desai, D. R., & Kroll, J. A. (2017). Trust but verify: A guide to algo-rithms and the law. Harv. JL & Tech., 31, 1.

[24] EDPB, Guidelines 1/2018 on certification and identifying certification criteria in accordance with Articles 42 and 43 of the Regulation - version adopted after public consultation (June 4, 2019), (인증 지침), 8면, https://edpb.europa.eu/our-work-tools/our-documents/ na-soki/guidelines-12018-certification-and-identifying-certification_en.

[25] Lachaud, E. (2020). ISO/IEC 27701 Standard: Threats and Opportunities for GDPR Certification. European Data Protection Law Review, 6(2), 194-210.

[26] Yanisky-Ravid, S., & Hallisey, S. K. (2019). Equality and Privacy by Design: A New Model of Artificial Intelligence Data Transparency Via Auditing, Certification, and Safe Harbor Regimes. Fordham Urb. LJ, 46, 428.

[27] Wachter, S., Mittelstadt, B., & Floridi, L. (2017). Transparent, explain-able, and accountable AI for robotics.

[28] Toreini, E., Aitken, M., Coopamootoo, K., Elliott, K., Zelaya, C. G., & van Moorsel, A. (2020, January). The relationship between trust in AI and trustworthy machine learning technologies. In Proceedings of the 2020 Conference on Fairness, Accountability, and Transparency (pp. 272-283).

[29] Arnold, M., Bellamy, R. K., Hind, M., Houde, S., Mehta, S., Mojsilović, A., ... & Reimer, D. (2019). FactSheets: Increasing trust in AI services through supplier's declarations of conformity. IBM Journal of Research and Development, 63(4/5), 6.

[30] National Institute of Standards and Technology, The use of supplier's declaration of conformity, https://www.nist.gov/document-6075.

06

의료 영역에서 인공지능의 활용과 설명가능한 인공지능의 필요성

김정훈(서울대학교 의과대학 영상의학교실 교수)

Ⅰ. 의료 영상 영역에서의 인공지능 연구 현황

Ⅱ. 의료 영상 영역에서 인공지능의 임상적용 현황

Ⅲ. 의료 영역에서 개발된 AI 기술이 실제로 임상 진료에 적용될 시 고려할 점

Ⅳ. 의료 영역에서 설명가능한 인공지능의 필요성

06

의료 영역에서 인공지능의 활용과 설명가능한 인공지능의 필요성

김정훈(서울대학교 의과대학 영상의학교실 교수)

최근 신경 네트워크 구조를 기반으로 하는 딥러닝(deep learning) 기법을 이용한 인공지능(artificial intelligence) 기술이 급격히 발전하면서, 의료 영역에서 인공지능 기술의 적용이 기하급수적으로 증가하고 있다. 딥러닝 기법을 이용하여 발표된 연구 논문 숫자의 변화를 보면 의료 분야의 인공지능 활용이 증가하는 추세를 뚜렷이 확인할 수 있다(그림 1)[1−3].

[그림 1] 의료분야 딥러닝 관련 연구 논문 발표 추세

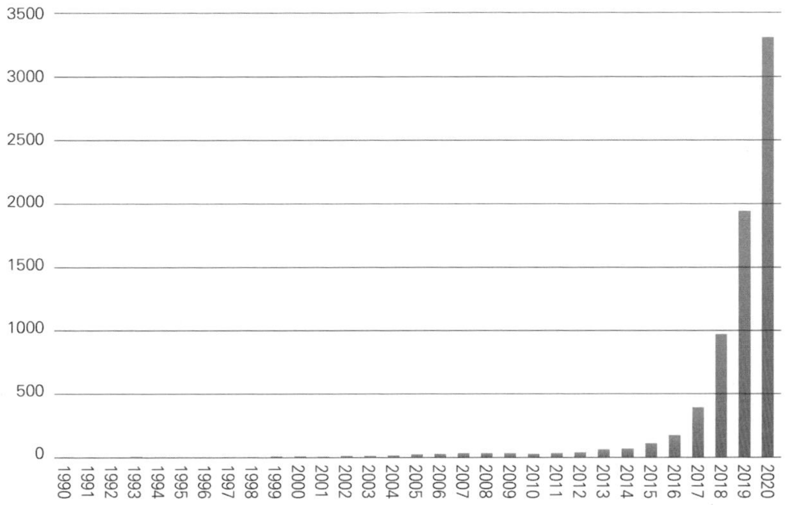

의료 영역에서 인공지능의 활용으로 많은 새로운 기술들이 의료분야에 도입되고 있다. 인공지능 기술을 적용한 연구들은 특정 분야가 아닌, 의료 전분야에서 시도되고 있다고 할 수 있다(표 1).

[표 1] 최근 발표된 인공지능 관련 의료 연구 분야 분석[4]

분야	발표 논문 수(%)
영상의학 (핵의학 포함)	366(70.9)
안과학	54(10.5)
병리학	41(7.9)
피부과학	19(3.7)
소화기학	19(3.7)
기타분야	15(2.9)
복합분야	
영상의학과 심장학	1(0.2)
병리학과 핵의학	1(0.2)
합계	516(100)

의료 영역에서 인공지능 기술의 활용은 크게 전자의무기록(Electronic Medical Record, EMR)을 포함한 의료데이터를 이용한 연구, 환자의 활력 징후나 심전도 등 생체 신호를 이용한 연구, 그 외 환자의 의료 및 병리 영상을 이용한 연구로 나눌 수 있다. 전자의무기록을 포함한 의료데이터를 이용한 연구는 주로 전자의무기록 데이터를 비지도 학습(unsupervised learning)한 인공지능 기술을 통해 환자의 임상 결과를 예측하며, 연구 논문이 다수 발표되고 있다. 유전체 데이터를 이용하여 질환 진단에 적용하는 연구가 대표적인 임상적용 사례이다. 특히, 전자의무기록의 경우 자연어(free text)로 작성되는 경우가 일반적이어서 자연어 처리(natural language processing)에 대한 연구도 활발하게 병행되고 있다. 생체 신호 관

련 연구는 기존의 의료현장에서 사용되어 왔던 환자 모니터링 장비들에서 생성되는 다양한 생체 신호를 수집하고 분석하는 연구이다. 어떤 방식으로 생체 신호를 수집할지, 그리고 수집된 생체 신호를 질환 예측 등에 활용할 수 있는 방법은 무엇인지 같은 인공지능 기술을 활용해 임상에 적용하려는 다양한 연구가 시도되고 있다. 환자의 의료 및 병리 영상을 이용한 연구는 CT, MRI, 일반촬영 등을 통해 얻은 의료 영상과 병리 영상을 이용하여 병변을 검출하고 특정 질환을 진단하고자 하는 연구이다. 특히 의료 및 병리 영상을 이용한 연구 분야는 의료 영역에서 인공지능 기술의 활용이 가장 활발히 연구되고 있는 분야이다. 이 장에서는 주로 의료 영상을 중심으로 의료 영역에서 인공지능의 활용과 설명가능한 인공지능의 필요성에 대해 살펴보도록 하겠다[1－8].

Ⅰ. 의료 영상 영역에서의 인공지능 연구 현황

의료 영상 영역에서는 의료 영상의 분류(classification, 예: 암과 양성 병변 구분), 영상 분할(segmentation, 예: 전체 영상에서 간을 자동으로 분리함), 컴퓨터보조검출(computer－assisted detection) 방식의 병변 자동 검출, 모의 영상(simulation image, 예: MRI 영상을 이용 합성 CT 영상 제공) 등에 인공지능 기술을 적용할 수 있다[4, 9, 10].

1. 분류(classification)

현재 의료 영상 영역에서 인공지능 기술을 이용한 분류에 가장 많은 관심이 집중되고 있다. 예를 들면 환자의 영상 검사에서 병변이 발견된 경우 이 병변이 악성 종양일 확률을 인공지능을 이용한 학습을 통해 상당히 높은 정확도로 제공해 준다(그림 2).

[그림 2] 흉부 일반 촬영 검사에서 인공지능을 이용한 학습을 통한 폐암 확률 예측의 예

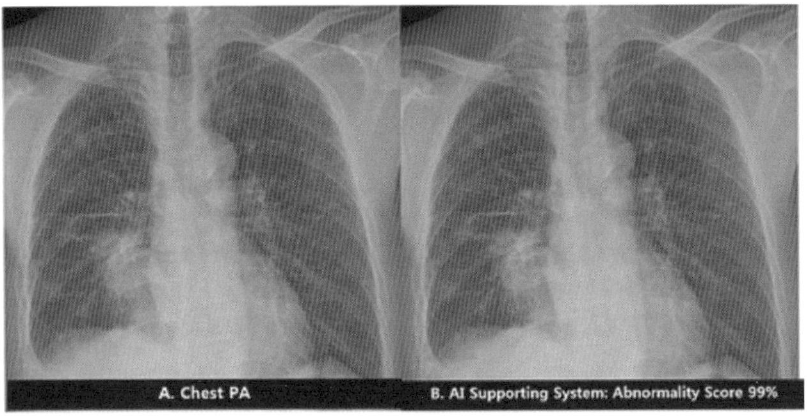

2. 영상 분할(segmentation)

다양한 의료 영상에서 정상 인체 장기나 병변을 인공지능 기술을 이용한 학습을 통해 자동으로 분리해 주는 기법으로 장기를 자동으로 분리하여 진단과 치료 방침을 정하는 데 도움이 되는 장기의 부피 측정을 자동화할 수 있도록 해 준다(그림 3).

[그림 3] 복부 CT에서 인공지능을 이용한 학습을 통해 간을 자동 분리한 예

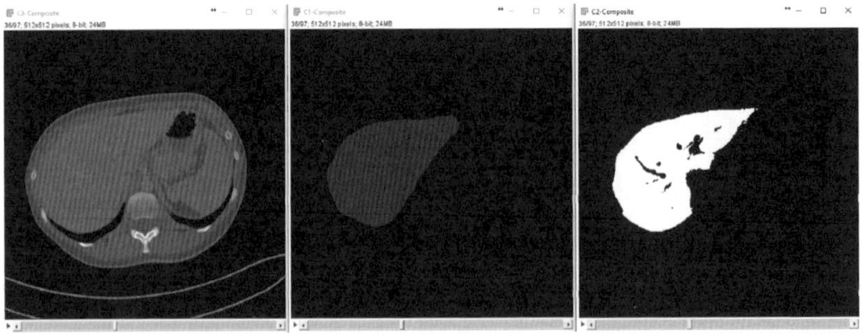

3. 컴퓨터보조검출(computer-assisted detection)

다양한 의료 영상에서 인공지능 기술을 이용한 학습을 통해 자동으로 병변을 검출해 주는 기법으로, 주로 좀 더 정확한 진단과 치료 방침의 설정을 위한 의료진의 진단 보조 장치로 활용된다(그림 4).

[그림 4] 복부 CT에서 인공지능을 이용한 학습을 통한 간암 자동 검출의 예

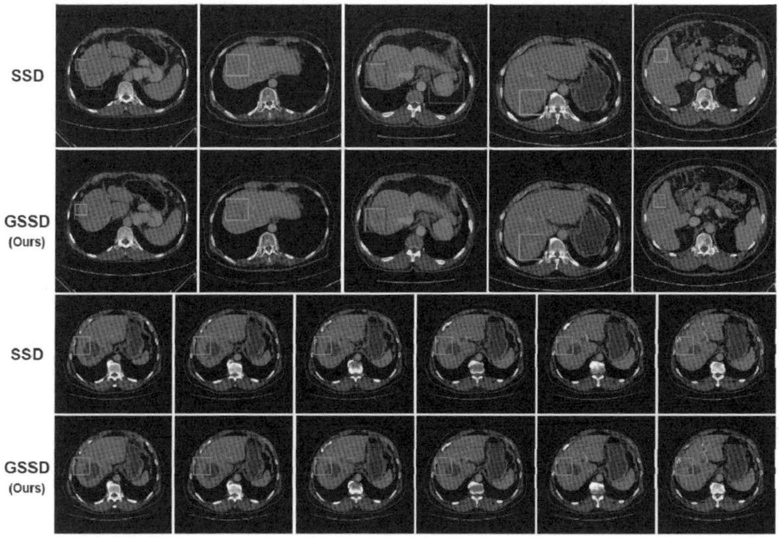

4. 모의 영상(simulation image)

최근 의료 영상 영역에서 관심이 집중되고 있는 분야로 인공지능 기술을 이용한 학습을 통해 다양한 의료 영상 검사를 대상으로 합성 영상을 생성하는 기법이다. 예를 들어 인공지능 기술로 MRI 영상을 이용하여 합성한 모의 CT 영상을 만들기도 하고, 조영증강 전 영상을 이용하여 조영증강 후 영상을 합성하기도 한다. 향후 영상 화질 개선, 학습용 의료 영상

데이터 구축 등 다양한 분야에서 적용이 가능할 것으로 예상된다(그림 5).

[그림 5] GAN(Generative Adversarial Network) 기법으로 조영증강 전 CT를 이용하여 조영증강 후 영상을 합성한 예

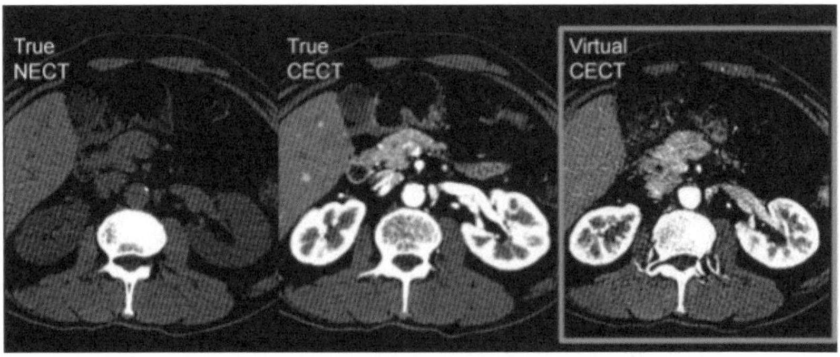

Ⅱ. 의료 영상 영역에서 인공지능의 임상적용 현황

의료 영역에서 인공지능 활용의 궁극적인 목적은 의료현장에서 환자의 진료와 치료에 실제로 적용하는 것이다. 환자를 대상으로 한 임상 적용을 위해서는 국가의 허가 절차를 거쳐야 하는데, 미국의 경우 Food and Drug Administration(FDA), 한국의 경우 식품의약품안전처의 허가를 받아야 한다. 일반적으로 의약품의 경우 임상 적용 허가를 위해 매우 높은 수준의 임상적 근거가 요구되고 있으나 인공지능 기술을 활용한 경우 기술 개발 속도가 매우 빠르고, 새롭게 개발된 장치나 소프트웨어를 좀 더 빨리 임상에 적용하여 실제 임상에서 그 성능을 평가할 필요가 있어 상대적으로 낮은 수준의 근거만으로 허가가 이루어지고 있다[11, 12].

미국의 경우를 살펴보면 이전에는 의료 기기의 임상 적용을 위해서 새롭게 개발된 저위험 혹은 중등도 위험의 의료 기기의 경우 기존 사용 중인 임상 기기와 비교하여 비슷하거나 우월한 성능을 보일 때 승인을 해

주었으나, 2018년 미국 FDA는 "Medical Device Safety Action Plan: Protecting Patients, Promoting Public Health"라는 지침서 발표를 통하여 기존 의료 기기와 직접 비교하는 대신 성능이 비슷하거나 우월하다는 것을 판단할 수 있는 데이터를 바탕으로 상당한 동일성(substantial equiv-alence)이 인정되면 임상 사용 승인을 해 줄 수 있도록 허가 기준을 완화하였다. 이러한 정책 변화는 최근 인공지능을 포함해 매우 빠르게 변화하고 있는 의료환경의 특성을 고려하여, 새롭게 개발된 장치나 소프트웨어를 좀 더 빨리 임상에 적용할 수 있게 하고자 하는데 그 목표가 있다. 실제로 2018년 말에 많은 인공지능 기반의 기술들이 미국 FDA의 승인을 받았다(표 2)[8, 13].

[표 2] 인공지능 기반 기술의 FDA 승인 현황[8]

Company	FDA Approval	Indication
Apple	September 2018	Atrial fibrillation detection
Aidoc	August 2018	CT brain bleed diagnosis
iCAD	August 2018	Breast density via mammography
Zebra Medical	July 2018	Coronary calcium scoring
Bay Labs	June 2018	Echocardiogram EF determination
Neural Analytics	May 2018	Device for paramedic stroke diagnosis
IDx	April 2018	Diabetic retinopathy diagnosis
Icometrix	April 2018	MRI brain interpretation
Viz.ai	February 2018	CT stroke diagnosis
Arterys	February 2018	Liver and lung cancer (MRI, CT) diagnosis
MaxQ-AI	January 2018	CT brain bleed diagnosis
Alivecor	November 2017	Atrial fibrillation detection via Apple Watch
Arterys	January 2017	MRI heart interpretation
Viz.ai	February 2018	CT stroke diagnosis

이 중 인공지능 기술로 안저 영상을 자동 분석하여 당뇨망막병증을 진단하는 소프트웨어는 현 시점에서 인공지능 기술을 의료에 적용하는 가장 성공적인 예 중의 하나이다. 높은 수준의 근거를 바탕으로 안저 영상을 자동 분석하여 당뇨망막병증의 진단에 도움을 주고 있어 다른 기술과 비교하여 비교적 빠른 속도로 의료현장에 널리 도입될 수 있을 것으로 예상된다. 이런 소프트웨어는 보다 많은 당뇨병 환자들이 보다 빠른 시기에 적절한 치료의 기회를 가지도록 하여 궁극적으로 당뇨망막병증으로 인한 시력 손실을 상당히 줄일 수 있을 것이라 기대된다. 이 경우 인공지능 기술을 이용한 소프트웨어 개발 단계에서 많은 수의 외부 의료기관이 보유한 당뇨망막병증 영상 자료를 이용하게 되는데, 인공지능 기술의 정확도를 향상시키고자 연구진들이 여러 차례의 검증 절차를 거치게 된다. 이처럼 높은 수준의 근거를 바탕으로 임상 적용을 한 사례는 인공지능 기술을 이용한 소프트웨어 개발 단계의 정확도 향상을 위한 노력이 중요하고 가치가 있다는 것을 잘 보여준다. 또 다른 적용 예로 인공지능 회사인 "Aidoc"은 뇌 컴퓨터단층촬영에서 두개 내 출혈이 의심될 경우 영상의학과 의사의 판독 폴더에서 판독의 우선순위를 최상위로 이동시켜 담당의사로 하여금 이러한 환자들의 영상을 우선 확인하도록 하였다. 이를 통해 중요한 담당의사가 소견을 놓칠 가능성을 낮추고 응급한 환자를 좀 더 빨리 찾을 수 있도록 하였다. 이와 같이 인공지능 기술을 이용한 의료기기가 기존의 의료 환경에서 취약한 부분을 보완해 주는 역할을 하는 경우 쉽게 임상에 적용할 수 있음을 볼 수 있다.

국내에서도 인공지능 관련된 정책들은 매우 빠르게 변화하고 있는 의료환경의 특성을 고려하여, 새롭게 개발된 장치나 소프트웨어를 좀 더 빨리 임상에 적용할 수 있게 하고자 그 허가 절차를 간소화하였다. 이로 인해 실제로 2019년 말에 많은 인공지능 기반의 의료기기들이 임상 사용 허가를 받았다(표 3). 대표적으로 소아 일반촬영 영상을 이용한 골연령판독,

흉부 일반촬영의 비정상 소견과 결절 찾기, 뇌 자기공명영상촬영 뇌졸중 아형분류 등의 분야에서 의사를 보조하는 역할로서 허가를 획득하였다 [11, 12, 14].

[표 3] 2019년 국내 인공지능 기반 의료기기 허가 현황(2020년 식품의약품안전처 보도자료[15])

업체명	품목명	사용목적
이우소프트	치과용영상전송장치	치과용 영상 저장, 분석, 전송장치
삼성전자	의료영상검출보조	흉부 일반촬영 폐 결절 검출
루닛	의료영상진단보조	유방촬영술(Mammography) 유방암 의심 부위를 검출
제이엘케이인스펙션	의료영상분석장치	뇌 MRI 분석과 모의치료
뷰노	의료영상검출보조	흉부 일반촬영 비정상부위 검출
딥노이드	의료영상검출보조	일반촬영 영상 요추 압박 골절 검출
제이엘케이인스펙션	의료영상분석장치	폐 영상 분석과 모의치료
제이엘케이인스펙션	의료영상분석장치	위 내시경 영상 분석과 모의치료
제이엘케이인스펙션	의료영상분석장치	대장 내시경 영상 분석과 모의치료
루닛	의료영상검출보조	흉부 일반촬영 비정상부위 검출

Ⅲ. 의료 영역에서 개발된 AI 기술이 실제로 임상 진료에 적용될 시 고려할 점

최근 전 세계적으로 인공지능 기술을 포함해 매우 빠르게 변화하고 있는 의료환경의 특성을 고려하여, 새롭게 개발된 인공지능 기술을 이용한 의료기기의 허가를 보다 간소화하려는 제도적 움직임이 나타나고 있다. 미국의 경우 FDA에서 Pre-Cert라는 실험적 제도를 시작하였다. 이는 인공지능 기술을 이용한 개별 의료기기에 대한 허가 평가가 아닌 제조사를 평가하여 적절한 자격 요건을 갖춘 제조사에 먼저 자격을 부여하고, 이 제조사들이 만든 인공지능 기술을 이용한 의료기기들은 출시 전 허가 과정을 면제받거나 간소화된 과정만을 거치게 하는 제도이다. 특히, 선도입-후평가 상황에서는 제도의 시행에 앞서 먼저 후 평가를 어떻게 적절히 수행할 수 있을지에 대한 구체적이고 체계적인 대비가 중요한데, 실제, 미국 FDA의 경우는 National Evaluation System for Health Technology 라는 체계를 만들어 이에 대비를 하고 있다. 이와 같이 새로 도입된 인공지능 기술을 이용한 의료기기들이 실제 환자 진료에 도움이 되는지를 면밀하게 평가하려는 적극적 자세를 갖는 것이 중요하다. 예를 들어, 인공지능을 임상 진료에 도입하기에 앞서 꼼꼼한 체계적 임상 검증을 할 필요가 있다[9, 13, 16, 17].

인공지능 기술을 이용한 의료기기 개발은 주제 선정, 데이터 수집, 데이터 탐색 및 정제, 알고리즘 개발, 평가 그리고 임상적용의 단계를 거치게 된다. 인공지능 기술을 의료 영역에서 효과적으로 활용하기 위해서는 단순히 데이터를 입력하고 변수를 조정하여 결과를 산출하는 과정과 같은 기존의 공학적인 측면 이외에도, 많은 의료 영역의 문제 중에서 인공지능 기술에 적합한 주제를 선정하여 적절한 데이터를 모으는 것부터 만들어진 알고리즘을 검증하고 실제 임상에 적용하는 여러 단계를 전반적으로 이해하는 것이 필수적이다. 특히 훈련데이터와 검증데이터를 이용하여 적절한 알고리즘을 개발한 이후에 이를 평가하는 단계가 중요하다. 가장 일반적인 방법은 개발된 알고리즘을 최대한 임상 상황과 유사한 평가데이터에 적용하여 그 정확도를 평가하는 방법이다(그림 6). 임상 적용 내용에 따라서 기존의 알고리즘 혹은 해당 분야의 전문가와의 정확도 비교를 통해서 개발된 알고리즘을 평가하게 된다. 만약 이러한 평가과정에서 알고리즘의 성능이 기대치에 미치지 못한다면 알고리즘 개발 단계들에 문제가 없었는지를 확인하고 이를 개선하는 과정을 반복하게 된다.

[그림 6] 인공지능 기술을 이용한 의료기기 개발 과정에 사용되는 데이터 종류

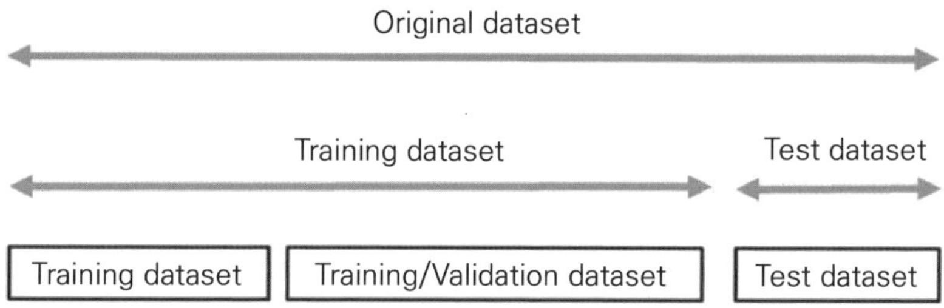

최근 발표한 한 연구 논문에 의하면 2018년 발간된 의료 영상 영역에서 인공지능을 이용한 진단 능력 평가 연구 분석 논문 516편 중 6%(31편)만 외부검증(external validation)을 수행하였고, 진단 능력 평가에 중요한 요소인 외부검증(external validation), 환자－대조군 연구(case－control study)가 아닌 진단 코호트 연구(diagnostic cohort study), 다기관 전향적 연구(multiple institutions, prospective study)를 모두 충족시키는 연구는 없었다고 한다[4]. 이는 많은 연구가 실제 임상에 사용할 수준의 단계에는 아직 미흡한 상태임을 말한다. 인공지능 기술을 이용한 의료 영역에서의 연구는 아직 대부분 시작 단계이고 이런 이유로 현재 인공지능 기술을 이용한 연구 결과물들이 실제로 임상 진료에 널리 사용되는 예는 드물다. 의료 영역에서 인공지능 기술을 이용한 의료기기의 활용을 좀 더 활성화하려면 임상 진료 도입 전 개발된 의료기기의 정확도를 향상시키고자 하는 노력이 선행되어야 한다. 의학적 진단 및 예측을 위한 인공지능 기술을 이용한 의료기기의 정확도를 올바로 검증하기 위해서는, 과적합(overfit－ting, 알고리즘이 학습데이터 내에서는 정확하나 학습에 사용되지 않은 외부 데이터에서는 정확도가 떨어지는 현상), 유병률 효과(prevalence effect), 스펙트럼 효과(spectrum effect)가 의료기기의 성능에 어떤 영향을 미치고 어떤 바이어스(bias)를 유발할 수 있는지를 잘 이해할 필요가 있다.

유병률(prevalence)은 어느 한 시점에 특정 인구집단 또는 지역에서

질병을 가지고 있는 인구의 수를 대응되는 인구집단 또는 지역의 전체 인구 수로 나눈 값으로, 유병률에 따라 개발된 인공지능 기술을 이용한 진단 보조 장치의 성능이 영향을 받게 된다. 같은 진단 알고리즘의 경우에도 유병률이 높은 경우에는 낮은 경우에 비하여 질환을 예측하는 양성 예측도가 향상하는 것을 볼 수 있다. 스펙트럼(spectrum)은 같은 질환이어도 질환의 발현 양상은 임상 상황에 따라 다양하게 나타나게 되는데 이러한 다양한 질환 양상을 가리킨다. 이러한 다양한 발현 양상이 반영되지 않는 상황에서 개발된 알고리즘의 경우 실제 임상 상황과 비교하여 향상된 성능을 보일 수 있어 이에 대한 주의가 필요하다.

이러한 바이어스를 최소화하고, 다양한 임상 환경에서도 정확한 성능을 발휘할 수 있도록 개발 단계에서부터 노력하는 것이 매우 중요하다. 과적합은 자료를 보다 깊이 탐색하고 기존에 인지하지 못하였던 새로운 연관성의 확인을 통해 새롭고 좀 더 정확한 인공지능 알고리즘을 개발하는 측면에서 도움을 줄 수도 있으나, 알고리즘의 성능을 임상적으로 평가하는 관점에서 보면 정확도를 과장하는 문제를 일으킬 수 있다. 인공지능 기술을 이용한 의료기기에서 과적합을 줄이기 위한 다양한 방법들이 적용되고 있으나 이러한 방법을 통해서 과적합 문제가 항상 충분히 해결된다고 보장할 수 없다. 또한, 인공지능 기술을 이용한 의료기기 개발에 사용되는 자료들은 일반적으로 자료 수집이 용이한 환자－대조군 방식으로 수집되는 경우가 많아 스펙트럼 효과에 의한 바이어스(spectrum bias)에 취약하다. 과적합과 유병률 효과, 스펙트럼 효과에 의한 바이어스는 모두 인공지능 기술을 이용한 의료기기의 정확도와 일반화 가능성을 크게 과장할 수 있으므로 임상검증 과정에서 반드시 꼼꼼히 검토해야 하는 부분이다[3, 4, 9, 10, 14, 18].

Ⅳ. 의료 영역에서 설명가능한 인공지능의 필요성

인공지능 기술을 이용한 의료기기는 제시하는 결과에 대해서 왜 그러한 결과가 나왔는지 명확한 설명을 하기 어려운 "black box" 성격을 가지고 있어 임상검증에 있어 보다 엄격한 평가가 요구된다. 최근에는 인공지능 기술을 이용한 의료기기가 제시하는 결과가 나온 이유를 가능한 어느 정도 직관적으로 이해할 수 있도록 도와주는, "black box" 문제를 보완하기 위한 방법들이 일부 제시되고 있다(예: heat map, attention map, saliency region). 특히 딥러닝 방식의 알고리즘 개발 시 시스템 내부의 의사결정 과정을 볼 수 없어 이를 보완하기 위한 장치와 기술의 필요성이 중요한 문제로 제시되고 있다[4, 6, 9, 11-13, 17, 19, 20]. 예를 들어 흉부 일반 촬영 검사 병변 검출 학습과정에서 좌우표지를 병변으로 학습하거나(그림 7), 환자의 폐 이외의 부분을 병변으로 오인하여 학습하는 경우를 히트맵(heat map)을 이용하여 발견하면 이 부분을 개선하여 학습 효과를 증진 시킬 수 있다(그림 8).

[그림 7] 흉부 일반 촬영 검사의 인공지능을 이용한 학습 과정에서 특정 모양의 좌우표지를 비정상으로 인식하여 학습한 경우

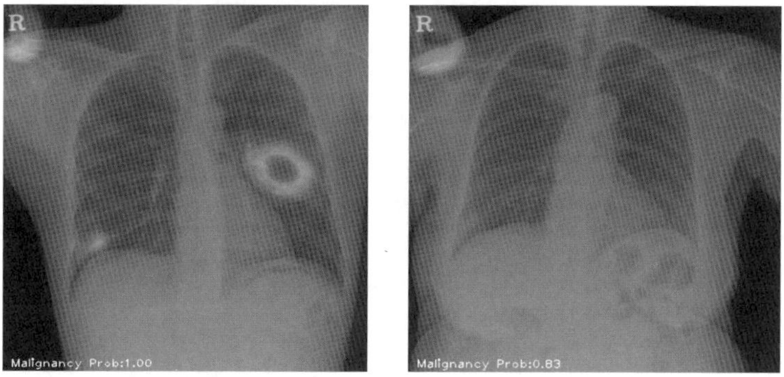

[그림 8] 흉부 일반 촬영 검사의 인공지능을 이용한 학습 과정에서 환자의 폐 밖의 물체인 손목 시계를 비정상으로 인식하여 학습한 경우

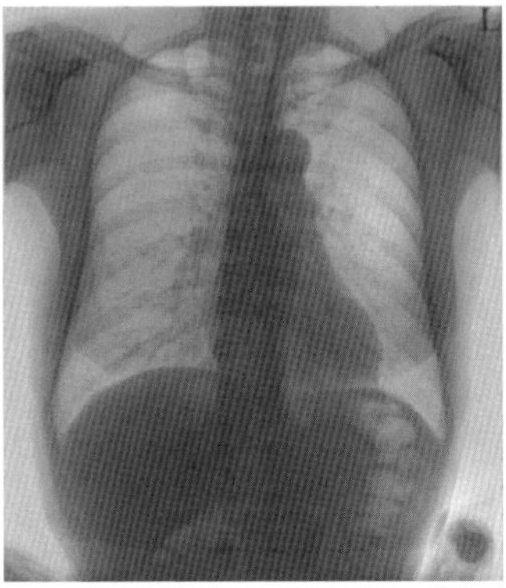

실제 기흉(Pneumothorax) 검출 알고리즘의 학습 과정에서 흉관(chest tube)을 병변으로 인식한 것을 히트맵을 이용하여 확인한 후 이를 개선하여 학습 효과를 증진시킨 경우도 있다(그림 9). 이와 같이 딥러닝 알고리즘이 제시하는 결과가 나온 이유를 가능한 어느 정도 직관적으로 이해할 수 있도록 도와주는 방법에 대한 연구는 알고리즘 개발 시 시스템 내부의 의사결정 과정을 이해하고 성능 개선에 활용할 수 있어 이런 분야의 기술 개발 필요성이 중요한 문제로 제시되고 있다.

[그림 9] 기흉(Pneumothorax) 검출 알고리즘에서 흉관(chest tube)을 인지하였던 히트맵과 정상적으로 기흉을 인지한 히트맵의 예

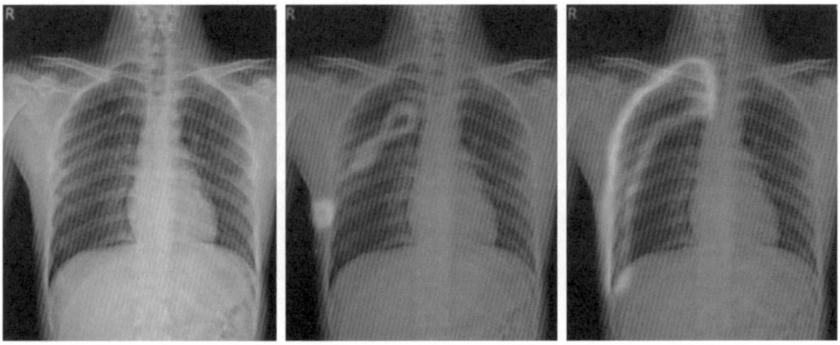

의료 영역에서 설명가능한 인공지능 기술이 필요한 또 다른 이유로, 인공지능 기술이 환자의 영상 검사에서 병변이 악성 종양일 확률을 상당히 높은 정확도로 분류해 준다고 할 때 병변이 구체적으로 어느 부분인지 같이 제시되어야 의료진이나 환자의 신뢰를 높일 수 있다는 점을 들 수 있다. 예를 들어 흉부 일반 촬영 검사에 인공지능을 이용한 학습을 통해 폐암이 있을 확률을 99%로 제공해 주는 경우, 히트맵을 이용하여 인공지능이 폐암을 의심하는 부위를 보여줌으로써 이를 이용하는 의료진의 신뢰도를 향상시킬 수 있다(그림 10). 이와 같이 의료 영역에서 설명가능한 인공지능의 필요성은 인공지능 기술의 성능 향상과 신뢰도 향상에 매우 중요한 부분으로 향후 이 분야에 더 많은 발전이 있으리라 기대되며, 이러한 방법들에 대한 발전과 이해가 향후 인공지능 기술의 임상검증에도 추가로 많은 도움을 줄 수 있을 것으로 기대된다.

[그림 10] 흉부 일반 촬영 검사에 인공지능을 이용한 학습을 통한 폐암 확률 예측에서 히트맵을 이용하여 인공지능이 폐암이 예상되는 부위를 보여줌으로써 이를 이용하는 의료진의 신뢰도 향상의 예

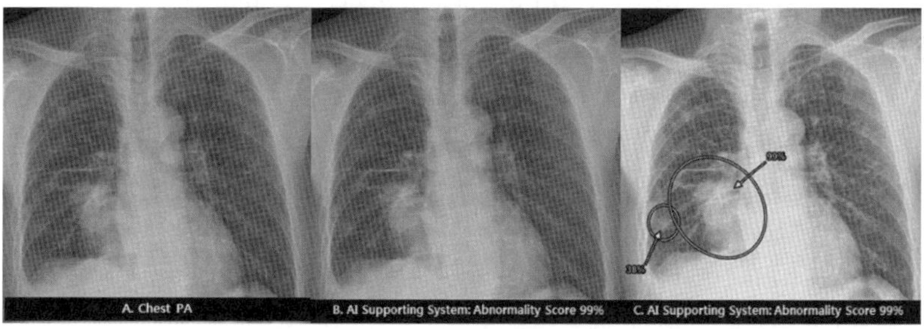

참고문헌

[1] Chan Y-K, Chen Y-F, Pham T, Chang W et al. Artificial Intelligence in Medical Applications. Journal of healthcare engineering 2018; Volume 2018.

[2] Lee J-G, Jun S, Cho Y-W, Lee H et al. Deep learning in medical imaging: general overview. Korean journal of radiology 2017; 18(4): 570-84.

[3] 송경두, 김명찬, 도신호. 딥러닝 알고리즘 개발과정을 통해 본 영상의학분야에서 딥러닝의 최신 경향. J Korean Soc Radiol 2019; 80(2): 202-12.

[4] Kim DW, Jang HY, Kim KW, Shin Y et al. Design characteristics of studies reporting the performance of artificial intelligence algorithms for diagnostic analysis of medical images: results from recently published papers. Korean journal of radiology 2019; 20(3): 405-10.

[5] Mintz Y, Brodie R. A. Introduction to artificial intelligence in medicine. Minim Invasive Ther Allied Technol 2019; 28(2): 73-81.

[6] Park SH, Kressel HY. Connecting technological innovation in artificial intelligence to real-world medical practice through rigorous clinical validation: what peer-reviewed medical journals could do. Journal of Korean Medical Science 2018; 33(22).

[7] Savadjiev P, Chong J, Dohan A, Vakalopoulou M et al Demystification of AI-driven medical image interpretation: past, present and future. European radiology 2019; 29(3): 1616-24.

[8] Topol EJ. High-performance medicine: the convergence of human and artificial intelligence. Nature medicine 2019; 25(1): 44.

[9] Park SH, Han K. Methodologic guide for evaluating clinical performance and effect of artificial intelligence technology for medical diagnosis and prediction. Radiology 2018; 286(3): 800-9.

[10] 김휘영, 정대철, 최병욱. 딥러닝 기반 의료 영상 인공지능 모델의 취약성: 적대적 공격. J Korean Soc Radiol 2019; 80(2): 259-73.

[11] 오지현. 의료용 인공지능의 허가에 대한 비교제도론적 고찰: 미국 · 유럽 · 중국 · 일본을 중심으로: 연세대학교 보건대학원; 2017.

[12] 정원준. 국내 인공지능 (AI) 의료기기 현황 및 규제 이슈. 주간기술동향 2018; 1(31): 2－15.

[13] US Food & Drug Administration. Medical Device Safety Action Plan: Protecting Patients, Promoting Public Health. 2018.

[14] 박성호, 도경현, 최준일, 심정석 et al. 첨단 디지털 헬스케어 의료기기를 진료에 도입할 때 평가원칙. J Korean Med Assoc 2018; 61(12): 765－75.

[15] 식품의약품안전처. 보도자료: 의료기기, 인공지능(AI) 활용 늘고 실버제품 확대－식약처, 2019년 의료기기 허가 보고서. 2020. 4. 29.

[16] US Food & Drug Administration. Proposed regulatory framework for modifications to artificial intelligence/machine learning (AI/ML)-based software as a medical device (SAMD)—discussion paper and request for feedback. 2019.

[17] Holzinger A, Biemann C, Pattichis CS, Kell DB. What do we need to build explainable AI systems for the medical domain? arxiv.org 2017.

[18] 박성호. 의료인공지능: 인공지능 초심자를 위한 길라잡이. J Korean Soc Radiol. 2018; 78(5): 301－8.

[19] Gordon L, Grantcharov T, Rudzicz F. Explainable Artificial Intelligence for Safe Intraoperative Decision Support. JAMA Surg 2019; 154(11): 1064－5.

[20] O'sullivan S, Nevejans N, Allen C, Blyth A et al Legal, regulatory, and ethical frameworks for development of standards in artificial in－telligence (AI) and autonomous robotic surgery. Int J Med Robot 2019; 15(1): e1968.

07

설명가능성을 넘어: 신뢰할 수 있는 인공지능을 위한 과제

고학수(서울대학교 법학전문대학원 교수)

Ⅰ. 들어가는 말: 인공지능 기술, 윤리, 법

Ⅱ. 인공지능 투명성(Transparency)과 설명가능성(Explainability)

Ⅲ. 설명가능성이 요구되는 이유

Ⅳ. 설명의 원칙

Ⅴ. 공정한 인공지능(Algorithmic Fairness)

Ⅵ. 결론

07

설명가능성을 넘어: 신뢰할 수 있는 인공지능을 위한 과제

고학수(서울대학교 법학전문대학원 교수)*

Ⅰ. 들어가는 말: 인공지능 기술, 윤리, 법

인공지능의 활용도가 늘어나면서, 그 사회적인 책임에 대한 요구 또한 늘어나고 있다. 사실 자동화된 의사결정이 부당한 결과를 만들어 낼 가능성에 대한 우려는 인공지능 기술과 무관하게 제기될 수 있는 것이다. 다만 인공지능의 기술이 발전하면서 사회적인 활용도 또한 늘어나고 있고, 일부 인공지능 기술에 대해서는 그 작동방식이 "블랙박스(black-box)"라 불릴 만큼 불투명성이 높다는 지적이 나타나면서 설명가능성에 관한 관심이 본격화된 면이 있다.

특히, 의료와 금융을 포함하여 개인의 프라이버시와 관련하여 민감한 영역에서 의사결정의 과정에 인공지능의 도입이 좀 더 가시화되면서 인공지능에 의한 자동적 의사결정에 대한 관심과 동시에 우려의 목소리 또한 늘어나고 있다. 일상생활에서의 중요도나 민감도가 상대적으로 떨어지는 영역에서는 판단의 과정에 대한 투명성이나 사회적인 책임에 대한 요구가 적을 수 있지만, 환자의 건강에 직접 영향을 미칠 수 있는 의료의 경우나 투자자의 경제적인 상황에 곧바로 영향이 나타날 수 있는 금융의 영역 등 민감성이 높은 영역에서는 투명성에 대한 요구가 전반적으로 높

* 도움을 준 구본효 대학원생에게 감사의 뜻을 표한다.

게 나타날 수 있다. 이는, 당사자 입장에서 인공지능에 의한 판단을 수동적으로 받아들이기보다는, '알고 하는 의사결정(informed decision)'을 하고 싶다는 욕구가 간접적으로 반영된 것일 수도 있다.

이러한 문제의식과 논의는 법률과 정책의 변화로 나타나기도 하고 새로이 등장한 법제도에 대한 해석에 영향을 미치기도 한다. 대표적으로 유럽연합의 GDPR에서는 앞서 제5장에서 본 것과 같이 자동화된 의사결정에 대하여 정보주체에게 일정한 권리를 부여하는 몇몇 조항들이 포함되었고, 이 조항들의 해석을 둘러싸고 논란이 벌어지고 있다. 이는 설명가능한 인공지능의 개념이나 구체적인 구현방법에 관하여 더 많은 논의와 고민이 필요함을 시사하는 것이기도 하다.

설명가능성이나 투명성에 대한 요구는 그 배경에 있는 '책임성(accountability)'에 대한 요구를 어떻게 바라볼 것인지에 관한 더 넓은 논의를 촉발하는 계기가 되기도 하였다. 책임성(accountability)은 법적 책임(liability)보다 더 넓은 의미이다. '설명책임'이라 번역되기도 하는데, 필요에 따라 인공지능의 이용자 등에게 설명하고, 소명하고, 소통을 하는 것이 그 중요한 요소가 된다. 그로부터 경우에 따라서는 사회적 책임(responsibility)을 지게 되기도 하고, 더 나아가 법적 책임(liability)을 지게 되기도 한다.

인공지능의 책임성에 관한 질문은 근본적으로 "인공지능을 활용한 의사결정이 객관적인가? 가치중립적인가? 공정한가?"라는 의문을 포괄하는 것이고, 궁극적으로는 "인공지능은 신뢰할 만한가(trustworthy)?"라는 질문을 내포하는 것이다. 인공지능의 유용성을 강조하는 시각에서는, 인간의 의사결정은 주관적이고 여러가지 형태로 외부의 영향을 받지만, 그에 비해 인공지능은 외부의 영향으로부터 자유롭고 객관적인 판단을 할 것이라고 설명한다. 하지만 인공지능의 활용도가 높아지면서, 실제로 인공지능이 공정하거나 객관적이지 않은 판단을 할 가능성에 관한 문제제기는 계속해서 나타나고 있다. 그러한 문제제기는 설명가능성 등의 요건을 통해 인공지능에 일정한 규범적 제약이 필요하다는 주장으로 쉽게 연결된다. 일반적으로 인공지능은 관측된 데이터로부터 특징을 추출(feature extraction)하여 학습용 데이터(training data)를 구축하고 이를 알고리즘에 적용하는 과정을 통해 모형을 만들어 가는데, 관측된 데이터, 추출된 특징, 학습용 데이터 각각에는 연구자들의 편향 또는 더 나아가 사회의 편향적 시각이 반영될 가능성이 있고, 인공지능 모형의 기반이 되는 알고리즘에도 일정한 한계가 있을 수 있다. 그리고 그러한 한계에 주목하는 시각에서는 인공지능에 대한 투명성 요구와 함께 설명가능성을 당연한 것으로 바라볼 수 있다.

그렇다면 사회적으로 투명성이나 설명가능성의 요구가 나타나는 궁극적인 이유는 무엇인가? 이러한 요구가 나타나는 배경에는 인공지능에 대한 신뢰(trust)가 적어도 아직까지는 충분히 축적되지 않은 것이 현실이라는 인식이 있다. 제1장에서 언급한 것과 같이, 우리는 일상생활에서 복잡한 기술을 활용하면서 별도의 투명성이나 설명가능성을 요구하지 않는 경우가 많다. 대부분의 승객들은 비행기 엔진의 작동방식에 대해 알지 못하지만 별다른 불안감 없이 이를 이용한다. 마찬가지로 평소에 자동차 운전을 하는 운전자들이 자동차 엔진이나 그 이외에 자동차의 구동에 영향을 미치는 여러가지 사항들에 대해 구체적인 설명을 요구하는 경우는 많지 않을 것이다. 이러한 기기들에 대해서는 일정 수준 이상의 일반적인 신뢰가 형성이 되어 있고, 적어도 개인 이용자들이 투명성이나 설명가능성을 요구하는 단계는 지난 것으로 볼 수 있는 것이다. 또는, 병원에 입원하여 중요한 수술을 앞두고 있는 환자를 상정해 보자. 해당 환자가 수술의 내용에 대해 전문가에 준하는 수준의 상세한 설명을 요구하는 경우는 흔치 않을 것이다. (법적 요건을 준수한다는 전제하에) 상세한 설명이 주어졌는지보다는 오히려 의사의 경험이나 전문성, 소통 방식과 태도 등 여러 요소들을 통해 의사와 환자 사이에 얼마나 신뢰가 구축되었는지 여부가 현실적으로는 더 중요한 것이 일반적일 것이다.

다른 한편, 이러한 사례들을 통해 어떻게 신뢰를 구축할 것인지에 관한 중요한 시사점을 얻을 수도 있다. 무엇보다, 새로운 기술이 도입되더라도 충분한 사례와 경험의 축적을 통해 기술의 완성도와 안정성을 높일 필요가 있고, 그러한 과정을 통해 사회적인 차원에서의 일반적인 신뢰를 확보하는 것이 해당 기술의 도입을 위해 요구되는 중요한 전제조건일 수 있다. 또한 해당 기술에 대한 신뢰가 높지 않으면 투명성의 요구가 거세게 나타날 수 있지만, 그 반대로 신뢰가 높다면 투명성의 요구가 강하게 나타나지 않을 수 있다. 하지만 그와 별도로, 신뢰를 구축하고 유지하기 위해 다양한 형태의 '안전장치'가 필요한 면도 있다. 복잡한 기계장치에 대해서는 안전과 안정적 작동을 위한 일정한 기술적인 기준이 마련되는 경우가 적지 않고, 이러한 기준의 이행을 정기적으로 모니터하고 검증하는 별도의 절차가 마련되기도 한다. 이와 함께 품질이나 자격요건을 정하여 허가를 받도록 하거나 인증을 받도록 하는 유형의 방식이 병행되기도 한다. 인공지능에 있어서도, 일부 민감성이 높거나 중대한 의사결정의 영역에 있어서는 일반 이용자에게 직접 설명을 제공해 주는 방식이 아니라, 일정한 기준이나 표준을 정해 놓고 이를 충족하도록 한다거나 인증을 받도록 하는 방식이 더 효과적으로 신뢰를 구축하는 방법이 될 수 있다. 실제로 몇몇 국제표준화기구에서는 관련된 표준 마련을 위한 논의가 진행되고 있기도 하다[1, 2]. 2021년 4월에 유럽연합에서 발표된 인공지능 법안 또한 인증제도의 광범위한 활용을 전제로 하는 규율체계를 구상하고 있다[3].

Ⅱ. 인공지능 투명성(Transparency)과 설명가능성(Explainability)

위에서 언급한 책임성(accountability) 개념의 실질은 넓게 보면 투명성(transparency)에 대한 요구와 공정성(fairness)에 대한 요구로 나누어 생각할 수 있다. 사회규범적인 차원에서 보면, 공정한 인공지능이 의사결정의 실현에서의 규범적 제약을 말하는 것이라면, 투명한 인공지능은 의사결정의 절차나 과정에서의 규범적 제약을 가리키는 것으로 생각해 볼 수 있다. 우선 투명성에 관하여 생각해 보자. 투명성에 대한 요구는 가장 중요하게는 설명가능성(explainability) 또는 해석가능성(interpretability)에 대한 요구로 나타난다.

일반적으로 투명성 원리는 의사결정의 예측가능성 그리고 인공지능에 대한 관리와 감독을 위하여 요구되는 원칙인 것으로 볼 수도 있다. 그렇게 보면, 투명한 인공지능은 사전적(*ex ante*)으로는 의사결정의 주요 요소를 파악할 수 있도록 해 주고, 사후적(*ex post*)으로는 의사결정의 근거를 이해하는데 필요한 정보를 제공해 주는 것으로 이해할 수 있다.

설명가능성 개념의 기술적 구현 또한 두 갈래로 나누어 파악할 수 있다[4]. 첫째, 인공지능 시스템의 의사결정 메커니즘이나 모형의 주요 요소에 대해 전반적인 설명을 제공해 주는 것, 그리고 둘째, 사후적 설명을 제공하는 것이 그것이다. 첫 번째 유형의 설명은 시스템 전반의 작동방식이나 원리에 대한 투명성을 강조하는 것이고, 경우에 따라서는 시뮬레이션가능성(simulatability)을 내포하는 설명이다. 두 번째 유형의 설명은, 개별 의사결정에 대하여 사후적 설명을 제공하는 것이다. 두 번째 유형의 설명을 통해서는 인공지능 시스템 전체의 작동방식을 파악하는 것은 어려울 수 있지만, 개별 의사결정에 국한해서 보면 현실적으로 더욱 구체적이고 유용한 정보를 제공하는 방식이 될 수도 있다.

인공지능 투명성의 확보를 위한 법적 규율은 어떠한가? 인공지능과 무관하게 설명제공의 요건을 정하고 있는 일부 영역이 있다. 예를 들어, 의료나 금융(신용평가)의 영역을 보자. 의료와 금융을 포함한 민감한 영역에서는 투명성 요청이 강하게 나타나는 경우가 많다. 이는 "설명"이 자기

결정권 행사의 필연적인 요소라는 암묵적인 전제를 가정하는 것으로 볼 수 있다. 구체적인 예로, 의료법 제24조의2 제1항은 다음과 같이 규정하고 있다.

> 의사·치과의사 또는 한의사는 사람의 생명 또는 신체에 중대한 위해를 발생하게 할 우려가 있는 수술, 수혈, 전신마취(이하 이 조에서 "수술등"이라 한다)를 하는 경우 제2항에 따른 사항을 환자(환자가 의사결정능력이 없는 경우 환자의 법정대리인을 말한다. 이하 이 조에서 같다)에게 설명하고 서면(전자문서를 포함한다. 이하 이 조에서 같다)으로 그 동의를 받아야 한다. 다만, 설명 및 동의 절차로 인하여 수술등이 지체되면 환자의 생명이 위험하여지거나 심신상의 중대한 장애를 가져오는 경우에는 그러하지 아니하다.

즉, 의료법은 수술을 포함한 일정한 상황에서 의사에게 설명의무를 부여하는 것이다. (현 단계의) 인공지능 기술을 활용하여 수술, 수혈, 전신마취 등의 의료행위를 하는 상황에서도 마찬가지의 설명의무가 존재한다고 보는 것이 합리적일 것이다.

금융 영역의 경우에, 2020년에 개정된 신용정보의 이용 및 보호에 관한 법률에는 다음과 같이 "자동화평가"에 관하여 설명을 제공할 것을 요구하는 명시적인 규정이 포함되었다(법 제36조의2 제1항).

> 개인인 신용정보주체는 개인신용평가회사 및 대통령령으로 정하는 신용정보제공·이용자(이하 이 조에서 "개인신용평가회사등"이라 한다)에 대하여 다음 각 호의 사항을 설명하여 줄 것을 요구할 수 있다.
>
> 1. 다음 각 목의 행위에 자동화평가를 하는지 여부
>   가. 개인신용평가
>   나. 대통령령으로 정하는 금융거래의 설정 및 유지 여부, 내용의 결정(대통령령으로 정하는 신용정보제공·이용자에 한정한다)
>   다. 그 밖에 컴퓨터 등 정보처리장치로만 처리하면 개인신용정보 보호를 저해할 우려가 있는 경우로서 대통령령으로 정하는 행위

2. 자동화평가를 하는 경우 다음 각 목의 사항
   가. 자동화평가의 결과
   나. 자동화평가의 주요 기준
   다. 자동화평가에 이용된 기초정보(이하 이 조에서 "기초정보"라 한다)의 개요
   라. 그 밖에 가목부터 다목까지의 규정에서 정한 사항과 유사한 사항으로서 대통령령으로 정하는 사항

다른 한편, 개인정보보호와 관련하여 일반법적인 성격을 갖고 있는 개인정보 보호법은 개인정보 이용의 목적을 사전적으로 고지할 의무를 규정하고 있기는 하지만 사후적으로 특정한 의사결정에 대하여 설명을 요구하고 있지는 않다. 다만, 최근의 입법적 시도는 프로파일링(profiling) 등의 자동화된 개인정보의 처리에 대해 법령을 통해 명시화하고 필요에 따라 규제를 하려는 움직임으로 나타나기도 한다. 이러한 움직임에는 인공지능에 근거한 의사결정에 대하여 설명을 요구할 권리를 규정하고자 하는 시도가 포함되기도 한다. 국내에서도 이와 관련한 입법적 흐름이 보이기도 하고, 해외에서도 시도가 나타나기도 한다. 특히, 유럽연합에서는 제5장에서 본 것과 같이 GDPR에 '설명을 요구할 권리(right to explanation)' 조항이 포함되어 있기는 하지만, 이러한 권리가 법상 실제로 존재하는 것인지에 관한 근본적인 차원의 논란이 아직 명확하게 정리되지 않은 상황이다.

그렇다면 '설명가능한 인공지능' 개념을 어떻게 구체화할 수 있겠는가? 이를 위해서는 인공지능에도 상당히 다양한 유형의 모형이 있음에 관해 주목할 필요가 있다. 그리고 개별 모형에 따라서 투명성이나 설명가능성의 정도가 크게 다를 수 있음을 고려할 필요가 있다. 이에 따라, 매우 높은 수준의 투명성과 설명가능성이 요구되는 유형의 상황에 대해서는 성능에 일부 제약이 주어지더라도 필요한 수준의 설명가능성이 확보되는 모형을 이용하도록 할 필요가 있을 수 있다. 예를 들어, 드론을 이용한 폭격이나 외과적으로 중대한 수술 등 인간의 생명이나 안전에 중대한 영향

을 미칠 수도 있는 의사결정이 이루어지는 맥락에서는 상당히 높은 수준의 투명성이 요구되는 것이 정당화될 수 있을 것이다. 그에 비해, 인간의 생명이나 안전에 직접적인 영향을 미치지 않는 유형의 의사결정에 대해서는 상대적으로 높지 않은 수준의 투명성을 요구하는 것이 현실적일 수 있다. 그러한 경우에, 연구개발자의 입장에서는, 요구되는 투명성 수준을 고려하여, 구체적으로 어떤 유형의 인공지능 모형을 이용할지에 관해 고려할 필요가 있을 것이다.

다른 한편, 요구되는 설명의 종류가 모형 전반에 관한 설명(global explanation)인지, 부분적인 또는 개별 의사결정에 관한 설명(post－hoc per－decision explanation; local explanation)인지 등에 따른 구분 또한 현실적으로 중요할 수 있다. 우선 의사결정나무(decision tree)나 로지스틱 회귀(logistic regression) 유형의 모형은 대체로 별도의 설명이 요구되지 않는다. 이러한 유형의 인공지능 모형은 해석가능한(interpretable) 인공지능이라 불리기도 하는데, 이는 이러한 유형의 인공지능 모형에 대해 모형의 구조를 이해하는 것이 어렵지 않은 것이 보통이기 때문이다. 한편, 인공지능 모형의 구조가 복잡해지면 별도의 설명 메커니즘이 필요할 수 있다. 모형 전반에 대한 설명을 제공하는 방식으로는 근래에 Shapley Value의 개념을 응용한 SHAP(SHapley Additive exPlanations), TCAV(Testing with Concept Activation Vectors), 다양한 형태의 시각화(visualization) 등의 방법론이 개발되고 있다. 그리고 개별 의사결정에 대해 설명을 제공하는 방식으로는 LIME(Local Interpretable Model－agnostic Explanations), 반사실(counterfactuals) 등의 방식이 개발되고 논의되고 있다. 이 영역의 기술적인 방법론은 빠르게 발전하고 있는데, 이러한 방법론이 사회 규범적인 시각과 어떻게 조화를 이루도록 할 것인지에 관해서는 지속적인 관심과 논의가 요구된다.

Ⅲ. 설명가능성이 요구되는 이유

앞에서 본 것과 같이 인공지능에 대해 설명가능성이 요구되는 궁극적인 이유는 인공지능에 대한 신뢰와 관련이 높다. 설명가능성이 요구되는 이유에 대해 좀 더 구체화하여 살펴보자. 설명가능성이 요구되는 이유에 관해 앞의 장(제1장 및 제2장)에서도 일부 언급된 바 있지만, 이에 관하여 미국의 국립표준기술연구소(National Institute of Standards and Technology, "NIST")는 다음과 같이 다섯 가지로 정리하였다[5].[1]

첫째, 이용자 또는 소비자를 위하여 설명이 필요할 수 있다. 설명에 관한 요구는 단순한 호기심 충족 차원일 수도 있지만 경우에 따라서는 인공지능 기술을 이용한 의사결정을 정당한 것으로 받아들이고 인공지능 시스템에 대한 신뢰를 형성하는 데에 있어 근간이 되는 것일 수도 있다. 특히, 민감한 영역에서의 의사결정과 관련된 사안은 그 근거에 관하여 충분한 설명이 주어지지 않으면 신뢰의 형성이 어려울 수 있다. 더 넓게는 사람에 대한 평가와 관련하여 인공지능 기술을 활용하는 상황 전반에 있어 이용자의 신뢰를 얻기 위해서는 설명이 중요하다고 할 수 있다. 이러한 목적의 설명은, 설명을 받게 되는 상대방의 이해도를 고려하여 이에 맞춰 제공될 필요가 있다.

둘째, 인공지능에 대한 사회적 수용성(social acceptance) 확보를 위하여 설명이 필요할 수 있다. 이는 사회적인 차원에서 인공지능에 대한 신뢰 구축을 위해 필요한 종류의 설명을 말한다. 이러한 설명은, 위에서 본 개별 이용자나 소비자를 고려한 설명과 같은 것일 수도 있지만, 반드시 그렇지는 않다. 예를 들어, 인공지능 시스템을 통해 일반적으로 예상하기 어려운 독특한 결괏값이 제시되었다면, 이는 관련된 개인 차원에서도 문

1) 이 절과 다음 절의 NIST 보고서를 인용한 설명은, NIST 보고서에서 출발하여 저자의 생각을 담아 추가적인 내용을 담은 것이다.

제가 되는 것은 물론이고 사회적인 차원에서도 중요한 의미를 가질 수 있다. 그러한 경우에는 사회적인 차원에서 유용한 설명을 제공하는 것이 필요할 수 있다. 다른 한편, 특이하지 않은 결괏값에 대해서는, 개인 차원에서는 설명이 제공되는 것이 중요할지라도 사회적인 차원에서는 설명의 중요성이 크지 않을 것이다.

셋째, 규제 목적상 설명이 필요할 수 있다. 여기서의 규제는 넓은 의미로 제시된 것인데, 규제기관을 통한 행정규제뿐 아니라, 인증(certification)이나 감사(audit), 표준(standard) 등과 관련하여 기준을 충족하였음을 확인하거나 이행을 확인하기 위해 필요한 경우를 포괄하는 것이다. 또는, 인공지능 알고리즘이나 (인공지능이 임베딩된) 하드웨어의 오작동, 사고 등이 발생한 경우에, 사후적인 조사와 평가를 위해서 설명이 필요할 수도 있다. 구체적인 목적에 따라서 설명이 제공되는 대상이 달라질 수 있고 또한 어떤 내용을 담아서 얼마나 상세한 설명을 제공해야 할지도 달라질 수 있다.

넷째, 인공지능 시스템의 개발과 개선을 위해서 설명이 필요할 수 있다. 인공지능 시스템을 개발하는 과정에서, 그리고 이를 테스트하고, 개선하고, 디버깅하고, 유지·관리하는 각각의 과정에서 설명은 중요한 역할을 한다. 이때 설명을 제공받는 대상은 개발자일 수도 있지만 그 이외에도 기업의 경우라면 기획자, 마케팅 담당자 등 여러 부서의 다양한 인력이 해당될 수 있다. 설명이 제공되는 대상이 조직의 내부 인력 위주이므로 소비자나 이용자에게 설명을 제공하는 것과는 다른 내용과 방식의 설명이 필요할 가능성이 높다. 특히 개발자 등 기술인력에게 제공되는 설명은 기술 맥락에서 요구되는 상세한 설명이 필요할 것이다.

다섯째, 인공지능 시스템 운영자에게 (간접적인) 도움을 제공하기 위해 설명이 필요할 수 있다. 이는 첫번째로 언급한, 소비자 또는 이용자를 위한 설명과 맞닿아 있는 것이다. 즉, 소비자나 이용자의 신뢰를 얻기 위해 설명을 제공하는 것이 간접적으로 인공지능 시스템의 운영자에게 도움이 될 수 있으므로 설명이 필요할 수 있다는 것이다. 예를 들어, 추천 알고리즘(recommender system)을 개발하여 운영함에 있어, 추천 알고리즘의 정확도가 높은 것이 신뢰를 얻기 위한 중요한 고려사항이 되겠지만, 그와 동시에 추천 알고리즘의 작동방식에 대한 적절한 설명을 제공하는 것이 이용자의 신뢰를 얻고 해당 추천 알고리즘에 대한 지속적인 관심을 유지하도록 하는 데에 있어 매우 중요할 수 있다는 것이다. 구체적으로, 영화추천 알고리즘이라면, 이용자가 관심을 가질 법한 영화를 잘 찾아서 추천하는 것이 중요하지만, 그와 함께 어떤 기준과 원칙에 기초하여 추천을 하게 되었는지에 관해서도 설명을 제공해 주는 것이 해당 추천 시스템에 대한 관심과 신뢰를 높이는 데에 도움이 될 것이다.

Ⅳ. 설명의 원칙

인공지능에 대한 설명을 제시한다고 할 때, 어떤 원칙에 기초하여 설명을 제시할 것인가? 이에 관하여 NIST는 네 가지 원칙을 제시하였다. 이는 (1) 설명의 제공 원칙, (2) 의미 있는 설명의 제공 원칙, (3) 정확한 설명의 제공 원칙, (4) 지식의 한계를 고려한 설명의 제공 원칙이다. 이에 관해 좀 더 구체적으로 보자.

첫째, "설명(explanation)"의 제공 원칙은, 특정한 목적과 무관하게 기록을 남기는 차원에서 설명을 제공하는 것이 필요할 수 있다는 원칙이다. 비유적으로, 회의를 하고 나서 회의록을 남기는 상황을 생각해 볼 수 있다. 회의록은 상세할 수도 있고 상당히 간단할 수도 있다. 또한 정확성에 대해 확인하는 과정을 거칠 수도 있지만 그렇지 않을 수도 있다. 이와 유사하게, 이 원칙은 설명이 정확한지, 유용한 정보를 제공해 주는지, 이해할 수 있는 형태의 설명인지 등에 관한 별도의 요건 없이, 인공지능이 어떤 방식으로건 설명을 제공하는 것이 필요할 수 있다는 원칙이다. 물론 이는 일반적인 원칙의 차원이고, 별도의 추가적 원칙이나 요건의 충족이 요구된다면 이를 고려할 필요가 있을 것이다.

둘째는 "의미 있는(meaningful)" 설명의 원칙이다. 이는 인공지능의 설명이 설명을 받게 되는 상대방의 입장에서 볼 때 의미 있고 이해할 수 있는 것이어야 한다는 원칙이다. 다음의 두 설명을 비교하여 살펴보자.

설명 1: 넘어지면서 머리를 부딪힌 후에 의식을 잃고 응급실로 왔다고 함. ECG를 보면 MI가 원인이 되어 넘어진 것으로 보임. Clavicle FX, Traumatic SDH & SAH 발생. CPR은 병원에 도착 전에 25분, 병원에 도착하여 15분 진행. 현재 coma 상태로 hypothermia care를 하고 있음. Norepinephrine, Dopamine 유지 중.

설명 2: 넘어지면서 머리를 부딪히고 의식을 잃었다고 함. 그로 인해 응급실에 오게 됨. 우연히 넘어진 것이 아니라 심장마비가 오면서 쓰러진 것으로 보임. 쇄골이 골절되고 뇌에 외상성 출혈 발생. 심폐소생술 40분간 실시. 현재 혼수상태로, 뇌손상을 방지하기 위해 저체온 치료 중.

두 설명은 응급상황이 되어 병원 응급실에 실려온 환자에 관한 설명이다. 같은 상황에 관한 두 개의 설명 중에서 첫 번째 설명이 두 번째 설명에 비해 더 정확하고 더 풍부한 내용을 담고 있다. 다른 한편, 첫 번째 설명은 의학 지식을 전제로 하지 않으면 이해하기가 쉽지 않은 데 반해, 두 번째 설명은 전문적인 의학 지식이 없이도 이해할 수 있는 것이다. 의료진 사이에서는 첫 번째 유형의 설명을 통해 정확한 정보를 주고받는 것이 필요하겠지만, 의료진이 환자나 그 보호자와 의사소통을 할 때에는 일반적으로 두 번째 유형의 설명 방식을 통해 이해도를 높이는 것이 더 적절할 것이다.

인공지능 설명에 관해서도 유사하게 생각할 수 있다. 개발자를 위한 설명이라면 좀 더 정확하고 기술적인 내용을 담는 것이 필요할 것이고, 한편 일반 이용자를 위한 것이라면 이해하기 쉽도록 설명을 제공하는 것이 필요할 것이다. 다른 한편, 제3자를 통한 검수나 인증, 분쟁해결 등의 상황을 고려해야 한다면, 해당 상황에서 요구되는 적절한 설명이 어떤 것일지 고려해야 할 것이다. 또한 "의미 있는 설명"은 고정된(static) 것이 아닐 수 있다. 오히려, 설명을 듣게 되는 상대방의 이해도를 고려하여 설명의 내용이 달리하는 것이 바람직할 수 있고, 해당 상대방의 경험이나 지식이 늘어나게 되면서 적절한 수준의 설명이 어떤 것인지에 대한 판단 자체에 변화가 요구될 수도 있다.

설명의 세 번째 원칙은 정확한 설명(explanation accuracy)을 제공해야 한다는 원칙이다. 이는 인공지능의 판단이 정확한지(decision accuracy) 여부와는 구분되는 원칙이다. 다음의 그림을 보자[6].

이 그림은 늑대와 개(시베리안 허스키)를 구분하는 이미지 인식 인공지

능에 관한 것이다. 각각의 동물 사진 오른 편에, 사진 중 어떤 부분에 기초하여 판단을 하게 되었는지를 알려주는 사진이 함께 제시되어 있다. 주어진 6개의 사진 중에서 한 장의 사진에 대해서만(아래 왼쪽 사진) 인공지능의 예측값(Predicted)과 실젯값(True)이 다르게 나타난 것을 알 수 있다. 각각의 동물 사진 오른 쪽에 제시된 이미지를 일종의 설명이라고 생각할 수 있을 것인데, 이를 통해 '눈'을 배경으로 하고 있는지 여부가 늑대에 대한 판단에 있어 중요한 기준이었음을 알 수 있다. 즉, 이 인공지능 모형은, 눈을 배경으로 하고 있는 사진에 대해서는 사진에 등장하는 동물을 늑대라 분류하고, 눈이 배경에 없는 경우에는 개라고 분류한 것이다. 개를 늑대라 잘못 판단한 경우에도 눈 이미지가 판단에 있어 중요하게 작동한 것으로 보인다.

이와 같은 이미지 인식 인공지능 모형이 있다고 할 때, '눈 배경 때문에 늑대라고 판단하였다'는 설명이 주어진다면, 설사 판단 자체의 정확도(decision accuracy)가 높은 수준으로 확보된다고 하더라도 설명의 정확도(explanation accuracy)는 제공하지 못하는 것이 될 것이다. 늑대 사진의 배경에 눈이 등장하는 경우가 많은 것이 통계적으로 정확한 것이라 하더라도, 눈을 기초로 하여 늑대인지 여부를 판단하는 것 그리고 나아가 그렇게 설명하는 것은 늑대의 본질적인 특징과는 관련성이 없기 때문이다.

정확한 설명의 원칙 또한 의미 있는 설명의 원칙과 마찬가지로 설명을 듣는 상대방에 따라 차별화된 설명의 제공이 요구될 수 있다. 해당 상대방의 이해도나 기대수준에 따라서는 (일반화로 인한 일정 수준의 오류가능성을 내포한) 일반적이고 상식적인 설명이 필요할 수도 있다. 그와 달리, 설명 제공의 대상이 되는 상대방이 전문지식을 가지고 있다면, 엄밀하고 상세한 설명이 필요할 것이다.

네 번째 원칙은 지식의 한계(knowledge limits)를 고려한 설명의 원칙이다. 이는 해당 인공지능이 판단할 수 있는 능력의 범위에 관해 명확히 인식하고 설명에 이를 반영하는 것을 의미한다. 예를 들어, 개, 고양이 등 몇몇 동물에 대해 분류를 하는 이미지 인식 인공지능이 있다고 하자. 이러한 인공지능 모형에 과일 사진을 입력값으로 이용한다면, 지식의 한계를 고려한 설명 방식은 사진에서 동물을 찾지 못했다는 설명을 제시하는 것이 될 것이다. 즉, 입력값으로 이용된 사진이 해당 인공지능 모형이 판단할 수 있는 범위 밖에 있는 것임을 알려주는 방식인 것이다. 이에 따라, 예컨대 변수의 실제 속성상 양(+)의 값을 가질 수밖에 없는 변수에 대해 인공지능 모형이 음(−)의 값을 제시할 수도 있는 상황이라면, 아예 인공지능 모형의 구축 과정에서 해당 변수의 값에 대해 음의 값은 제시할 수 없도록 제약을 설정하는 것이 필요할 수도 있다. 항공 예약이나 숙박 예약에 관한 모형을 구축함에 있어, 요금이 낮아지는 경우에 수요가 줄어들지 않도록 제약을 두는 것이 한 예가 될 수 있다. 지식의 한계에 관한 또 다른 측면은, 인공지능의 판단이 얼마나 신뢰도(confidence)가 높은 것인지에 관한 것이다. 예로 든 동물 이미지 분류 인공지능 모형에서, 해상도가 낮아서 분간이 쉽지 않은 동물 사진을 입력 데이터로 이용했다고 하자. 그런 경우에, 지식의 한계를 고려한 설명은, '동물 이미지는 포착했지만, 분류하기는 어렵다' 또는 '개 이미지를 포착하기는 했지만, 신뢰도는 높지 않다'는 식의 설명이 될 것이다. 이와 달리, 특정 동물이라고 단정적으로 결론을 내리는 답을 제시한다면 이는 지식의 한계를 적절히 고려한 것이라 보기 어려울 것이다.

Ⅴ. 공정한 인공지능(Algorithmic Fairness)

사회적인 맥락에서 보면 인공지능을 통한 의사결정이 사회에서 일반적으로 받아들여지고 신뢰를 확보할 수 있을 것인지는, 인공지능에 의한 의사결정이 공정하지 않은 결과를 초래하지는 않을 것인지에 대한 우려를 불식시킬 수 있을 것인지의 문제와 직결되는 것이다. 따라서, 인공지능의 설명가능성에 대한 고려에서 더 나아가 인공지능을 통한 의사결정이 사회적인 차원에서의 공정성 개념과 어떠한 관계를 형성하게 될 것인지에 관해서 지속적으로 관심을 가질 필요가 있다.

그런데 '공정한 인공지능'이 무엇을 의미하는지에 관해 그 개념이나 판단기준을 정하는 것은 쉽지 않은 일이다. 우선 '공정성(fairness)' 자체가 정의하기 어렵고 실제로는 매우 다양한 의미를 가질 수 있는 개념이다. 공정하다는 것이 무엇을 의미하는지 그리고 무엇이 의사결정을 불공정하게 하는지 등의 질문에 대하여 다양한 개념적 답변이 가능하다. 아래 표는 Barocas, Hardt & Narayanan(2019)이 공정성(demographic fairness) 개념이 다양할 수 있음을 설명하면서 예시로 제시한 다양한 유형의 공정성 개념이다[7].

Name	Closest relative	Reference
Statistical parity	Independence	Dwork et al. (2011)
Group fairness	Independence	
Demographic parity	Independence	
Conditional statistical parity	Independence	Corbett–Davies et al. (2017)
Darlington criterion	Independence	Darlington (1971)
Equal opportunity	Separation	Hardt, Price, Srebro (2016)
Equalized odds	Separation	Hardt, Price, Srebro (2016)
Conditional procedure accuracy	Separation	Berk et al. (2017)
Avoiding disparate mistreatment	Separation	Zafar et al. (2017)

Balance for the negative class	Separation	Kleinberg, Mullainathan, Raghavan (2016)
Balance for the positive class	Separation	Kleinberg, Mullainathan, Raghavan (2016)
Predictive equality	Separation	Chouldechova (2016)
Equalized correlations	Separation	Woodworth (2017)
Darlington criterion	Separation	Darlington (1971)
Cleary model	Sufficiency	Cleary (1966)
Conditional use accuracy	Sufficiency	Berk et al. (2017)
Predictive parity	Sufficiency	Chouldechova (2016)
Calibration within groups	Sufficiency	Chouldechova (2016)
Darlington criterion	Sufficiency	Darlington (1971)

공정성의 개념은 상황이나 맥락에 따라 판단이 달라질 수 있다. 즉, 하나의 상황에서 공정하다고 여겨진 의사결정은 또 다른 상황에서는 불공정하다고 평가될 수도 있다. 예를 들어, 어떤 상황에서는 남녀의 성비가 크게 달리 나타나는 것이 공정성과 전혀 무관한 것으로 해석될 수도 있고, 또 다른 상황에서는 남녀의 성비에 큰 차이가 나타나는 것만으로도 의사결정의 공정성에 대해 의심이 제기될 수도 있을 것이다.

한편 편향(bias)의 개념이 공정성을 가늠하는 지표의 일환으로 사용될 수도 있다. 편향은 통계적으로는 추정의 결과가 모집단의 값과 다르게 나타나는 것을 의미한다. 편향을 측정하는 방식 하나는 표본의 평균과 모집단의 평균을 비교하는 것이다. 그런데 편향의 개념 자체를 둘러싸고도 다양한 시각이 있을 수 있다[8]. 편향의 통계적인 의미와 별개로, 일반적인 사전적 의미로서의 편향은 '한쪽으로 치우침'을 의미하는데, 이는 흔히 규범적으로 문제가 있는 상황을 내포하는 것으로 해석될 수 있다. 또한 사회심리학 등 사회과학에서 쓰이는 편향의 개념은 또 다른 의미를 가질 수 있다. 개념 규정을 어떻게 하든, 학습용 데이터에 반영된 편향 그리고 의식적이든 무의식적이든 인공지능 모형의 개발자들이 가질 수 있는 편향이나 개인적인 성향은 결국 인공지능의 의사결정의 과정에 상당한 영향을 미치게 된다.

인공지능에 있어서 공정성은 실질적으로는 차별(discrimination)이 존재하지 않는 상황을 의미하는 것으로 규정되는 경우도 많다. 그런데 차별의 개념 또한 위에서 본 것과 같이 매우 다양하게 규정될 수 있다.

결국 공정한 인공지능을 일의적으로 정의하기는 매우 어려운 것이 현실이다. 인공지능 공정성의 개념을 구체화하는 데에 있어 어떠한 어려움이 있을지 좀 더 구체화하여 생각해 보자. 우선 인공지능 공정성의 개념 자체가 여러가지로 규정될 수 있다는 문제가 있지만, 그에 더해, 다양한 인공지능 공정성 개념을 동시에 만족시키는 것(좀 더 정확하게는 predictive parity와 equalized odds 기준을 동시에 충족시키는 것으로 주로 해석됨)은 수학적으로 불가능하다고 밝혀진 바 있다[9]. 이에 따라, 모든 상황에 동일한 공정성 개념을 일관적으로 적용하는 것은 실무적인 어려움도 있겠지만, 그와 무관하게 이론적으로도 가능하지 않은 것이라 할 수 있다.

또한 데이터의 맥락에서는, 관찰가능하고 측정가능한 사항들에 대해서만 데이터를 특정하고 수집하는 것이 가능하다는 한계가 있다. 데이터베이스화할 수 없는 변수들이 보이는 특징에 대해서는 인공지능 시스템이 반영하기 어렵다. 다른 한편 대체변수(proxy)로 인한 문제도 있다. 정책적 또는 규범적 판단을 전제로 하여 특정 유형의 변수들을 입력값에서 삭제한다고 하더라도 인공지능은 통계적 관련성이 높은 대체변수를 찾아서 입력값에서 삭제된 것을 무력화하는 판단을 할 수도 있다.

공학적 방법론을 넘어 사회 규범적인 차원에서는 또 다른 다양한 문제들이 있다. 우선 사회 규범적인 공정성의 개념과 공학적, 통계학적 개념으로서의 공정성 개념을 어떻게 일치시키거나 조화롭게 해석할 것인지의 문제가 있다. 그리고 이때 사회적 맥락에 대한 고려를 어떻게 반영할 것인지에 관한 추가적인 문제가 있다. 인공지능 공정성에 대한 통계학적, 공학적 개념은 일반적으로 개별적인 사회적 맥락에 대한 고려를 하기 쉽지 않은 대신, 수학적 엄밀함이 있고 또한 일반화하여 분석하기에 편리하다는 특징이 있다. 하지만, 공정성, 차별, 편향 등의 개념은 개별 사회에 따라, 시기에 따라, 그 이외의 다양한 맥락에 따라 약간씩 달리 판단되어야 하는 유형의 개념이다. 더 넓게 사회적 규범의 차원에서도 공정성, 차별, 편향 등에 대해 명확하게 단정적으로 규정을 제시하기는 어렵고, 그 반대로 개별 사회마다 새로이 해석하는 것이 필요할 수 있다.

Ⅵ. 결론

인공지능의 책임성(accountability)에 관한 논의는 결국 인공지능에 대한 신뢰의 구축을 위해 필수적으로 요구되는 것이라 할 수 있다. 인공지능 투명성(transparency)에 관한 논의는 책임성 확보를 위한 방법론 내지 하위 개념으로 이해될 수도 있고, 인공지능 투명성 또한 인공지능에 대한 신뢰 확보를 위해 요구되는 별도의 대원칙인 것으로 이해될 수도 있다. 인공지능 투명성 개념을 어떻게 이해하건 설명가능한 인공지능에 대한 요구는 앞으로 한동안 지속적으로 늘어날 가능성이 높다. 한편, 인공지능 시스템에 대한 충분한 신뢰가 확보되고 나면, 설명가능성에 대한 요구는 줄어들 가능성이 높다. 그와 함께, 인증이나 표준 등 제3의 '안전장치'를 위한 별도의 논의가 진행될 것이다.

설명가능성의 원칙은 다양한 구체적인 목적을 위해 필요할 수 있다. 그리고 어떤 구체적인 목적을 위해서 설명가능성이 요구되는지에 따라서 설명이 제공되는 맥락이나 내용, 상세한 정도 등의 여러 요소가 달라질 수 있다. 설명을 제공받는 대상에 따라서 달라질 수 있기도 하다.

설명은 그 자체로 의미를 가질 수도 있지만, 더 넓게는 인공지능에 대한 책임성과 투명성 확보를 위해 필요한 도구적인 성격을 가지는 경우가 많다. 인공지능의 책임성과 투명성 관점에서는, 인공지능을 이용한 의사결정이 설명가능한 것에서 더 나아가 공정하고 비차별적인 것일 필요가 있다. 특히나 사람을 대상으로 한 사회적인 맥락의 인공지능이라면 이와 관련한 사회규범적인 차원에서의 평가와 정책적 방향 모색이 필요하다. 다른 한편, 설명가능성의 개념이나 인공지능 공정성의 개념 모두 현재로는 개념 자체를 특정하여 제시하기도 쉽지 않고 구현 방법론 차원에서도 논의의 초기라 할 수 있다. 인공지능이 사회에 좀 더 본격적으로 도입되기 위해서는 투명성과 책임성 확보와 관련된 더욱 구체적이고 실현가능한 방안에 대한 많은 추가적 연구가 필요하다.

참고문헌

[1] IEEE, "IEEE Ethics in Action in Autonomous and Intelligent Systems", https://ethicsinaction.ieee.org/p7000/

[2] ISO, "ISO/IEC JTC 1/SC 42 Artificial intelligence", https://www.iso.org/committee/6794475.html

[3] Proposal for a Regulation of the European Parliament and of the Council Laying Down Harmonised Rules on Artificial Intelligence (Artificial Intelligence Act) and Amending Certain Union Legislative Acts (21 April, 2021)

[4] Zachary C. Lipton, "The Mythos of Model Interpretability", (2016), https://arxiv.org/abs/1606.03490.

[5] P J. Phillips, Amanda C. Hahn, Peter C. Fontana, David A. Broniatowski, Mark A. Przybocki, "Four Principles of Explainable Artificial Intelligence (Draft)", (2020), NISTIR 8312, National Institute of Standards and Technology, https://doi.org/10.6028/NIST.IR.8312-draft

[6] Sameer Singh, "Explaining Black-Box Machine Learning Predictions", (2017), https://www.slideshare.net/0xdata/explaining-blackbox-machine-learning-predictions

[7] Solon Barocas, Moritz Hardt, and Arvind Narayanan, "Fairness and Machine Learning", (2019), https://fairmlbook.org/

[8] Su Lin Blodgett, Solon Barocas, Hal Daumé III, and Hanna Wallach, "Language (Technology) is Power: A Critical Survey of "Bias" in NLP", (2020), Proceedings of the 58th Annual Meeting of the Association for Computational Linguistics, https://www.aclweb.org/anthology/2020.acl-main.485.pdf

[9] J. Kleinberg, S. Mullainathan, and M. Raghavan, "Inherent Trade-Offs in the Fair Determination of Risk Scores", (2016), https://arxiv.org/abs/1609.05807v2 (subsequently in Proceedings of Innovations in Theoretical Computer Science (ITCS), 2017)

집필진 약력

고학수

저자 고학수는 서울대학교 법학전문대학원(로스쿨) 교수로 재직 중이다. 서울대학교 경제학과에서 학사와 석사 학위를 취득했고, 미국 컬럼비아대학교 로스쿨(J.D.)과 경제학과(Ph.D.)에서 공부하여 각각 학위를 받았다. 공부를 마친 후 미국 월스트리트의 로펌 휴즈 허바드 앤드 리드에서 변호사로 근무한 바 있고, 귀국하여 법무법인 세종에서도 근무하였다. 그 후 연세대학교 법과대학에 재직한 바도 있다. 그 이외에 컬럼비아대학교, 싱가포르국립대학교, 함부르크대학교에서 강의한 경력이 있고, 브뤼셀자유대학교(VUB), UC 버클리, 프라이부르크 고등연구원의 방문학자 경력이 있다. 법경제학, 개인정보보호 및 프라이버시, 빅데이터, 인공지능, IT 정책 등의 영역에 관해 연구하고 강의한다. 현재 아시아법경제학회 회장, 한국인공지능법학회 회장, 서울대 아시아태평양법연구소 소장, 서울대 법과경제연구센터 센터장, 서울대 AI연구원 부원장, 서울대 인공지능정책 이니셔티브(SAPI) 공동디렉터 등 다양한 역할을 맡고 있다.

김용대

저자 김용대는 서울대학교 통계학과 및 데이터사이언스대학원 데이터사이언스학과 교수이다. 미국 오하이오주립대학교에서 통계학으로 박사학위를 받고, 미국보건연구소 연구원(1997~1999)을 지냈다. 한국외국어대학교(1999~2001), 이화여자대학교(2001~2004) 교수를 역임했으며, 2004년부터 서울대학교에 재직 중이다. 학생들을 가르치며 생존분석, 베이지안 방법론, 데이터마이닝, 기계학습, 딥러닝 등을 연구하고 있다. 2002년 IEEE 데이터마이닝 학술대회 최우수상, 2003년 연구재단 우수연구 30선, 2007년 서울대학교 연구력 향상 공로상, 2007년 품질경영학회 우수논문상, 2014년 한국데이터정보과학회 공로상, 2017년 ICCM 학술대회 최고논문상, 2018년 한국통계학회 한국갤럽학술상 등을 수상했다. 2019년 국제이론통계학회의 펠로(Fellow)로 선정되었으며 2020년부터 한국데이터마이닝학회장을 맡고 있다.

윤성로

저자 윤성로는 서울대학교 전기정보공학부 교수로서, 데이터기반 인공지능을 연구하고 있으며 기계학습, 딥러닝 및 응용에 대한 강의를 담당하고 있다. 서울대학교에서 학사학위를 취득한 후 미국 스탠포드대학교에서 비지도기계학습과 지능시스템을 연구하여 공학석사 및 박사학위를 받았다. 스탠포드대학교 박사 후 연구원 및 미국 인텔 선임연구원, 고려대학교 전기전자공학부 교수를 역임하였다. 2020년부터 2년간 대통령 직속 4차 산업혁명위원회 위원장을 맡아 인공지능 및 데이터 관련 범부처 국가정책을 조율하였다.

김정훈

저자 김정훈은 서울대학교 의과대학 교수로 재직 중이다. 복부 영상의학 전문가로 복부 영역에서 이루어지는 초음파, CT(컴퓨터단층촬영), MRI(자기공명영상) 등 영상 검사의 판독과 환자 상황에 따라 정확한 검사가 진행될 수 있도록 검사 방법에 대한 자문을 하고 있다. 특히 복부 영역 중 간, 담도, 췌장 질환에 대한 연구에 관심을 가지고 다양한 연구를 진행하고 있다. 이전에는 주로 영상 소견 중 각 질환의 진단과 예후 판단에 도움을 주는 특징적인 소견을 발견하는 연구를 주로 진행하였으나, 최근에는 인공지능 기법을 이용해 다양한 질환의 진단과 예후 판단에 도움을 줄 수 있을지에 대한 연구를 진행 중이며 기존 영상 검사에 라디오믹스(radiomics)라는 새로운 기법을 적용하여 좀 더 정확한 진단과 예후 예측이 가능할지에 대해 연구 중이다.

이선구

저자 이선구는 연세대학교 언더우드국제대학에서 과학기술정책을 가르치고 있다. 조지타운대학교에서 보건의료법을 주제로 법학박사(SJD)를 취득하였고 미국 뉴욕주 변호사이다. 데이터프라이버시, 인공지능, 독성물질소송 등 과학기술과 보건정책이 교차하는 주제들에 관심을 가지고 연구 중이다.

박도현

저자 박도현은 제5회 변호사시험에 합격하고 박사학위 과정에 진학하여 인공지능과 법 분야를 위주로 다양한 연구를 수행하였고, 2021년 2월 법학박사학위논문 "인공지능과 해악: 창발적 해악론을 중심으로"를 발표하였다. 이외에도 "인공지능과 차별(공저)", "인공지능과 고용차별의 법경제학(공저)", "인공지능과 자율성의 역학관계", "인공지능 윤리규범과 규제 거버넌스의 현황과 과제(공저)", "인공지능 윤리의 두 가지 가치" 등의 논문을 학술지에 게재하였다.

김시원

저자 김시원은 서울대학교 전기정보공학부 연구원으로, 서울대학교 전기정보공학부에서 학사 학위를 취득했다. 해석가능한 투명한 인공지능 알고리즘을 고안하고 이를 자연어 처리, 이미지, 의료 및 바이오 데이터 등의 다양한 분야에 적용하는 연구를 진행 중이다. 주요 논문으로는 "Interpretation of NLP models through input marginalization" 등이 있다.

인공지능 원론: 설명가능성을 중심으로

초판발행 2021년 7월 22일
중판발행 2022년 9월 10일

지은이 고학수 · 김용대 · 윤성로 · 김정훈 · 이선구 · 박도현 · 김시원
펴낸이 안종만 · 안상준

편 집 윤혜경
기획/마케팅 조성호
표지디자인 이미연
제 작 고철민 · 조영환

펴낸곳 (주) 박영사
서울특별시 금천구 가산디지털2로 53, 210호(가산동, 한라시그마밸리)
등록 1959. 3. 11. 제300-1959-1호(倫)
전 화 02)733-6771
f a x 02)736-4818
e-mail pys@pybook.co.kr
homepage www.pybook.co.kr
ISBN 979-11-303-1310-8 93300

정 가 19,000원